当代世界农业丛书

英国农业

丁士军　史俊宏　编著

中国农业出版社
北　京

当代世界农业丛书编委会

主　任：余欣荣

副主任：魏百刚　唐　珂　隋鹏飞　杜志雄　陈邦勋

编　委（按姓氏笔画排序）：

丁士军　刀青云　马学忠　马洪涛　王　晶

王凤忠　王文生　王勇辉　毛世平　尹昌斌

孔祥智　史俊宏　宁启文　朱满德　刘英杰

刘毅群　孙一恒　孙守钧　严东权　芦千文

苏　洋　李　岩　李　婷　李先德　李春顶

李柏军　杨东霞　杨敏丽　吴昌学　何秀荣

张　悦　张广胜　张永霞　张亚辉　张陆彪

苑　荣　周向阳　周应恒　周清波　封　岩

郝卫平　胡乐鸣　胡冰川　柯小华　聂凤英

高　芳　郭翔宇　曹　斌　崔宁波　蒋和平

韩一军　童玉娥　谢建民　潘伟光　魏　凤

序

| *Preface* |

2018 年 6 月，习近平总书记在中央外事工作会议上提出"当前中国处于近代以来最好的发展时期，世界处于百年未有之大变局"的重大战略论断，对包括农业在内的各领域以创新的精神、开放的视野，认识新阶段、坚持新理念、谋划新格局具有重要指导意义。农业是衣食之源、民生之基。中国农业现代化取得举世瞩目的巨大成就，不仅为中国经济社会发展奠定了坚实基础，而且为当代世界农业发展提供了新经验、注入了新动力。与此同时，中国农业现代化的巨大进步，与中国不断学习借鉴世界农业现代化的先进技术和成功经验，与不断融入世界农业现代化的进程是分不开的。今天，在世界处于百年未有之大变局、世界经济全球化进程深入发展、中国农业现代化进入新阶段的重要历史时刻，更加深入、系统、全面地研究和了解世界农业变化及发展规律，同时从当代世界农业发展的角度，诠释中国农业现代化的成就及其经验，是当前我国农业工作重要而紧迫的任务。为贯彻国务院领导同志的要求，2019 年 7 月农业农村部决定组织编著出版"当代世界农业丛书"，专门成立了由部领导牵头的丛书编辑委员会，从全国遴选了相关部门（单位）负责人、对世界农业研究有造诣的权威专家学者和中国驻外使馆工作人员，参与丛书的编著工作。丛书共设 25 卷，包含 1 本总论卷（《当代世界农业》）和 24 本国别卷，国别卷涵盖了除中国外的所有 G20 成员，还有五大洲的其他一些农业重要国家和地区，尤其是发展中国家和地区。

在编写过程中，大家感到，丛书的编写，是一次对国内关于世界农业研究力量的总动员，业界很受鼓舞。编委会以及所有参与者表示一定要尽心尽责，把它编纂成高质量权威读物，使之对于促进中国与世界农业国际交流与合作，推动世界农业科研教学等有重要参考价值。但同时，大家也切实感到，至今我国对世界农业的研究基础薄弱，对发达国家（地区）与发展中国家（地区）的农业研究很不平衡，有关研究国外农业的理论成果少，基础资料少，获取国外资料存在诸多不便。编委会、各卷作者、编审人员本着认真负责、深入研究、质量第一的原则，克服新冠肺炎疫情带来的诸多困难。编委会多次组织召开专家研讨会，拟订丛书编写大纲、制订详细写作指南。各卷作者、编审人员千方百计收集资料，不厌其烦研讨，字斟句酌修改，一丝不苟地推进丛书编著工作。在初稿完成后，丛书编委会还先后组织农业农村部有关领导和专家对书稿进行反复审核，对有些书稿的部分章节做了大幅修改；之后又特别请中国国际问题研究院院长徐步、中国农业大学世界农业问题研究专家樊胜根对丛书进行审改。中国农业出版社高度重视，从领导到职工认真负责、精益求精。历经两年三个月时间，在国务院领导和农业农村部领导的关心、指导下，在所有参与者的无私奉献、辛勤努力下，丛书终于付梓与读者见面。在此，一并表示衷心感谢和敬意！

即便如此，呈现在广大读者面前的成书，也肯定存在许多不足之处，恳请广大读者和行业专家提出宝贵意见，以便修订再版时完善。

宗欣荣

2021 年 10 月

前　言

|Foreword|

　　从全球范围来看，不同国家和地区自然资源禀赋、文化传统以及政治经济制度与发展阶段存在差异，农村发展道路与模式也各具特色。中国农业与农村发展道路是中国特色社会主义制度在农村的具体体现，具有鲜明的中国特色。"十四五"时期是中国开启全面建设社会主义现代化国家新征程、向第二个百年奋斗目标进军的第一个五年。实施乡村振兴战略是中共十九大做出的重大决策部署。

　　高质量推进乡村振兴战略不仅需要总结国内农业政策演进规律、经验和教训，也需要了解发达国家与地区乡村振兴背景、特色进程以及政策措施，为新时代中国乡村振兴战略的具体实施提供宝贵借鉴。

　　英国是中国在欧洲重要的合作伙伴，英国在农业农村多功能性、农业合作组织、农业法律法规、农业科学技术、农业可持续发展等方面具有丰富的实践，英国农业发展演进规律及农业农村发展政策变迁值得我们深入挖掘与借鉴。英国在脱欧后也正在构建全新的农业农村发展战略，辩证地借鉴英国农村重振经验有利于我国探索适合中国国情的乡村振兴道路。

　　本书系统地介绍英国农业发展特色，解析后脱欧时代英国农业农村发展政策转向及战略重点，剖析中英两国农业贸易与农业科技合作状况，挖掘英国农业农村发展宝贵经验，提出对中国农业与农村发展的启示。

　　本书作者来自于中南财经政法大学和内蒙古财经大学。在撰写过程中尽可能地运用了各种公开的数据进行研究，这些数据来自于中国农业农村部，商务部，海关总署，英国环境、食品和农村事务部，英国国家统计局等政府官方以及世界银行等国际组织和中英可持续农业创新协作网（SAIN）等网站数据及案例信息。本书吸收了国内外有关英国农业农村发展优秀研究成果，对引用的文献尽可能地进行了标注。在本书编写过程中，农业农村部领导、相关司局和有关专家给予了大力支持和帮助。谨向关心支持本书出版的所有人士表示衷心感谢！

编　者

2021 年 10 月

目 录

| Contents |

1

第一章 CHAPTER 1
国土资源概况 ▶▶▶

本章介绍了英国国土资源数量、质量、结构和空间分布情况，是研究英国农业发展历史，理解英国配置农业资源、布局农业产业结构和制定农业发展战略、政策、规划的重要基础。

第一节　地理位置

一、国土区位

英国，全称大不列颠及北爱尔兰联合王国（The United Kingdom of Great Britain and Northern Ireland），系位于欧洲西部大西洋上的岛国，它由大不列颠岛、北爱尔兰和一些小岛组成，其中大不列颠岛又由英格兰、苏格兰和威尔士三个部分组成。包括内陆水域在内，英国自然地理面积 24.41 万平方公里，其中英格兰地区 13.04 万平方公里（占 53.5％），苏格兰 7.88 万平方公里（占 32.3％），威尔士 2.08 万平方公里（占 8.6％），北爱尔兰 1.41 万平方公里（占 5.6％）。英国紧邻同样位于欧洲西部的大西洋岛国爱尔兰共和国，东隔北海、英吉利海峡、多佛尔海峡，与欧洲大陆相望，其海岸线总长 11 450 公里。英国是个自然和人文景观都很优美的国家，有着丰富的文物古迹和秀丽的自然风景，旅游资源十分丰富，被联合国列入世界文化和自然遗产的名胜古迹和天然景观有 14 处。

二、地形区域划分

从地形区域看，英国全境分为四部分：一是英格兰东南部平原，包括佩奈恩山地以南、威尔士山地和康沃尔丘陵以东地区，为盆状平原。包括以塞文河流域为中心的米德兰平原、海拔 200 米左右的高地、伦敦盆地和威尔德丘陵。二是中西部山区，指英格兰的佩奈恩山地、威尔士山地和康沃尔丘陵地区。佩奈恩山地组成英格兰岛的脊梁部分，由英格兰北部延伸到英格兰中部，呈南北走向，长 200 公里，平均海拔高度为 200～500 米。佩奈恩山地北部较高，南部较低，地势缓平，逐渐进入米德兰平原，西北面为康布里安连山脉，最高峰斯科菲尔峰海拔 978 米，西面有南北向的大断层通过，并陡峭地下降到兰克郡平原。威尔士山地的坎布连山脉最高峰为北部的斯诺登山，海拔 1 085 米。康沃尔丘陵一般在海拔 120～200 米之间，南部的最高点海拔有 620 米。三是苏格兰山区，该区山峰多呈浑圆状，一般海拔 600～900 米，但格兰皮恩山脉的主峰尼维斯山海拔 1 343 米，为不列颠群岛的最高点。中部为横贯全岛的断裂谷地，称苏格兰中央平原。四是北爱尔兰高原和山区，该区四周高、中部低，多湖泊和海峡。北部有一系列山地，如斯别林山（海拔 683 米）、米伊奥山（海拔 723 米）和摩临山（海拔 852 米），这些山中往往有冰碛湖泊分布，讷湖是其中最大的一个。

第二节　自然资源

一、土地资源

英国是人口稠密的国家，按照各地区土地质量的差异布局生产，充分开发利用土地资源对英国具有重大意义。整个大不列颠优良土地只占总土地面积的1/3 左右，但是可以用于农业生产的土地十分有限。英国既没有连绵广阔的沙漠，也没有终年冰封的高山雪原。可以说，英国优质土地资源不多，大多是中等和劣等土地，由此可以根据具体的土地特点开展多种农业经营。英国各地区间土地质量状况存在明显差异。在英格兰和威尔士，优良土地和中等土地占多数，而苏格兰贫瘠土地几乎占 2/3。英国土地资源的这些特征主要取决于它的地形、土壤条件及其地区差异。

（一）地形条件

地质构造上，英国国土属中欧-西欧古褶皱断层块山地的一部分，经过长期地质演变和外应力作用，形成两种主要地形：一种是由中生代和新生代地层组成的平原和丘陵，另一种是由加里东期和海西宁期构造运动形成的褶皱山脉，以及伴随岩浆活动形成的高原。

英国地形以平原、丘陵和低山为主，地形相当复杂，而且各地区间地形有着明显差异。国土面积的 1/2 左右是海拔 100 米以下的平原和低地，超过 500 米的高原和山地只占国土面积的 5% 左右。按照地形差异把英国分为高地带和低地带，从英格兰西南端康沃尔半岛上的埃克赛河口至英格兰东北部的梯斯河口的连线以西、以北为高地带，地形以高原和山地为主，此线以东、以南为低地带，以平原和丘陵为主。英国地形的多样性，对于发展农业分区、专门化生产具有重要的作用。

（二）土壤条件

英国土壤条件较差，主要土壤类型是灰化土和棕色森林土，其中灰化土是英国最主要的土类，占国土面积的一半左右。北英格兰高地的大部分、南威尔士山区、奔宁山脉、克里夫丘陵、德文高地、英格兰高地、东北苏格兰平原、北爱尔兰和科恩瓦高地主要为灰化土。这种土地的土壤流失问题严重，土质较为瘠薄，酸度较大，适宜作为放牧用地。从奔宁山脉往南的大部分地区，包括米德兰平原、东英格兰平原、塞文河谷、伦敦盆地、南部沿海地区、英格兰东北沿海地区以及苏格兰东部沿海地区有较多的棕色森林土。该种土壤含有较多的腐殖质，比较肥沃，分布有这些土壤的地区也是英国主要的农业区。此外，在沿海和河流盆地还有淤积土，在东英格兰还有大面积的泥炭土。

尽管英国土地不很肥沃，但由于交通方便、农业技术发达以及土地开发较为科学，大多数土地已成为熟化地，作物产量很高。英国 1% 的农业劳动力就能生产全部所需 60% 的农产品，农业部门每年为本国提供了全部粮食需求的 2/3，以及所需产品的 4/5。

二、气候资源

英国位于北温带，由于受北大西洋暖流的影响，冬季温暖，夏季凉爽。一年中季节温差变化不大（10～15℃），属于温带海洋性气候。

受北大西洋暖流的影响，冬季英国境内的等温线是南北向，即气温差异主要在东西之间。夏季英国各地气温的变化主要受纬度差的控制，表现为南暖北凉。大不列颠岛南部 7 月平均气温普遍在 17℃ 以上，北部则低于 13℃，南北相差 4～5℃。

英国年平均降水量 1 000 毫米左右。大不列颠岛北部、西部和西南地区雨量充沛，年平均降水量在 1 500 毫米以上，在主要农业区的东英格兰和东南英格兰低地，年平均降水量为 500～800 毫米。每年 2 月至 3 月是英国干燥的季节，而 10 月至来年 1 月则是湿润的季节。

英国日照时数普遍偏少，具有由南向北、由东向西、从高向低递减的趋势。各地区年平均昼夜日照时数在 3～5 小时之间。5 月、6 月、7 月三个月日照时数苏格兰西部为 5.5 小时，英格兰最东南端为 7.5 小时。

英国由于冬季温暖，农业生产具有较长的生长期。全国大部分地区的生长期在 300 天以上，这些地方牧草生长时间长，几乎可以全年放牧，适宜发展乳牛业、肉牛业等生产周期长的项目。在英国北部日照时间短的地方，牧草利用率低，适宜发展羔羊业、幼牛羊业或肉畜育肥等。

三、水资源

英国河流众多，全国大小河流约有 30 多条。塞文河和泰晤士河是最长的河流，分别为 354 千米和 346 千米。泰晤士河是英国著名的"母亲河"，发源于英格兰西南部的科茨沃尔德希尔斯，横贯英国首都伦敦与沿河的 10 多座城市，流域面积 13 000 平方公里。在英格兰的东海岸，除泰晤士河以外，较为著名的还有亨伯河、串特河和乌兹河。英格兰西海岸的河流以塞文河和默齐河最为重要。苏格兰的主要河流是西部的克来德河。

英国全境有许多湖泊，主要分布在苏格兰北部、英格兰的西北部和北爱尔兰。目前英国供水水源大部分为地表水，地下水在总供水量中占 30% 左右。英国是一个岛国，有很长的海岸线，海洋资源特别丰富，对于发展近海养殖业和海水捕捞业十分有利。

英国是世界上海岸线最长的国家之一，大陆架面积为 48.6 万平方公里。大不列颠群岛周围的海洋都是水深不到 200 米的大陆架，不仅适于鱼类繁衍生长，而且便于捕捞作业。

四、矿产资源

英国的矿产资源种类很多，主要有煤、铁、石油和天然气。其中石油比较丰富，据美国《油气杂志》统计数据显示，截至 2016 年底，英国原油探明储量约为 3 亿吨。由于近年来没有发现新的石油，石油储量一直呈下降趋势。英国绝大部分的探明原油储量位于北海油气盆地。北大西洋也有一些较小的油田。除上述海上油田外，英国还拥有一些陆上油气田，包括欧洲最大的陆上油气田——维奇法姆油气田。

英国煤的蕴藏量为 1 400 亿吨左右，大部分煤具有很高的发热量并能炼焦。就煤质来说，从长焰气煤到无烟煤都有。煤藏较浅（平均深度为 360 米，最深为 800 米），平均厚度为 1.2 米的煤层。英国的煤田集中在三个主要地区：南部、中部和北部。在南部地区，最大的煤田是位于布里斯托尔海湾以北的南威尔士煤田，它的面积为 2 600 平方公里。英国的非金属矿产资源是比较丰富的，主要有钾盐、重晶石、石膏、萤石、高岭土、砂石等。煤田和矿区的交通都很发达。

五、生物资源

英国的森林以及海域为其提供了丰富的生物资源，主要包括林地生物、海洋生物以及候鸟等，但是，这些生物资源正逐年受到人类活动的侵蚀。英国国家生物多样性网络 2019 年发布了一份报告，报告中使用了 6 654 种陆地和淡水物种的占有率指标测算了物种的平均分布，结果显示在 1970 年至 2015 年间，物种的平均分布已经下降了 5 个百分点。底栖鱼类指标显示，1980 年初到 2017 年，凯尔特海和大北海的鱼类平均丰度分别增长了 133% 和 58%。1985 年到 2015 年，英国繁殖的 13 种海鸟的平均数量下降了 22%。从 20 世纪 90 年代早期开始，鲸目动物的种群数量稳定，灰海豹的数量持续增加，而海豹的数量则在一些地区减少。

英国栽培的植物数量占世界第三位，有 20 多万种植物物种，有 50 多个植物园和树木园。英国一直以来着力保持和恢复森林资源，森林覆盖面积从一个世纪前的极低水平持续增加，2018 年，英国森林覆盖面积约为 317 万公顷。其中英国西海岸和苏格兰加里东松林的大西洋橡树和榛树由于其高自然价值和局限范围而特别重要，然而它们都遭受了严重的损失和碎片化，其完整性正受到入侵植物、害虫和疾病的威胁。

六、自然资源与农业

英国国土面积不大,但境内各地区间的自然资源却有明显差异。根据不同的土壤条件、气候条件等自然资源,总体上全国被划分为四个农业区,土壤肥沃的东南部是以谷物生产为主的农业区;地势较高,降雨充沛,土壤条件较差的英格兰南部、威尔士大部和苏格兰北部为草原区,以畜牧业为主,兼营林业;英格兰中部、北部和苏格兰南部平原,是谷物和畜牧业并重的农业区;北爱尔兰则以养牛、养猪和种植马铃薯为主,兼营林业。

第三节 农业用地概况

一、农地规模与结构

(一)农地规模

2019年,英国农业用地总面积为1 885万公顷,囊括了整个英国将近八成的国土面积,农业人口人均拥有70公顷土地,约为欧盟平均水平的4倍。但是,农地中多数为草场和牧场,仅1/4用于耕种。虽然英国优质土地不多,大部分是中等和劣等土地,然而大多属于在农业上可以各种方式加以利用的土地。有效利用和保护农地是英国政府多年来一直关注的问题。

表1-1展示了英国2000年以及2012年至2019年间的农业用地总面积的变化。除了个别年份农用地面积有所减少(如2015年和2018年),总体来看,英国的农业用地总面积呈现缓慢增长趋势。得益于英国政府对农地保护政策实施得比较彻底,农地保护的概念得到普通民众的认可和拥护,2000—2019年的20年间,农用地总面积增加了54万公顷。

表1-1 2000—2019年英国农地面积情况

单位:万公顷

年份	2000	2011	2012	2013	2014	2015	2016	2017	2018	2019
农地面积	1 831	1 826	1 835	1 845	1 846	1 843	1 866	1 884	1 870	1 885

数据来源:英国环境、食品和农村事务部,Agriculture in the United Kingdom 2011—2019。

（二）农地内部结构

英国农用地占国土面积的 80% 左右，在英国农地内部结构中畜牧业比重高，种植业和林业比重较低。以畜牧业为主导部门和种植业畜牧业有机结合是英国农业主要特点之一。它既反映了英国的农业结构，也反映了英国多数地区及多数农业企业内部的部门组合。

英国种植业占农地面积的 1/5 左右，而畜牧业用地占农地面积的比重则为 1/2。英国畜禽产品几乎都是"最终产品"，可供生产者和企业直接出售，但是种植业产品却有相当一部分作为"中间产品"，它们往往成为牲畜饲料。英国是重要渔业国之一，但英国渔业的农业地位在其国家内部不能同畜牧业和种植业相比。由于气候的原因，英国森林资源有限，林业生产所占比重较低。

2019 年英国的耕地面积为 471 万公顷，占农业用地总面积的 25%，耕地面积所占比重在西欧各国中是最小的。总固定草场面积 1 019 万公顷，是农业用地中比例最大的部分，达到了农业用地总面积的 54.1%（其中 5 年和 5 年以上草场为 621 万公顷，占整个固定草场面积的 60.9%）。其他土地和林地 133 万公顷，其中林地面积为 103 万公顷，占其他土地和林地的 77.8%。

2010—2019 年间，英国农业用地内部结构相对稳定，但也呈现出了一些变化趋势。具体而言，在整体农业用地总面积逐年增长的趋势下，其内部普通粗牧面积、总可种植面积历年基本上保持在同一水平；与此同时，总固定草场面积（主要是 5 年和 5 年以上草场）以及其他土地和林地（主要是林地）均有一定比例的上升（表 1 - 2）。

表 1 - 2　2010—2019 年英国农业用地情况

单位：万公顷

年份	2010—2014 年平均数据	2015	2016	2017	2018	2019
农业用地总面积	1 836	1 843	1 866	1 884	1 870	1 885
普通粗牧	121	120	120	120	120	120
总可种植面积	619	606	607	613	608	613
总作物面积	468	468	467	475	467	471
休耕地	18	21	26	24	27	22
5 年以下草场	133	117	114	114	115	119

（续）

年份	2010—2014 年平均数据	2015	2016	2017	2018	2019
总固定草场面积	981	988	1 008	1 014	1 007	1 019
5 年和 5 年以上草场	585	608	612	614	618	621
拥有独占权的原始草场	397	380	396	400	390	399
其他土地和林地	115	129	131	137	135	133
林地	83	96	98	104	102	103
室外养猪用地	1	1	1	1	1	1
所有其他非农业用地	31	32	32	32	33	28

数据来源：英国环境、食品和农村事务部，Agriculture in the United Kingdom 2011—2019。

二、农地利用类型

（一）种植业用地

在英国农业中，种植业的重要性次于畜牧业。英国种植业主要由谷类作物、经济作物、园艺作物、饲料作物组成。

大部分谷类作物集中在英格兰中部和东南部，少数作物（燕麦）因其耐凉耐湿的生物学特性，主要分布在英国西北部，并成了一些地区的优势谷类作物。目前英国种植业产品的自给率已大大提高。特别是谷物已经由大量进口变为出口，种植业的增产在相当程度上归因于作物单位面积产量的提高。园艺作物在英国农业中占有特殊地位，它包括蔬菜、果树、花卉三大类，并有露地栽培和温室栽培两种形式。园艺作物高度集中于英格兰中南部。加入欧盟后，实施欧洲共同体（以下简称"欧共体"）的共同农业政策以来，英国园艺作物明显减产，主要原因是在同其他共同体成员的竞争中，英国的蔬菜、果树生产不及法国、意大利等，英国的花卉栽培也不及荷兰等，以致丧失了一部分国内市场。英国种植的饲料作物有饲用块根（芜菁、甜菜、萝卜等）、叶菜类（油菜、甘蓝）、豆类和玉米等，英国的饲料作物和栽培牧草分布很广，尤其是芜菁、饲用油菜，因其对气候、土壤条件要求不苛刻，可在光热条件和土地条件不利的西北部高地带普通种植[①]。2010—2019 年总作物面积变化不大，基本上维持

---

① 本内容来源于中国农业信息网。

在 470 万公顷，具体各类作物种植情况如下：

第一，谷类作物（包括小麦、大麦、燕麦以及黑麦和混合谷物）的种植面积总趋势先下降后上升。据 FAO 统计，1989—1991 年谷类作物种植面积为 367.7 万公顷，到 2002 年下降到 324 万公顷，2007 年为 287 万公顷，2010—2014 年间恢复到 300 万公顷，近年来稳定在 320 万公顷左右。第二，块茎类作物（包括马铃薯和甜菜）略微增加，2010—2019 年十年间马铃薯的种植面积基本维持在 14 万公顷，而甜菜则略微渐呈上升趋势。第三，油料作物（包括油菜和亚麻）在近十年来种植面积不断减少。2010—2014 年，油菜的平均播种面积达 73 万公顷，但 2015—2019 年间不断下降，到 2019 年为 54.5 万公顷。第四，高附加值的园艺作物是英国种植业的重要组成部分，近十年来维持在 16.5 万公顷左右。事实上，仅占总作物面积 3.5% 的园艺作物贡献了大约 1/3 的种植业产值。英国园艺作物又以蔬菜、水果和花卉为主。根据英国环境、食品和农村事务部的统计，2019 年园艺农作物产量中，果园水果产量达到 75.3 万吨，其中草莓的产量达 39.4 万吨，苹果的产量达 18.3 万吨，山莓 15.3 万吨，梨 2.3 万吨。英国有许多大规模的专门生产蔬果的农场，这些农场拥有先进的生产条件，包括人工控制的温室。第五，英国的饲料作物和栽培牧草面积不断减少，尤其是牧草面积，减少下来的面积有相当一部分用于改种谷物，这反映了英国轮作制度和饲料生产的变化趋势（表 1-3）。

表 1-3　2010—2019 年英国种植业面积情况

单位：万公顷

年份	2010—2014 年平均数据	2015	2016	2017	2018	2019
总面积	469	468	467	475	467	471
耕种作物总面积	452	451	451	458	450	455
小麦	189	183	182	179	175	182
大麦	104	110	112	118	114	116
燕麦	13	13	14	16	17	18
黑麦和混合谷物	3	3	4	5	5	5
油菜籽	70	65	58	56	58	53
亚麻籽	3	2	3	3	3	2
马铃薯	14	13	14	15	14	14
非饲料用甜菜	12	9	9	11	11	11
干后收割豌豆和田间大豆	15	21	23	23	19	18
玉米	17	19	19	20	22	23

（续）

年份	2010—2014 年平均数据	2015	2016	2017	2018	2019
园艺类作物	17	17	16	17	17	16
自然条件下种植的蔬菜	12	12	11	12	12	12
果园水果	2	3	3	2	2	2
无核水果和酿酒葡萄	1	1	1	1	1	1
室外植物和花	1	1	1	1	1	1
温室作物	0.3	0.3	0.3	0.3	0.3	0.3

数据来源：英国环境、食品和农村事务部，Agriculture in the United Kingdom 2011—2019。

（二）林业用地

英国森林覆盖率较低，是世界少林国家。木材 90％以上需要进口。为了满足对木材、薪柴的需求，英国政府制定了一系列措施，大力培育森林资源。自 20 世纪 90 年代以来，英国每年新增造林都在 1.5 万～2 万公顷。根据联合国粮农组织的数据，英国森林面积由 1919 年的 125.3 万公顷，扩大到 1995 年的 239 万公顷，1990—1995 年森林面积共增加 6.4 万公顷，年均增长 1.28 万公顷。1997 年英国森林面积为 250 万公顷，森林覆盖率由 20 世纪初的 5％提高到 10％。2018 年英国林地面积为 317 万公顷，森林覆盖率 13.1％，相较 1998 年增加了 9％，但仍远低于欧洲国家平均水平的 40％。

（三）畜牧业用地

畜牧业是英国农业的重要产业，其产值约占农业总产值的 2/3，从数量上来看，牛、猪和家禽是英国畜牧业的主导，重要性超过了种植业。英国几乎一半的国土都是牧场，而且几乎全部耕地面积的一半都用来种植为畜牧业服务的饲料，这些饲料包括饲草、饲用甜菜和饲用芜菁等。

三、农地经营

（一）英国农场种类

圈地运动在英国建立起了典型的"三位一体"资本主义农场，在这种类型的农场中土地所有者、租佃农场主和雇佣工人三者相辅相成。从 20 世纪上半叶开始，英国的农地制度开始发生变化，第二次世界大战以后这种变化表现得更加明显。这种变化首先表现在农地所有权结构转型方面，使用权和所有权相分离的租佃农场在整个 19 世纪占据主要地位，但第二次世界大战以后，自有自营的农场比例上升，租佃农场比例下降。到了 1977 年，自有自营农场比例超过 50％，占据了主导地位。这个时期，农场规模逐步扩大也是一个明显的变化趋势。

从农场的经营方式来看，主要依靠家庭劳动力经营农场和雇工经营大农场是英国主要的两类农场经营模式。前者有时被称为"家庭农场"模式，这类农场一般属于中、小型农场，且数量众多；后者一般经营的是土地面积超过 200 公顷的特大农场，这类农场虽然数量不多，只占农场总数的 4％左右，但其营地面积却占了农场土地面积的 45.2％。

不论是在世界发达国家还是在欧盟国家中，英国都是农场平均规模最大、大农场比重最高的国家。正因为如此，在规模经济效应的推动下，英国成为欧盟农业劳动生产率最高的国家之一。

20 世纪 70 年代以来，英国自有农场和租佃农场的数目都在逐年减少，但租佃农场减少的百分比大大高于自有农场减少的百分比。例如，从 1970 年到 1977 年，自有农场由 15.83 万个减少到 14.4 万个，仅减少了 9％，而租佃农场由 11.33 万个减少到 8.6 万个，减少了 24％。

（二）英国农地流转制度

英国的土地制度是典型的大农业体制，自从 1066 年以来，在法律上土地全部都属于英王所有。虽然从英国法学理论角度上讲，英国的所有土地都属国家所有，而实际上英国 90％左右的土地为私人持有，土地持有者对土地享有永业权。英国土地利用者（土地持有人）完全拥有土地权益即拥有永业权是其顺利流转和发展规模经营的关键。

英国农地流转主要是以市场为导向的，但政府制定、出台和执行的相关法律法规对加速土地流转起到了积极的作用，有效地保障了市场对土地流转的调节作用。实际上，这些法规和法律重点在于引导和鼓励农场向大型化和规模化的方向发展，例如 1967 年修订的《农业法》就规定小型农场合并所需费用一半由政府补贴，对愿意放弃经营小农场的农场主发放补助金或者终生养老金。在市场竞争、政府鼓励和农业技术进步的多重作用下，良性的农地流转机制得以实现，农地逐渐流向那些有能力的自营农场主手中，为土地的规模化经营创造了良好的条件，而规模化经营反过来加快了农业技术进步的步伐，提高了土地的利用效率和生产力，对英国农业的复兴与发展起到了积极作用①。

---

① 本内容来源于《半月谈》。

第二章 CHAPTER 2
社会经济概况 ▶▶▶

英国农业生产达到较高的现代化水平，并以高效率、高产量著称于世。剖析其以农场为基本经济单元的特色运营模式也具有较高的借鉴价值，为此需要研究英国的社会经济概况，特别是农业社会经济概况。本章旨在厘清英国农业经济概况及其与英国国民经济的关系，介绍农业劳动力的构成、分布以及流动情况。

第一节 国民经济基本状况

一、国民经济概况

英国是世界上的老牌资本主义国家，自第一次工业革命以来，英国国民经济状况发生了几次转折，而几乎每次转折都影响了它在世界经济中的地位。英国是第一次工业革命的发源地，那时的英国被称为"世界工厂"，不论从工业总产值还是从国际贸易额来看，英国在世界上均处于垄断地位，1850年英国的工业总产值在全球工业产值中占39%，国际贸易额占全球的21%。英国经济实力在第一次世界大战中遭到严重打击，直接后果是丧失了250年来的海上霸权。第二次世界大战的到来使得英国经济雪上加霜，殖民地市场进一步缩小。而到了20世纪60年代后期，受高税、高福利和国有化政策的影响，英国经济到了极端困难的境地，但由于其悠久的工业发展历史以及相对完整的国民经济体系和工业体系，英国仍然是世界上经济实力排名靠前的国家。为摆脱经济困局，1973年英国加入欧洲经济共同体，一改以往单纯依靠英联邦各国和发展中国家的传统作风，开始加强与欧洲其他国家的贸易往来。1979年以后，英国政府开始大力推行治理"英国病"的政策,英国经济出现明显恢复的局面(图2-1)。

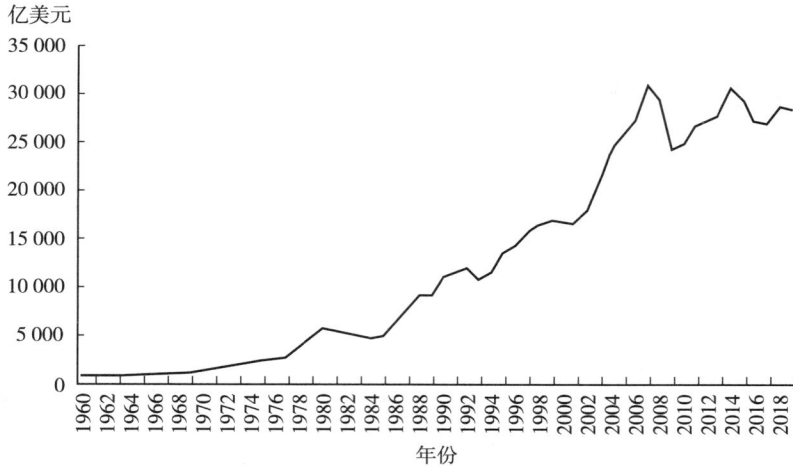

图2-1　1960—2019年英国国内生产总值(GDP)

数据来源:由世界银行网站相关数据整理。

进入21世纪,英国经济发展出现颓势。其中受2008年全球金融危机和2015年脱欧影响,出现了两次较大的下滑,其经济总量在2019年也被印度超过,后续2020年正式脱欧后经济的发展走向仍处于迷雾当中。但是,英国作为西欧国家中能源资源最丰富的国家之一,其经济总量在世界经济体系中仍占有重要的地位。具体情况见表2-1:

表2-1　2017—2019年世界各国(地区)GDP前8位排名

单位:万亿美元

名次	2017年		2018年		2019年	
	国别	GDP	国别	GDP	国别	GDP
1	美国	19.46	美国	20.53	美国	21.37
2	中国	12.31	中国	13.90	中国	14.34
3	日本	4.87	日本	4.96	日本	5.08
4	德国	3.67	德国	3.95	德国	3.85
5	英国	2.67	英国	2.86	印度	2.88
6	印度	2.65	法国	2.79	英国	2.83
7	法国	2.60	印度	2.71	法国	2.72
8	巴西	2.06	意大利	2.09	意大利	2.00

数据来源:由世界银行网站相关数据整理。

2019 年英国 GDP 约 2.83 万亿美元，居世界第六位。随着经济的不断发展，英国国民经济中制造业所占的比重呈小幅下降的趋势，而服务业和能源所占比重则呈上升趋势，服务业中商业、金融业和保险业发展速度最快。截至 2019 年，服务业已成为英国经济的支柱产业，占国内生产总值的 82%，农业和工业分别占国内生产总值的 0.53% 和 17.4%。货物和服务出口占国内生产总值的 31.5%。此外，能源产业也是英国经济中的重要部门。近年来，英国政府提出了发展"低碳经济"的口号，特别重视提高能源利用效率和发展可再生能源。

英国与世界 80 多个国家和地区有贸易关系，其中欧盟是英国最大的贸易伙伴。2019 年英国出口总额达到 4 756.6 亿美元，出口产品以石油及相关产品、化工产品（包括医药制品）、烟草、饮料、机械设备等为主，出口的主要对象是欧盟、美国和日本。同年，英国进口总额达到 6 416.1 亿美元，其贸易对象主要是欧盟、美国和日本，进口产品主要包括食品、燃料、原材料、服装、鞋、电子机械设备、汽车等。

二、国民经济基本结构

（一）农业概况

农业在英国国内生产总值中所占比重不到 1%，从业人数约 45 万，不到总就业人数的 2%，低于其他主要工业国家。英国农业基本上用了占国土面积 2/3 的土地满足了全国 2/3 的食品需求总量。

英国农业高度发达，农业技术水平和劳动生产率均位于西欧国家前列，英国的农业劳动生产率、单位面积产量都达到了很高的水平。在雄厚的工业技术基础上，得益于比较完善的农业科研、教育和推广体系的支持，英国农业已步入先进的现代化发展阶段。

从整体上看，英国农业有以下几个基本特点：一是在英国农业结构中，畜牧业占大头。英国的牧场面积接近全国总面积的一半，以饲养猪、牛为主，是世界上主要的牛奶生产国。畜牧业具有规模大、机械化水平高、集约经营、专业化和社会化程度高的特点。二是农业机械化程度高。只用 1% 的劳动力就能生产全国所需农产品的 60%。英国农业劳动生产率仅次于美国，遥遥领先于其他发达国家，而在每个农业劳动力生产的牛奶量上，英国则超过美国居第一位。三是农业生产注重环境保护。近几年英国越来越重视有机农业的发展，英国农业已进入可持续发展的阶段，英国的生态农业正以每年 40％的速度递增。化肥、农药等化学品是限制使用的。即使必须使用农药，也要尽可能提高农药的有效利用率，以降低对环境和农产品的影响。另外英国有漫长的海岸线，使其有很多港湾可以作为渔船的抛锚地，为渔业发展提供了良好的条件，是欧洲重要的渔业大国之一（表 2-2 至表 2-4）。

表 2-2　2014—2019 年英国谷物和其他农产品产量

单位：万吨

年份	2014	2015	2016	2017	2018	2019
小麦	1 661	1 644	1 438	1 484	1 356	1 623
大麦	691	737	666	717	651	805
燕麦	82	80	82	88	85	108
油菜籽和亚麻籽	250	257	182	217	201	175
甜菜	931	622	569	892	760	745
马铃薯	591	559	537	622	506	525

数据来源：英国环境、食品和农村事务部，Agriculture in the United Kingdom 2015—2019。

表 2-3　2014—2019 年英国主要牲畜存栏量

单位：千头

年份	2014	2015	2016	2017	2018	2019
牛	9 837	9 919	10 033	10 004	9 891	9 739
羊	33 743	33 337	33 943	34 832	33 781	33 580
猪	4 815	4 739	4 866	4 969	5 012	5 078

数据来源：英国环境、食品和农村事务部，Agriculture in the United Kingdom 2015—2019。

表 2-4　2012—2017 年英国渔业生产情况

年份	2012	2013	2014	2015	2016	2017
年末船队规模（艘）	6 406	6 399	6 383	6 187	6 191	6 148
渔业 GDP 规模（百万英镑）	539	491	581	569	718	796
渔民就业人数（人）	12 445	12 235	11 845	12 107	11 757	11 692

数据来源：英国海洋管理组织，UK sea fisheries annual statistics report 2018。

（二）工业概况

工业是英国国民经济的重要部门，2019 年英国工业产值占国内生产总值的 17.4％。英国工业部门众多，包括化工、机械、电子、航空、烟草、国防、生物制药、汽车、电子仪器、印刷、采矿等诸多部门，其中生物制药、航空和国防是英国工业研发的重点，也是英国最具竞争力和创造力的行业。跟许多国家一样，随着服务业的发展壮大，英国制造业在国民经济中的比重逐渐下降，制造业从 20 世纪 80 年代开始萎缩，80 年代和 90 年代初的两次经济衰退加剧了这一态势。2001 年，英国制造业占国内生产总值的 17.5%，从业人员 370 万，占总就业人口的 14.5%。到了 2007 年，制造业所占的比重下降到 13.6%。2005 年，英国汽车生产企业罗孚公司破产，成为英国制造业衰退的缩影。英国制造业中纺织业最不景气，但电子和光学设备、人造纤维和化工产品，特别是制药行业，仍保持雄厚实力。2019 年，英国制造业增加值约 246 亿美元（2010 年美元不变价），占 GDP 的 8.6%。

（三）服务业概况

服务业是英国经济的支柱产业，2019 年英国 82% 的国内生产总值来自服务业，81.1% 的从业人员从事服务业。英国服务业主要包括金融保险、零售、旅游和商业服务，其中商业又是英国服务业的重中之重，产值占国内生产总值的 41.1%。

伦敦是世界著名的金融中心，拥有现代化金融服务体系，各种大型金融机构都在伦敦设立分支机构或者办事处，很多跨国银行借贷、国际债券发行、基金投资、外汇交易、保险、海外股票交易、黄金现货交易、衍生品交易、现货交易、非贵重金属交易等业务都在伦敦进行。

旅游业是英国服务业的重要部门之一，2019 年前三季度，赴英游客总数 2 866 万人次。伦敦往往是外国游客到英国旅游的首选之地，约有一半的海外游客主要在伦敦参观游览，爱丁堡、剑桥、牛津、布赖顿、格林尼治等地也是外国游客热衷之地。

三、人口与就业

（一）人口概况

截至 2019 年，英国总人口为 6 680 万，在世界银行官网公布数据中居全球第 22 位。2019 年，英国人口增长率为 0.5%（36.1 万），是自 2004 年以来最慢的。这一方面是由于英国国际净移民 23.1 万，较之去年同期减少 4.4 万；另一方面英国出生率降至 2005 年以来最低点，出生人口仅为 72 万（图 2-2）。

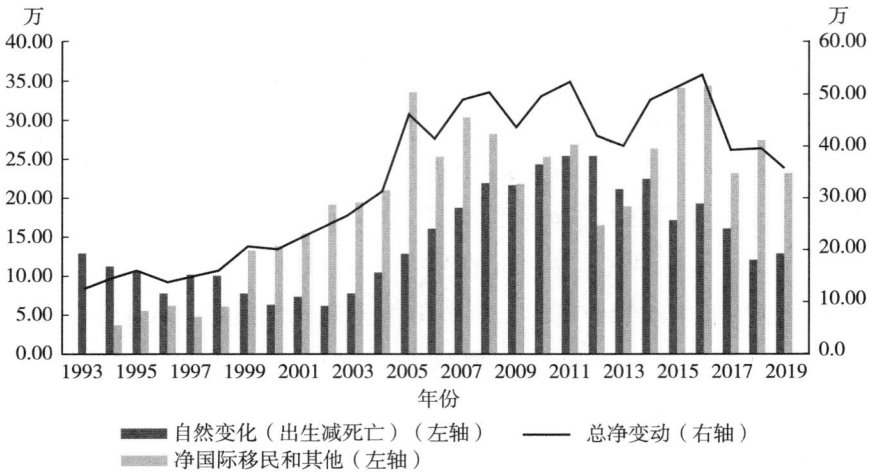

图 2-2　1993—2019 英国人口变化

数据来源：英国国家统计局、苏格兰地区记录、北爱尔兰统计和研究机构研究测算。

英国主要由 4 个民族构成，包括英格兰人、威尔士人、苏格兰人、爱尔兰人，其中又以英格兰人（盎格鲁-撒克逊人）为主体民族，占全国总人口的83.9%（2019 年数据）。英国人口中 92% 为白人，2% 为黑人，1.8% 为印第安人，1.3% 为巴基斯坦人，1.2% 为混血，其他人口所占比例为 1.6%。从人口地域分布来看，英国人口主要分布在英格兰，其次为苏格兰、威尔士和北爱尔兰。2019 年英格兰人口达 5 629 万（首都伦敦就有 896 万），苏格兰为 546 万，威尔士为 315 万，北爱尔兰为 189 万，具体分布和变化情况（表 2-5）：

表 2-5　2018—2019 年英国人口分布和变化情况

单位：万

项目	总计	英格兰	威尔士	苏格兰	北爱尔兰
2018 年总人口	664.355 50	559.771 78	313.863 1	543.810 0	188.164 1
出生	72.168 5	61.793 9	3.046 3	5.063 6	2.264 7
死亡	59.341 0	48.895 2	3.290 0	5.620 9	1.534 9
国际移民（迁入）	60.930 8	53.769 9	1.751 8	3.990 0	1.419 1
国际移民（迁出）	37.877 4	33.889 0	0.970 6	1.970 0	1.047 8
其他变化	0.244 8	−1.801 3	0.887 3	1.057 3	0.101 5
2019 年总人口	667.968 07	562.869 61	315.287 9	546.330 0	189.366 7
2018 年至 2019 年人口净变化	36.125 7	30.978 3	1.424 8	2.520 0	1.202 6
净变化率	0.54%	0.55%	0.45%	0.46%	0.64%

数据来源：英国国家统计局、苏格兰地区纪录、北爱尔兰统计和研究机构研究测算。

从人口结构看，图 2-3 的英国 2018 年人口金字塔展示了英国的人口性别、年龄结构，除最老年龄组外，其余各年龄组相差不多，扩大或缩小均不明显，塔形较直，大致可以判断为稳定型人口年龄结构。英国统计局有专门的人口增长预测项目，并根据每年数据进行调整，基于 2018 年数据的测算，未来十年英国人口会有一个稳定的增长，在 2028 年将达到 6 940 万。2018 年，老年女性多于老年男性，反映出女性的预期寿命较长；71 岁人口数量突出反映了第二次世界大战后的婴儿潮，塔底的青少年人口较少与千年之交以来的低出生率相对应。

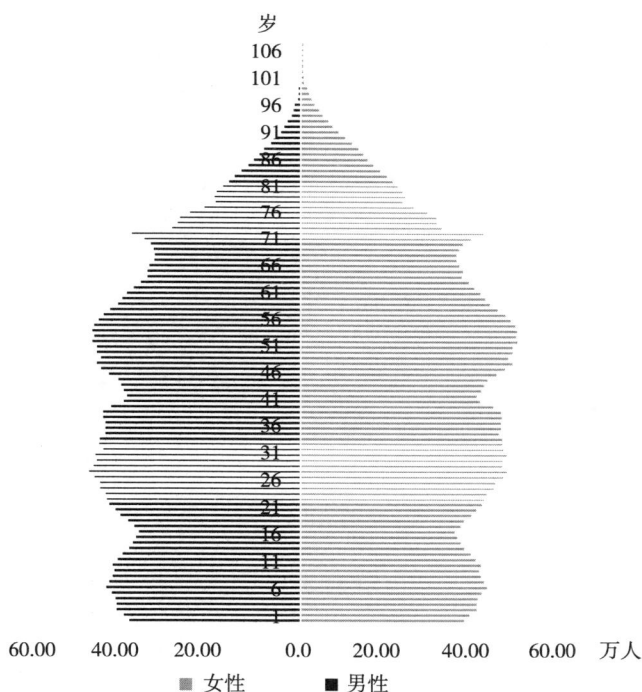

图 2-3　2018 年英国人口金字塔

数据来源：英国国家统计局"国家人口计划"测算。

表 2-6 是英国 2019 年人口年龄结构及分布，清晰地展示了英国当前的人口状况。按照联合国新标准 65 岁以上老人占总人口的 7％即该地区视为进入老龄化社会，2019 年英国 65 岁及以上老人的比例达到 18.5％，已进入深度老龄化社会。而英国老年人比例最高的地方为英格兰南部和东部沿海地区，其中英格兰东西部 65 岁及以上老人的比例高达 22.3％，该地区平均年龄44.1 岁，是英国人口老龄化最严重的地区。与之对比最明显的地区是伦敦，得益于国内

人口迁移改善了迁入地的人口结构，伦敦 65 岁及以上老人的占比仅为 12.1%，是英国人口老龄化最低的地区，同时也是英国人口密度最高的地区，达到每平方公里 5 701 人。

据英国国家统计局测算，到 2043 年中期，预计英国老年人会更多。这在一定程度上反映了年龄在 80 岁左右的 20 世纪 60 年代婴儿潮一代人，同时反映了预期寿命的普遍增长。2019 年，85 岁及以上的人口达 160 万；到 2043 年，这一数字预计将翻一番，达到 300 万。

表 2-6 英国 2019 年人口年龄结构及分布

	全部人口	儿童（16 岁以下）	劳动力（16～64 岁）	养老金年龄（65 岁及以上）	老年人（70 岁及以上）	老年人（85 岁及以上）	平均年龄	人口密度（人/平方公里）
英国	66 796 807	19.0%	62.5%	18.5%	13.5%	2.5%	40.3	275
英格兰	56 286 961	19.2%	62.4%	18.4%	13.4%	2.5%	40.0	432
东北部	2 669 941	17.9%	62.2%	19.9%	14.3%	2.5%	41.8	311
西北部	7 341 196	19.1%	62.1%	18.7%	13.6%	2.4%	40.3	520
约克郡和亨伯郡	5 502 967	19.1%	62.1%	18.8%	13.6%	2.4%	40.1	357
中东部	4 835 928	18.6%	61.9%	19.5%	14.1%	2.5%	41.4	310
中西部	5 934 037	19.7%	61.7%	18.6%	13.6%	2.5%	39.6	457
东部	6 236 072	19.4%	60.7%	19.9%	14.7%	2.8%	41.7	326
伦敦	8 961 989	20.6%	67.4%	12.1%	8.6%	1.7%	35.6	5 701
东南部	9 180 135	19.3%	61.2%	19.5%	14.5%	2.8%	41.7	481
东西部	5 624 696	17.6%	60.1%	22.3%	16.4%	3.1%	44.1	236
威尔士	3 152 879	17.9%	61.1%	21.0%	15.2%	2.7%	42.5	152
苏格兰	5 463 300	16.9%	64.0%	19.1%	13.6%	2.3%	42.0	70
北爱尔兰	1 893 667	20.9%	62.5%	16.6%	11.9%	2.0%	38.9	137

数据来源：英国国家统计局、苏格兰地区纪录、北爱尔兰统计和研究机构研究测算。

（二）就业概况

2019 年英国劳动力人口（16 岁至 64 岁）总数为 4 267 万，其中就业人数为 3 280 万，失业人数 130 万，失业率为 3.8%，有 867 万为经济不活跃（指因为某种原因，过去四周内没有找工作，或他们在未来两周内无法开始工作）。从表 2-7 的 2010—2019 年英国劳动力市场状况可以看出，求职市场仍明显由男性主导，女性经济不活跃人数比例远高于男性，但在近年有下降趋势。

表 2-7 2010—2019 年英国劳动力市场状况

单位：万

年份	总计			男性			女性		
	就业人数	失业人数	经济不活跃	就业人数	失业人数	经济不活跃	就业人数	失业人数	经济不活跃
2010	2 922.8	249.7	944.6	1 557.8	147.7	343.4	1 365.1	102.0	601.2
2011	2 937.6	259.3	945.2	1 566.0	149.6	347.2	1 371.6	109.6	598.2
2012	2 969.7	257.2	920.8	1 585.7	145.4	336.0	1 384.0	111.9	584.7
2013	3 004.5	247.4	908.9	1 599.8	139.6	335.8	1 404.7	107.8	573.2
2014	3 075.5	202.6	902.4	1 636.3	112.5	336.6	1 439.2	90.1	565.9
2015	3 128.4	178.1	899.6	1 665.5	97.6	337.9	1 462.8	80.5	561.6
2016	3 172.7	163.3	889.8	1 688.6	89.2	334.6	1 484.1	74.2	553.9
2017	3 205.7	148.0	882.7	1 700.3	80.6	338.0	1 505.4	67.4	543.3
2018	3 243.9	138.0	869.4	1 719.5	74.2	334.5	1 524.5	63.8	534.9
2019	3 279.9	130.6	856.6	1 729.1	72.0	333.8	1 550.8	58.6	522.8

数据来源：英国国家统计局。

2020 年，由于新型冠状病毒（COVID-19）大流行，英国企业销售、就业和投资低于正常水平，伴随而来的是 2020 年前两个季度经济低迷和失业人口增加，2020 年 5 月比去年同期失业人口增加 116 万。2020 年 5 月至 7 月的三个月内，裁员人数同比增长 45.3％，达到 15.6 万。

第二节 农业经济基本状况

自 1970 年代以来，英国农业在国民经济中的地位发生了许多变化。农业收入、农产品自给率、农产品贸易、农业生产力、农业公共支出以及英国农业在欧盟以及全球中的地位都有了不同程度的提高。农业的发展为国民经济的发展奠定了坚实的基础，同时技术的进步和制度的不断完善也为农业可持续发展提供了重要保障。

一、农业在国民经济中的地位

2000 年到 2019 年，英国农业总体趋势向好，农业总产出除了有个别年份出现下降外，其余年份均有不同程度的增长。经过二十年的发展，农业总产出由 2000 年的 150 亿英镑增长至 2019 年的 273 亿英镑，年均增长率约为 3.2%。相较而言农业总增加值速度略低，由 2000 年的 62 亿英镑增长至 2019 年的 104 亿英镑，年均增长率约为 2.8%，也略低于二十年间英国国内生产总值 2.85% 的增长率，英国农业经济在国民经济中的比重不断下降（图 2-4）。

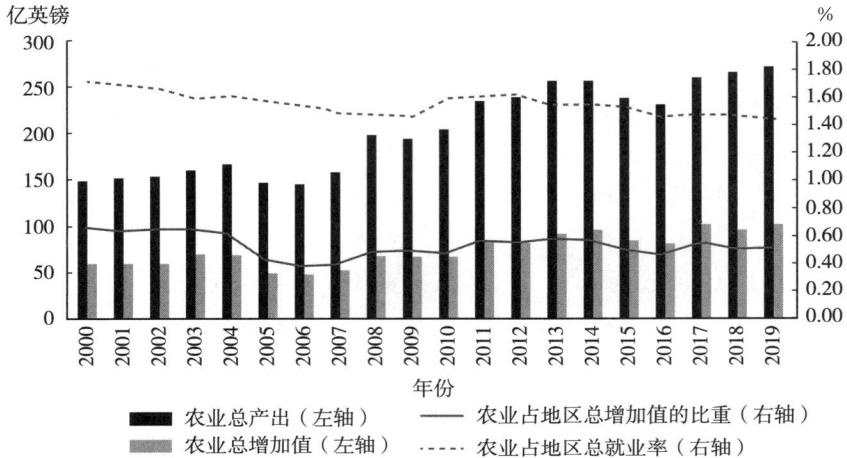

图 2-4 2000—2019 年英国农业产出与经济地位（以 2019 年价格水平计算）

数据来源：英国环境、食品和农村事务部，Agriculture in the United Kingdom 2019。

二、农业收入

自 1973 年以来英国的农业收入一直处于不断波动之中。以 2019 年价格水平计算，其中 1973 年为历史最高水平，农业收入超过 100 亿英镑，随后呈下降趋势，在 1980 年其产值下降到 46 亿英镑，1985 年到 1990 年呈现平稳波动趋势，农业收入一直处于 35 亿到 40 亿英镑；20 世纪 90 年代的前几年经历一个不断上升的过程，1996 年达到历史的第二个高峰（约 78 亿英镑），随后不断下降，2000 年下降到历史的最低点 20 亿英镑。2001 年后总体呈上升趋势，其中有些年份略有波动，2007 年到 2008 年出现了较大的增幅，农业收入从 30 亿英镑增加到 46 亿英镑。随后 2010 年至 2019 年十年间，除 2015 年、2016 年下降到了 40 多亿英镑，其余年份均保持在 50 亿英镑至 60 亿英镑的水平。图 2-5 是自 1973 年以来英国农业收入的变化情况。

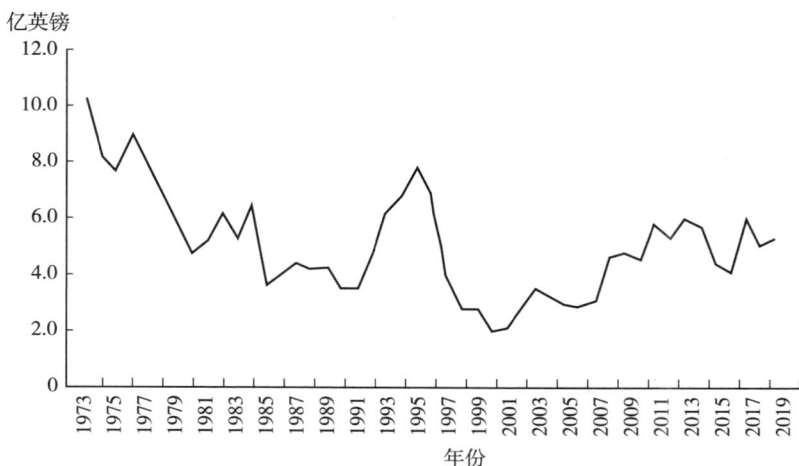

图 2-5　1973—2019 年英国农业收入变化情况（以 2019 年价格水平计算）

数据来源：英国环境、食品和农村事务部，Agriculture in the United Kingdom 2019。

三、食品自给率

英国的农产品一直不能自给，但是随着国内经济的发展以及农业贸易格局的不断演变，英国农产品自给程度有了不断提高。20 世纪 20 至 30 年代，英国农业只能为 4 700 万国民提供 33％的食品供给。第二次世界大战以来，由于农业生产的迅速发展，英国农畜产品的自给率不断提高。20 世纪 60 年代这一比重提高到了 50％，并于 80 年代到达了顶峰。从 1995 年起，食品生产的供给率又逐渐开始下降，农业的自给能力为 59％，部分农产品的自给率达到 76％以上。进入 21 世纪后，英国食品自给率逐步下降后稳定在 60％左右。1984 年以来英国食品自给率的变化情况见图 2-6。

四、农业生产力

农业经济绩效及其竞争力的一个关键组成要素和测量指标是农业的生产力，也就是农业产业如何能够有效地利用可获得的资源将投入转化为产出。这里用全要素生产力指数来测量英国农业经济的绩效问题（图 2-7）。

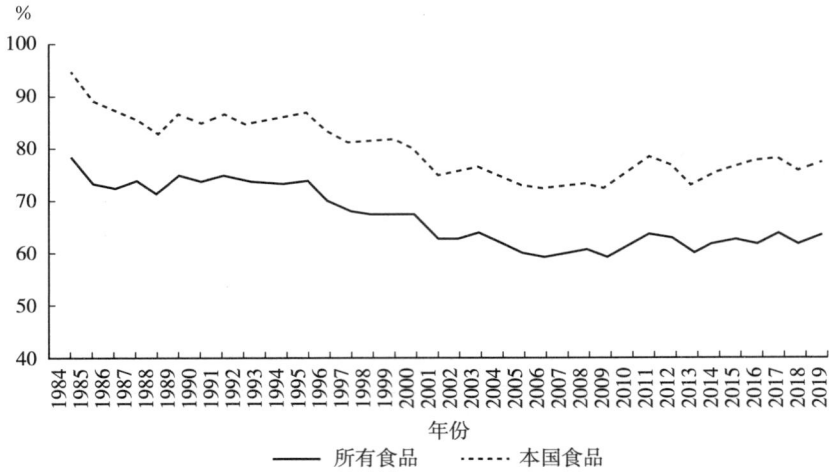

图 2-6　1984—2019 年英国农业食品自给率

数据来源：英国环境、食品和农村事务部，Agriculture in the United Kingdom 2019。

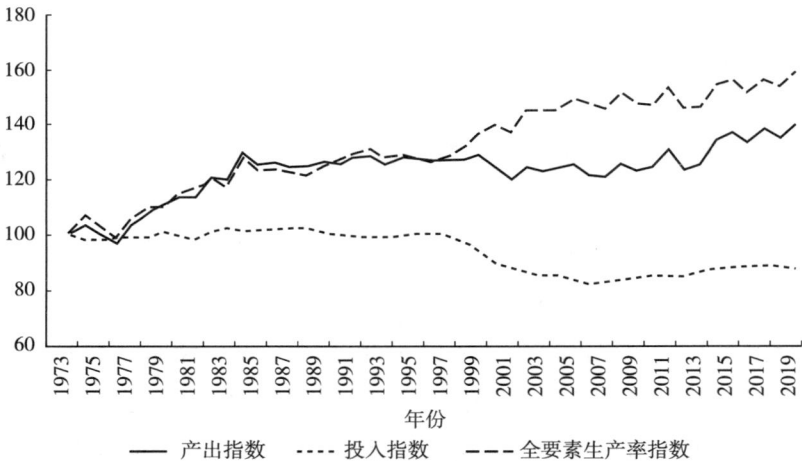

图 2-7　1973—2019 年英国农业生产力指数（1973＝100）

数据来源：英国环境、食品和农村事务部，Agriculture in the United Kingdom 2019。

五、农业的公共支出情况

　　一个国家对其农业的投入，一方面能够体现出政府对农业的支持力度，另一方面从投入数量和结构上能够体现出该国农业的发展水平以及发展方向。英国政府对农业的重视表现在多个方面，不仅体现在过去对农业投入的积累，更有目前对农业投入的增多以及对农业预算的增加。1993 年到 2019 年，英国的农业公共支出数额总体上呈增长趋势，其补贴结构更是经历了巨大的变化（图 2 - 8）。

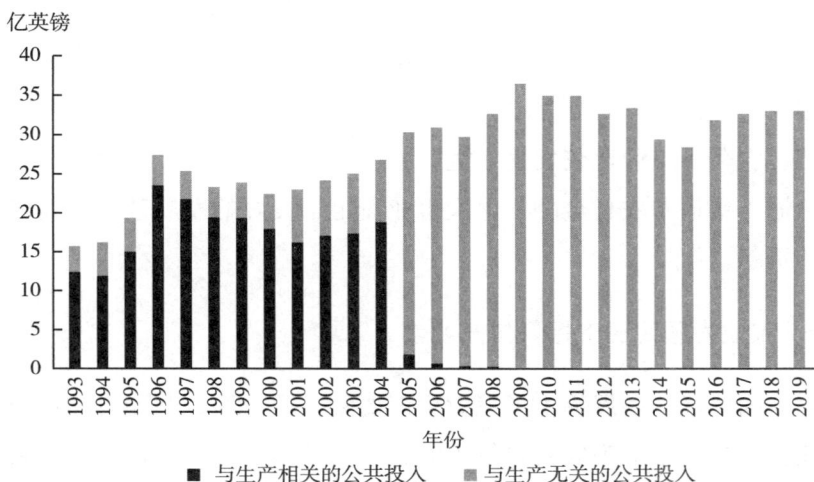

图 2 - 8　1993—2019 年英国农业公共支出情况（以 2019 年价格计算）

数据来源：英国环境、食品和农村事务部，Agriculture in the United Kingdom 2019。

六、英国农业在世界中的地位

2019 年，英国农业增加值为 172.4 亿美元，在全球有数据的 136 个国家中排名第 32 位。事实上，自 1990 年以来，英国农业增加值一直处于波动较大的状态，最低为 2001 年的 138.3 亿美元（主要是受到口蹄疫的影响），最高为 2014 年的 204.4 亿美元。总体来说，主要受近年来欧元相对于英镑持续贬值的影响，英国农业增加值在世界上排名逐年下滑，由 2010 年的第 22 位下降到了 2019 年的第 32 位，但是英国农业在世界上仍然占有重要地位。在雄厚的工业技术基础上，在比较完善的农业科研、教育和推广体系的支持下，英国已发展成为先进的现代化农业国。目前，英国是世界上农业科学技术发达国家之一，在基础理论研究方面，特别是分子生物学、细胞学都具有国际先进水平；在农业机械化、自动化、电气化程度和农业劳动生产率等方面也都名列世界前茅。此外，英国农业在欧洲地区也占有重要地位。从产业增加值排序来看，英国农业增加值仅次于俄罗斯、法国、意大利、西班牙和德国，排列第六。

七、英国农业对国民经济的贡献

近年来英国以雄厚的技术装备和高效的劳动生产率显著地扩大了生产规模和提高了本国的农产品自给率，并在本国居民的高水平食物消费中起着日益重要的作用。农业的增长促进相关工业和第三产业的发展，不仅使英国成为农机、化肥、农药、工业比较发达、生产水平比较高的国家，也为英国农产品的储藏、运输、销售和农村金融、保险事业奠定了良好的发展基础。具体有以下几方面的贡献。

（一）农业为国民经济提供生产要素

农业为国民经济发展提供了三大生产要素，即土地、劳动力和资金。除了进行农业生产外，土地为农村提供生活场所以及城镇建设用地。农业及农业相关部门为社会提供更多的就业岗位。2019 年，英国农业食品部门提供了接近400 万个工作岗位，占英国所有雇佣劳动力的 13％。其中，从事农业生产 43万个，食品和饮料制造 41 万个，食品和农业批发 25 万个，食品和农业零售109 万个，非住宅餐饮 182 万个。

（二）农业为国家提供农产品及工业原料

农业作为英国的基础产业，为英国国民经济发展提供了很多重要农产品，保障了城乡居民的再生产，进而推动了整个国民经济的发展，其重要性主要体现在三个方面：一是为国民提供多种多样的农产品，满足消费者日益增长的需求；二是为本国工业提供重要的原材料；三是保障本国粮食安全。考察农业为国家提供的产品的贡献，主要从两个角度来解释：一个是农业对国民经济增长的贡献率，这个指标已经在前面一部分详细论述；另一个是农业食品部门总增加值，具体指标见表 2-8。

表 2-8　2018 年农业食品部门总增加值（以 2019 年价格计算）

单位：亿英镑，％

农业相关部门	产值	比重
农业	98	8
食品和饮料工业	286	24

（续）

农业相关部门	产值	比重
食品和饮料批发业	145	12
食品和饮料零售业	306	25
非住宅餐饮业	369	31
合计	1 224	100

数据来源：英国环境、食品和农村事务部，Agriculture in the United Kingdom 2019。

（三）农业为国家创造外汇收入

英国农业的发展既为本国提供了丰富的农产品，同时英国发达的畜牧业和农产品加工业也为世界其他国家提供了丰富的食品。初级农产品和深加工食品的出口为英国创造了越来越多的外汇收入，为英国的国际收支平衡以及进口其他国家产品奠定了基础（图 2-9）。

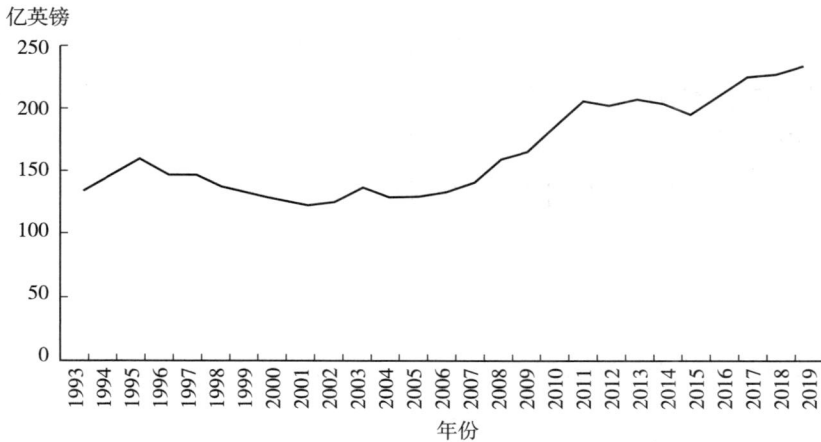

图 2-9　1993—2019 年农业食品部门出口总额（以 2019 年价格计算）

数据来源：英国环境、食品和农村事务部，Agriculture in the United Kingdom 2019。

（四）农业传承农村文化

英国农业的发展形成保留着农村独特的文化和历史。农户（农场主）负责管理英国 75% 的农业耕地。英国以农场为单位的经营模式使得英国农村保持着本土固有的乡村特征，无论是树篱、沟渠、草坪或者小灌木丛，都是在多年的农业生产生活中逐步形成的。有些农村保留着古老英国农村的模样，有些是在原来的基础上做了一些改进，从英国农场主的庄园、牧场可以窥探到几十年前甚至几百年前英国农村的模样和农民生产生活的基本方式。在植物种植品种以及动物饲养方式上，也有英国自己的特色，具有丰富的文化内涵和历史渊源，并且与当地的环境、气候相协调。

<h1 style="text-align:center">第三节 农业劳动力基本状况</h1>

英国统计资料中的"农业劳动力"（或称"农业经济活动人口"）是指农业部门的从业人员，包括领取工资的雇佣农业工人、农场经营者及其家属。

一、农业劳动力总体情况

农业劳动力在国民经济全部劳动力中的比重，在一定程度上反映了农业技术水平和农业集约化水平。

第二次世界大战后，英国在实现农业现代化过程中出现了农业人口向城市及其他部门转移的情况，农业人口继续减少，农业劳动力在国民经济全部劳动力中的比重不断降低。英国从事商业农业的劳动力由 1984 年的 69.82万下降到 2019 年 42.8 万，图 2-10 展示了英国从事商业农业劳动力总体变动趋势。

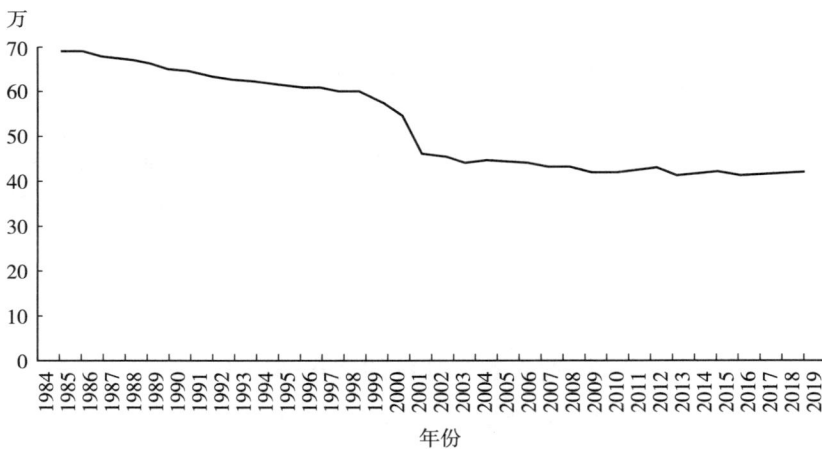

图 2-10　1984—2019 年英国从事商业农业劳动力变化趋势

数据来源：英国环境、食品和农村事务部，Agriculture in the United Kingdom 2019。

二、农业劳动力结构

英国农业劳动力总体上呈现下降的趋势，其内部本身的结构也一直处于变动之中。

（一）各类农业劳动力构成

从大的分类来看，英国农业从业人员包括两类：一类是农业经营者，主要包括农场主、合伙经营者、董事及其配偶（即农场的实际控制者）；另一类是雇佣劳动力，包括经理、正式员工和临时工。两种类型的农业劳动力构成的演变特点见表2-9。

从总体上来看，上述几类从业人员中并非所有人员都是一直减少的，如雇佣劳动力中的经理2004年至2008年间比其余年份要多出约三成，农场主、合伙经营者、董事及配偶基本不变，其余各种农业劳动力不同程度地下降，因此各类农业劳动力的变化是不平衡的。英国农业劳动力中，农场的实际控制者（农场主、合伙经营者、董事及配偶）占了六成以上，雇佣劳动力所占比例不足四成，反映了英国农场主小规模经营的特点。英国各类农业劳动力的具体变化情况如图2-11。

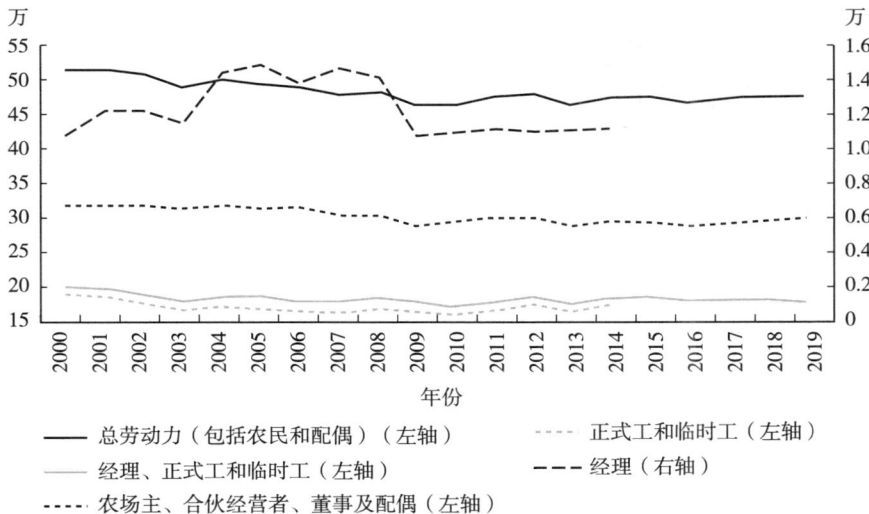

图2-11　2000—2019年英国从事商业农业劳动力结构变化情况

数据来源：英国环境、食品和农村事务部，Structure of the agricultural industry in England and the UK at June。

表 2 - 9　2000—2019 年英国从事商业农业劳动力结构变化情况

年份	2000	2001	2002	2003	2004	2005	2006	2007	2008	2009
总劳动力（包括农民和配偶）	516 306	514 289	507 056	491 046	500 737	494 468	490 813	481 286	483 331	464 201
农场主、合伙经营者、董事和配偶　总计	317 884	318 268	319 431	313 383	315 297	310 600	313 056	305 211	301 921	289 393
全职	165 248	163 468	159 627	155 077	151 268	148 818	146 442	140 510	140 487	137 179
兼职	152 636	154 800	159 805	158 305	164 029	161 782	166 614	164 701	161 434	152 214
经理、正式工和临时工	198 422	196 021	187 625	177 664	185 440	183 868	177 757	176 075	181 410	174 808
经理	10 815	12 256	12 186	11 450	14 486	14 962	13 851	14 657	14 190	10 811
正式工和临时工　总计	187 607	183 765	175 439	166 213	170 955	168 906	163 906	161 418	167 220	163 998
全职正式工　总计	82 560	81 349	75 508	69 459	66 365	65 824	62 553	61 056	64 261	62 716
其中　男性	72 614	70 940	64 499	59 912	57 197	56 068	52 651	51 226	53 536	52 175
其中　女性	9 946	10 409	11 009	9 547	9 168	9 756	9 902	9 830	10 725	10 542
兼职正式工	42 363	40 463	37 940	35 920	38 287	39 450	39 364	43 063	42 629	42 496
其中　男性	23 293	22 436	20 802	20 175	22 314	23 498	23 350	26 945	26 713	26 793
其中　女性	19 070	18 027	17 138	15 745	15 973	15 951	16 014	16 118	15 915	15 703
临时工	62 684	61 953	61 990	60 834	66 303	63 633	61 989	57 299	60 330	58 785
其中　男性	45 245	44 610	45 116	43 875	48 487	45 463	43 230	39 945	42 258	41 575
其中　女性	17 439	17 343	16 875	16 959	17 816	18 170	18 760	17 354	18 072	17 211

（续）

年份			2010	2011	2012	2013	2014	2015	2016	2017	2018	2019
总劳动力（包括农民和配偶）			465 508	475 707	481 181	463 709	475 548	476 452	466 216	473 910	477 098	475 719
农场主、合伙经营者、董事和配偶	总计		294 863	298 690	298 248	290 418	294 461	293 730	289 877	293 757	296 449	299 178
	全职		133 914	139 778	140 675	138 184	139 550	141 752	138 862	140 980	144 516	144 348
	兼职		160 949	158 912	157 573	152 234	154 911	151 978	151 015	152 777	151 933	154 830
其中：经理、正式工和临时工			170 645	177 017	182 933	173 291	181 087	182 722	176 339	180 153	180 649	176 541
	经理		11 051	11 183	11 053	11 070	11 248	—	—	—	—	—
	正式工和临时工	总计	159 594	165 834	171 880	162 221	169 839	—	—	—	—	—
		全职正式工	64 104	64 222	64 597	62 805	63 688	72 948	—	—	—	—
		其中 男性	—	—	—	—	—	—	—	—	—	—
		其中 女性	—	—	—	—	—	—	—	—	—	—
		兼职正式工	39 390	39 337	40 729	38 541	39 951	42 511	—	—	—	—
		其中 男性	—	—	—	—	—	—	—	—	—	—
		其中 女性	—	—	—	—	—	—	—	—	—	—
		临时工	56 100	62 275	66 554	60 875	66 200	67 263	—	—	—	—
		其中 男性	39 567	44 423	47 563	39 709	46 755	—	—	—	—	—
		其中 女性	16 533	17 852	18 991	21 166	19 445	—	—	—	—	—

数据来源：英国环境、食品和农村事务部。Structure of the agricultural industry in England and the UK at June。

31

1. 农场主、合伙经营者、董事及配偶

二十年来，得益于农业技术发展带来的生产率提高，英国农业劳动力的绝对数不断下降。但农场主、合伙经营者、董事及配偶的相对数却不断提高。其中，全职农场主、合伙经营者、董事及配偶与兼职农场主、合伙经营者、董事及配偶的比例大致相当。

2. 经理、正式工和临时工

自 2000 年以来，经理、正式员工和临时工的绝对数和相对数同时在减少，这类劳动力减少的主要原因是这些工人大部分是在规模较大的农场里就业，这些农场同规模较小的农场相比，更有条件采用新技术和新设备，这类人员多数是各种农业机械的操作者，随着新技术和大型、高效农业机械的推广使用，对人数的需求大大降低。其中，截至 2015 年数据，下降幅度最大的是全职正式工，其次是兼职正式工，临时工的劳动力数量并没有很明显的变化。在农业现代化过程中，对经营管理的要求不断提高，因此农业中对农业管理经理的需求始终旺盛，在 2004—2008 年到达了顶峰，随后回落至 2000 年的水准，保持至 2014 年（以后的数据并未公布）。

此外，从雇佣劳动力男性女性比例来看，男性占据绝大部分。2000—2009 年，性别比（男性劳动力人数比女性劳动力人数）总体为 2.9∶1。差距最大的类型是全职正式工，在 6∶1 左右，其次是临时工，约为 2.5∶1，男女比例最接近的是兼职正式工，为 1.4∶1。

三、农业劳动力分布的区域性构成

从农业总劳动力分布情况看，英格兰最多，其次是苏格兰、威尔士和北爱尔兰，其中威尔士的农业劳动力与北爱尔兰相差不大。每百公顷农用地的劳动力排序依次是北爱尔兰、英格兰、威尔士、苏格兰（表 2-10）。

表 2-10　2019 年英国农业劳动力区域性构成

单位：万

农业劳动力种类	英格兰	苏格兰	威尔士	北爱尔兰	英国
总劳动力	30.64	6.71	5.26	4.94	47.55
农场主、合伙人、经营者及家属	17.99	4.21	3.97	3.75	29.92
全职农场主、合伙人、经营者及家属	9.31	1.43	1.81	1.89	14.43

（续）

农业劳动力种类	英格兰	苏格兰	威尔士	北爱尔兰	英国
兼业农场主、合伙人、经营者及家属	8.68	2.78	2.16	1.86	15.48
经理、正式工和临时工	12.65	2.49	1.29	1.19	17.63
正式工	8.07	1.64	—	0.40	—
全职正式工	5.18	1.01	—	0.25	—
兼职正式工	2.88	0.63	—	0.16	—
临时工	4.58	0.86	—	0.79	—
每百公顷农用地劳动力	0.338	0.119	0.290	0.478	0.271
每百公顷改良农用地劳动力	0.395	0.139	0.357	0.583	0.319

数据来源：英国环境、食品和农村事务部，Farm Structure Survey。

四、不同类型农场农业劳动力的构成

英国的传统农场传承了英国的农业特色，也决定了英国农业的基本形态和主要模式。由于英国各个区域并未全部公开相关数据，这里仅分析英格兰不同类型农场的劳动力数量变化趋势，以农场控制者（农场主、合伙人、经营者及家属）以及雇佣劳动力（经理、正式工和临时工）区分出两种类型的农业劳动力。

这里农场类型是由农场的主要经济活动所决定的。当一种作物或牲畜类型（或一组作物和牲畜类型）的贡献占其总标准产出的三分之二以上时，农场就会根据其大部分标准产出的来源被划分到一个类型。具体见表 2-11、表 2-12。

表 2-11　不同农场类型农业劳动力变化情况（英格兰）

单位：万

农场类型	2016 年			2017 年			2018 年		
	控制者	雇佣	合计	控制者	雇佣	合计	控制者	雇佣	合计
谷物农场	3.11	1.73	4.84	3.06	1.69	4.75	3.00	1.72	4.72
一般作物农场	2.43	2.83	5.26	2.45	2.95	5.40	2.58	2.96	5.54
园艺农场	0.72	3.01	3.73	0.72	3.34	4.06	0.73	3.23	3.96
专业养猪农场	0.33	0.28	0.61	0.37	0.32	0.69	0.37	0.33	0.70
专业养禽农场	0.41	0.63	1.04	0.44	0.64	1.08	0.47	0.62	1.09
乳业农场	1.52	1.11	2.63	1.49	1.11	2.60	1.52	1.11	2.63

（续）

农场类型	2016 年			2017 年			2018 年		
	控制者	雇佣	合计	控制者	雇佣	合计	控制者	雇佣	合计
牲畜养殖农场（欠发达地区）	2.11	0.57	2.68	2.17	0.56	2.73	2.22	0.56	2.78
牲畜养殖农场（低地）	4.99	1.62	6.61	5.11	1.58	6.69	5.26	1.60	6.86
混合农场	1.61	0.95	2.56	1.61	0.91	2.52	1.63	0.90	2.53
其他类型*	0.09	0.12	0.21	0.05	0.05	0.10	0.03	0.04	0.07
所有类型	17.31	12.84	30.15	17.48	13.15	30.63	17.81	13.09	30.90

注："其他类型"包括专业牧草和饲料、专业马匹饲养、专门休耕或未开垦土地以及非分类土地。

数据来源：英国环境、食品和农村事务部，Farm Structure Survey。

表 2-12　2018 年不同类型农场占地规模数量（英格兰）

单位：个

农场类型	农场占地规模				
	<5 公顷	5～20 公顷	20～50 公顷	50～100 公顷	≥100 公顷
谷物农场	34	1 549	3 368	4 505	8 520
一般作物农场	2 286	5 314	3 763	2 313	3 840
园艺农场	1 064	1 476	793	472	405
专业养猪农场	698	474	311	175	198
专业养禽农场	1 253	707	408	206	222
乳业农场	107	147	713	1 932	3 093
牲畜养殖农场（欠发达地区）	2 005	3 008	2 631	2 074	3 186
牲畜养殖农场（低地）	8 534	10 097	7 448	4 594	3 014
混合农场	1 238	1 493	1 462	1 611	2 766
其他类型	439	61	16	7	5
所有类型	17 658	24 326	20 913	17 889	25 249

数据来源：英国环境、食品和农村事务部，Farm Structure Survey。

五、农业劳动力年龄构成

农业结构上的劳动力年龄构成决定了农业劳动力的质量。如果农场的农业劳动力普遍是青壮年，那么其创新能力以及应用新技术及操作农业机械的能力相应较高，可以提高生产力，降低单位成本。表 2-13 考察不同年龄段农场主从 1995 年到 2016 年的数量分布及演变趋势。从表中可以看出，英国农场主正在步入老龄化。

表 2 - 13　不同年龄段农场主数量变化趋势

单位：%

农场主的年龄 \ 年份	1995	1997	2000	2003	2005	2007	2010	2013	2016
35 岁以下	6	6	5	3	3	3	3	3	3
35～44 岁	17	18	18	15	14	12	11	10	9
45～54 岁	26	27	26	24	23	23	25	25	23
55～64 岁	26	26	26	29	29	29	29	28	29
超过 65 岁	25	22	25	29	31	33	32	34	36
平均年龄（岁）	—	—	—	58	58	59	59	59	60

数据来源：英国环境、食品和农村事务部，Farm Structure Survey。

六、劳动力流动状况

第二次世界大战结束之后，部分西方国家开始进入了后工业化时期。在这一时期，英国开始鼓励发展农业科学，进而提高了农业生产效率，节省了大量的农村劳动力并向外转移。这一阶段之后的英国农业劳动力转移就业政策与先前的政策有非常显著的差异，主要是由于英国政府建立的从"摇篮到坟墓"的福利制度，基本上能够保障失业工人和贫民的利益，这样极大地迎合了这一时期农业剩余劳动力的顺利转移就业。20 世纪中叶之后，随着产业结构的调整，英国的第一产业和第二产业的劳动力就业比重开始逐渐下降，而第三产业的就业人数不断上升。1955 年到 1978 年，英国的农业劳动力减少了 42 万，工业劳动力减少了 50 万，而第三产业的劳动力增加了 360 万，从农业部门转移出来的劳动力主要进入了第三产业。表 2 - 14 描述了英国各产业分别在 20 世纪 60 年代、20 世纪 70 年代以及 20 世纪 80 年代的劳动力就业比重，表 2 - 15 描述了 2019 年和 2020 年第一、第二季度各个行业的就业比重。从以上三个年代以及 2019 年、2020 年前两个季度的就业状况看，英国劳动力主要集中在第三产业。

表 2 - 14　英国各产业劳动力变动趋势

单位：%

年份	20 世纪 60 年代	20 世纪 70 年代	20 世纪 80 年代
农业部门	3	2	1.6
工业部门	45	40	37.4
服务业部门	52	58	60.0

数据来源：季丹虎，英国工业化过程中农村劳动力产业间转移的次序及对我国的启示，2007。

表 2-15　不同行业就业比例

单位：%

年份	2019				2020	
	一季度	二季度	三季度	四季度	一季度	二季度
农林渔业	1.1	1.1	1.1	1.2	1.1	1.0
采矿和采石	0.2	0.2	0.2	0.2	0.2	0.2
制造业	7.6	7.6	7.6	7.5	7.6	7.5
电、气、汽、空调供应	0.4	0.4	0.4	0.4	0.4	0.4
供水、排污、废物管理	0.7	0.7	0.7	0.7	0.7	0.7
建筑业	6.6	6.5	6.3	6.4	6.4	6.5
批发和零售贸易	14.1	14.0	13.9	13.9	13.8	14.1
运输和储存业	5.0	5.1	5.0	5.0	5.0	5.1
餐饮业	6.9	7.0	7.0	7.0	7.0	6.8
信息与通信业	4.2	4.2	4.3	4.3	4.4	4.4
金融保险业	3.2	3.1	3.2	3.1	3.2	3.2
房地产业	1.6	1.7	1.8	1.8	1.8	1.9
科研、科技业	9.0	9.1	9.1	9.0	9.2	9.1
行政和支援服务业	8.5	8.5	8.6	8.5	8.4	8.1
公共行政和国防	4.3	4.2	4.3	4.3	4.3	4.4
教育业	8.3	8.3	8.3	8.3	8.3	8.4
健康和社会工作	12.4	12.5	12.6	12.5	12.5	12.7
文艺娱乐	2.9	2.8	2.9	2.9	2.9	2.8
其他服务活动	2.7	2.7	2.8	2.8	2.7	2.8
家庭内部生产活动	0.2	0.2	0.2	0.2	0.2	0.1
总计	100.0	100.0	100.0	100.0	100.0	100.0

数据来源：英国统计局官网，获取日期：2020年9月30日。

第三章 CHAPTER 3
农业生产概况 ▶▶▶

英国的农业生产受其独特的地理条件、气候条件和人文历史的影响而独具特色。英国的地形和气候特征决定了其具有不同的农业产业类型，主要包括畜牧业、种植业、渔业和林业等。

第一节　种　植　业

一、种植业基本情况

英国种植业有着显著的特征，主要表现在以下五个方面：

第一，以生产饲料为主。英国农业以畜牧业为主，牲畜家禽数量较多，对饲料需求量大。如根据蛋白质的吸收量来衡量，全国畜禽的消耗量是英国全国人口消耗量的 4.4 倍。英国有将近 30％的耕地用于栽培牧草和饲料作物，谷物也以生产精饲料为主，其中几乎全部燕麦、大部分大麦和相当一部分小麦是进行饲料生产。此外，经济作物的副产品如甜菜渣、菜籽饼等也都是牲畜的饲料。

第二，实行草田轮作制。从 18 世纪初的诺福克轮作制传入开始，英国就普遍实行草田轮作，至今已有三百多年的历史。典型的诺福克轮作制是四年中有一年种植牧草，它曾广泛实行于英国东南部主要谷物产区。在英国土壤以肥力不高的条件下，实行草田轮作对于保持和提高土壤肥力有很大意义，这也是保证种植业持续增长的重要因素之一。

第三，生产水平高。第二次世界大战结束以后，英国种植业在耕地面积和农业劳动力逐步减少的情况下持续发展，表明其生产水平不断提高。目前，无论是在主要农作物的单位面积产量方面，还是在劳动生产率方面，英国均已居世界前列。

第四，布局集中。英国各地自然条件不同，城市、工矿业分布不平衡，形成极为明显的农业地域差异。英国种植业主要集中在东南低山地区，包括全部的甜菜、油菜、忽布，绝大部分的小麦、大麦、蔬菜、果树、花圃、马铃薯。在西北高山地区，仅有一些带状或片状的种植区域，形成局部的种植业基地，在此地的作物中，唯有燕麦和饲用油菜等少数几种居全国重要地位。

第五，产供销一体化。英国种植业将农业、商业和工业部门联系起来，形成了生产—流通—销售一体化格局。如英国的甜菜种植处于以糖厂为中心的55 公里半径范围之内，由糖厂与农场挂钩，形成产、销、加工一体化。早在20 世纪 50 至 60 年代，一些英国农场主同批发商或工业公司就缔结了有关谷物和其他农产品的供货协议。图 3-1 展示了 2019 年英国种植业的结构比例。

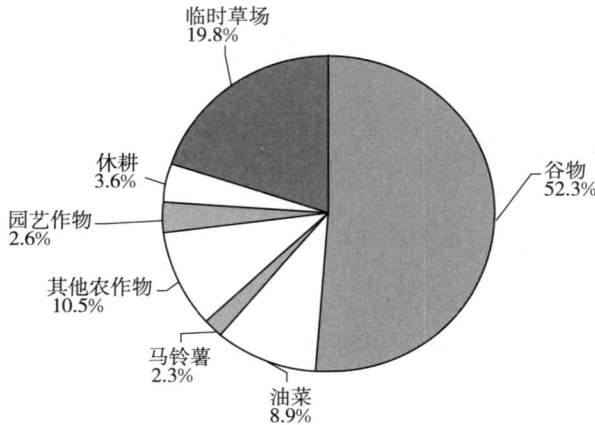

图 3-1　英国 2019 年种植业结构比例

数据来源：英国环境、食品和农村事务部，Agriculture in the United Kingdom 2019。

二、种植业分布

东南低西北高是英国的地势特征，东南部因为地处平原区，土壤深厚肥沃，成为英国的粮食主产区，重点发展大田作物和园艺作物；东南低地带，则发展全部甜菜、油菜、忽布，绝大部分小麦、大麦、蔬菜、果树、花木、马铃薯。低地带内除大麦、小麦、马铃薯分布较广外，其他作物都集中在为数不多的几个基地。

小麦和大麦主要集中于英格兰的南部、中部和东部，这些地区降水量适中、日照充足、地形平坦、土壤肥沃。燕麦在北爱尔兰、苏格兰北部、英格兰西北部、威尔士中部等气候阴湿、土壤酸性重的高地等地区具有部分优势，因而成了典型的高地作物。但是，其播种面积逐年缩小、分散，没有形成集中的产区。

马铃薯主要分布在英格兰东部瓦十湾一带和东南部地区，甜菜主要集中于英吉利和林肯郡。英国的蔬菜种类繁多，在英国的每一个地区都有布局，更多集中于大城市周围生产蔬菜的大型农场，在东部和东南部蔬菜业相对比较发达。英国的果树主要包括苹果、梨、樱桃、葡萄等，这些果树主要分布在英格兰东部和东南部区域，在这些区域中，林肯、乌士德、赫来福特、格马斯特等地区分布较多，其播种面积占到全国果树播种面积的三分之二。

三、种植业产业

（一）小麦

英国小麦生产具有明显的集中性。全国 95% 以上的播种面积和产量集中在英国东南部低地带，尤其是英格兰东部泰晤士河和亨伯河之间，以及中部平原地区。这些地区年降水量在 750 毫米以下，7—8 月间平均气温超过 15.5℃，夏季平均日照时数超过 5.5 小时。小麦对土壤的要求比较苛刻，肥沃深厚的草甸土（经排水后）和养分较丰富的棕色森林土，包括一些质地中等或偏黏重的棕色森林土是栽培小麦比较适宜的土壤。这些土壤分布广泛的芬地、东安格利亚低高原、中部平原、崖壁带中的黏土谷地等则成了英国最重要的小麦产区。

小麦是英国最重要的作物，其重要性主要体现在以下三个方面。

第一，产值最大。2019 年小麦的播种面积为 181 万公顷，总产量为 1 622 万吨，产值为 24 亿英镑，占种植业产值的 25%，居其他作物之上。

第二，是居民消费的主要粮食。英国居民的饮食习惯以面食为主。尽管英国所产小麦质量较差，不适宜单独用于烤制面包，需要从国外进口一部分优质小麦，但本国小麦可以在磨粉后制作饼干、糕点或掺进进口面粉中烤制面包，在粮食供应中起着重要的作用。

第三，是仅次于大麦的第二位出口作物。英国种植的小麦绝大部分是冬小麦，除去有利的价格和销售条件，它在适宜的气候、土壤和集约经营条件下，单位面积产量比较高、净出口量仅次于大麦。

总的说来，英国的自然条件对种植小麦不是很有利。阴凉潮湿的气候，往往使小麦籽粒不饱满和不能及时成熟，从而降低产量或引起收获中的损耗。偏旱年份丰产、偏湿年份减产的规律在小麦生产中表现得很突出，各年间单产的变化可达 20% 的幅度。品种改良是保证小麦持续增产的关键措施之一。

（二）大麦

在英国，大麦的重要性表现在四个方面：第一，大麦是播种面积第二大的作物；第二，是最重要的出口作物；第三，是发展畜牧业所需精饲料的最大来源；第四，是酿酒工业的主要原料，用大麦酿造的啤酒在英国国内市场上需求量很大。

近年来，因小麦生产的发展，大麦播种面积有所减少，总产量也逐年减少，到 2019 年，总产量有 804.8 万吨。但由于育成高产的硬秆品种，单位面积产量提高很快，从 1969—1971 年的平均每公顷 3.6 吨，增加到了 2019 年的每公顷 7.0 吨。英国大麦产量情况见图 3-2。

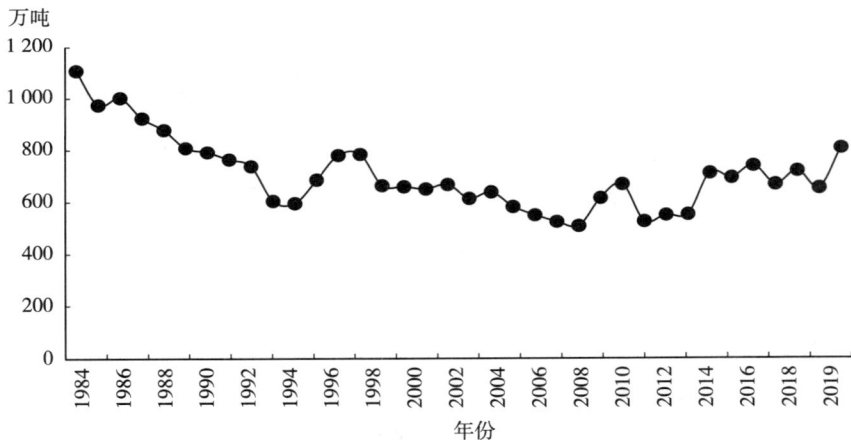

图 3-2　1984—2019 年英国大麦产量情况

数据来源：https://www.gov.uk/government/statistics/agriculture-in-the-united-kingdom-2019。

大麦具有早熟、耐瘠薄的特性，对光热条件的要求亦比小麦低。它在英国是种植比较广泛的作物，北起设得兰群岛，南迄英吉利海峡北岸，东自英格兰东部沿海，西至北爱尔兰，几乎凡有耕地分布的地方都有种植。其主要产区是东南部的低地带，占全国大麦播种面积和总产量的 3/4 左右。尤其是在白垩坡地区，因发育生成的腐殖质黑土土层薄，不适合其他作物（除牧草），耕地的一半以上用于种植大麦，成了最著名的大麦产区。由此可见，大麦的分布兼具分散性和集中性。

英国东南部低地带既是大麦也是小麦的集中种植区。这里两种作物往往夹杂分布在一个地区，甚至一个农场。在通常的情况下，一般土层深厚肥沃、黏性较大的耕地种植小麦，土层薄而瘠瘦、沙性较大的耕地种植大麦。因此，肥地种小麦、瘦地种大麦是英国谷类作物分布的又一个特点。

（三）燕麦

历史上，燕麦因作为役畜（马）和绵羊业的主要饲料，以及耐阴凉潮湿的特性，曾是英国产量最大的谷类作物。1938 年，其播种面积有 95.8 万公顷，总产量 196.5 万吨，居于大麦和小麦之上。第二次世界大战后，燕麦生产不断缩减，1984 年播种面积只有 10.6 万公顷，总产量 55 万吨，到 2005 年最低谷时播种面积只有 9.1 万公顷，总产量 53.2 万吨。近年来，燕麦播种面积和产量都有所增加，2019 年播种面积为 18.2 万公顷，总产量 107.6 万吨。

图 3-3 可以看出，近年来英国燕麦的生产总体呈现上升的趋势。但从其产量来看还是远低于第二次世界大战以前，且远低于小麦和大麦的产量。致使燕麦生产总量下降的原因有两点：第一，用途不广。英国所产的燕麦几乎完全作为饲料（包括其秸草），只有极少量供人食用。随着役畜数量急剧减少，对

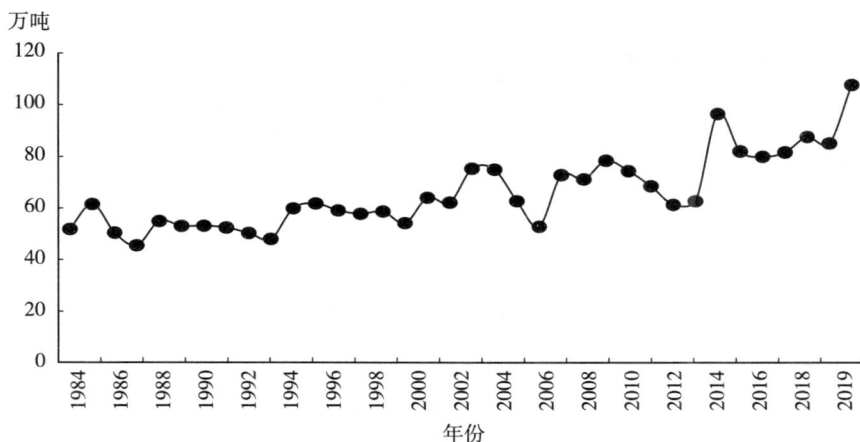

图 3-3　1984—2019 年英国燕麦产量变化情况

数据来源：https://www.gov.uk/government/statistics/agriculture-in-the-united-kingdom-2019。

燕麦的需求量自然下降；而其作为养羊业的饲料，也被其他作物（尤其是大麦）所替代。第二，单产低。在栽培条件相似的情况下，每公顷燕麦产量要比大麦少 300～500 千克。

目前，只有在北爱尔兰、苏格兰北部、英格兰西北部、威尔士中部等气候过于阴湿、土壤酸性重的高地，燕麦尚保留部分优势，因而成了典型的高地作物。

（四）马铃薯

马铃薯是英国传统种植的作物，主要供人食用，还作为饲料及淀粉工业的原料。在战争时期，英国谷物供应极度困难，英国居民会用马铃薯作为粮食来部分替代谷物。1944 年时全国播种面积曾高达 56.7 万公顷，总产量 909.6 万吨。第二次世界大战后，随着谷物供应的逐步改善，马铃薯的重要性相对下降，到 2019 年，产量减少到 525.2 万吨。

图 3-4 可知，近年来马铃薯种植的面积不断减少，从 1984 年的 19.8 万公顷下降到 2019 年的 14.4 万公顷。除受国内需求量限制外，它在轮作中地位的变化也是一个重要原因。马铃薯是中耕作物，便于行间除草，过去总是把它与谷类作物轮作，以便抑制田间杂草的繁殖。现在随着化学除草剂的广泛使用，这方面的作用已大不如前。

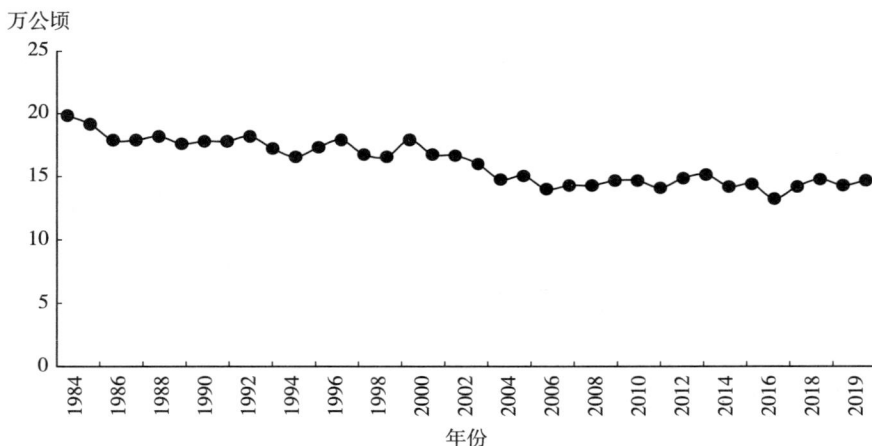

图 3-4 1984—2019 年英国马铃薯播种面积变化情况（单位：万公顷）

数据来源：https://www.gov.uk/government/statistics/agriculture-in-the-united-kingdom-2019。

马铃薯性喜温凉，在英国境内种植广泛，马铃薯不宜长途运输，以当地或就近消费为主，因此它的分布与英国人口的分布基本一致。同时，英国也存在局部的马铃薯生产基地，即既有"大分散"，又有"小集中"。这类"小集中"或局部的基地，取决于巨大的城市市场和土地条件，像大伦敦和兰开夏这样集中的城市区域，所需要的马铃薯量很大，绝非是周围的城郊农业所能满足供应的。因此，具有深厚肥沃、质地较疏松的草甸土的芬地，就成了供应大伦敦的马铃薯生产基地，具有类似土壤条件的默西河流域，成了供应兰开夏城市群的马铃薯生产基地。

还有另一类"小集中"是由供应城市市场的时令因素促成的，即早熟马铃薯生产基地。在英国统计上以 7 月 31 日为期，将马铃薯分为早熟和主作（普通）两类。2019 年，英国马铃薯的播种面积为 14.4 万公顷，其中主作类有 13.5 万公顷，占 93.7%，早熟类有 0.9 万公顷，占 6.3%，占比虽小，但因上市早、售价高而具有一定的优势。早熟马铃薯一般种植在土壤沙性、春季土温回升早而且快的土地上，像默西河流域的一些沙质土地以及苏格兰西南部的海滨沙土区，就形成早熟马铃薯的生产基地。

（五）甜菜

甜菜用途也很广，除作为制糖原料外，其茎叶也是很好的青贮饲料，糖蜜和废粕亦是养猪业的优质饲料。糖蜜又是化工原料，可用来生产柠檬酸、酒精和味精；干粕可以提取合成纤维，滤泥可用作肥料。

英国历史上长期依靠从其热带地区的殖民地运进蔗糖，满足国内需要，对发展本国糖料作物并不重视。第一次世界大战期间由于食糖供应困难，引起了政府和公众的关切。1925 年通过了"糖业法案"，开始以给予津贴的方式促进本国食糖生产，引进适合本土种植的甜菜。1938 年英国甜菜播种面积发展到了 13.4 万公顷，第二次世界大战以后，甜菜种植有所增加。2000 年起，甜菜播种面积又开始逐年减少，从 2000 年的 17.3 万公顷减少到 2008 年的 12 万公顷，到 2019 年仅剩 10 万公顷。英国甜菜播种面积的变化具体见图 3-5。

这种变化主要有以下几方面的原因：第一，英国的殖民体系虽已瓦解，但出于政治、经济等各方面的考虑，英国还继续同英联邦内外的前殖民地国家保持比较密切的联系，其中有一些是蔗糖出口国，如澳大利亚、毛里求斯等。为了扩大向这些国家的出口，就必须从这些国家进口一些蔗糖，从而限制和影响了本国的食糖生产。第二，长期形成的消费习惯和口味多样化的要求，也使英

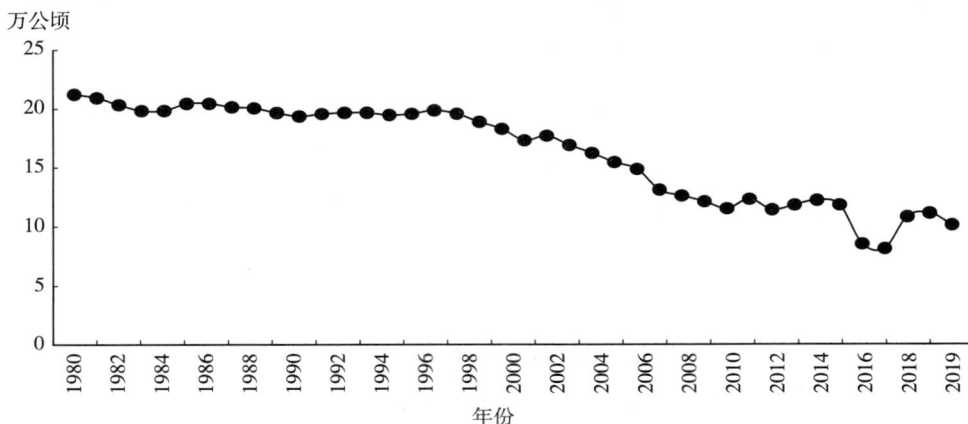

图 3-5　1980—2019 年英国甜菜播种面积变化情况

数据来源：https：//www.gov.uk/government/statistics/agriculture-in-the-united-kingdom-2019。

国不能将其食糖供应全部建立在本国生产甜菜的基础上。第三，甜菜要求降水适中、光照充足，以保证糖分的积累。这种生态条件，在英国只有在东南低地带和高地带内的局部地区（如苏格兰谷地东段）才具备。仅从土地条件看，在这些地区进一步扩大 20 万～30 万公顷甜菜播种面积并不存在多大困难，但是这里城镇、工厂、交通线占用土地多，农用地受到限制，在有限的农用地上又要留出足够的草地供发展畜牧业，还要种植谷物、马铃薯、园艺作物等。

正是在这多种因素的制约下，英国政府对发展甜菜种植的态度是谨慎的、有节制的。近些年来，由于推广良种、增施肥料、改进栽培技术，以及进一步提高机械化水平，使甜菜的单位面积产量不断提高，由 2000 年的 52.5 吨/公顷增加到 2019 年的 75 吨/公顷，但因播种面积的大量减少，甜菜总产量还是在逐年减少，2000 年为 907.9 万吨，到了 2019 年，总产量下降到 745 万吨。

（六）油菜

油菜对温度要求虽不高，但开花期的适宜温度仍要有 14～18℃，籽粒成熟期尤忌低温多雨，因此作为油料作物，它比较适宜种植在英国东南部的低地带。在阴凉潮湿的高地带，油菜种植也较多，但其不以收籽榨油为目的，而是用其茎叶作为饲料。

油菜性喜温凉，适宜在英国发展种植，早在 100 多年前就已经引种这种作物了。但是长期以来由于可以从海外殖民地获得廉价的植物油脂，英国政府一直不重视发展本国的油料作物，包括第二次世界大战后所实行的差额补贴政策，也未把油菜列在受补贴的范围之内，从而大大挫伤了农场种植油菜的积极性。所以一直到1973年，全国油菜播种面积也只发展到了1.4万公顷。加入欧洲共同体后，由于油菜种植受到价格补贴政策的支持得以迅速发展。到2008年，油菜播种面积已达到59.8万公顷，且自给率达到了90%。2012年，油菜的播种面积达到75.6万公顷，远远超过马铃薯和甜菜的播种面积，成为英国播种面积最大的经济作物。但近几年油菜的播种面积有所下降，其原因在于持续受到油菜蚤跳甲的影响，再加上早秋栽植不良，政府鼓励农民将油菜改种为小麦和燕麦，进而导致油菜播种面积不断缩小。英国油菜播种面积变化趋势具体见图3-6。

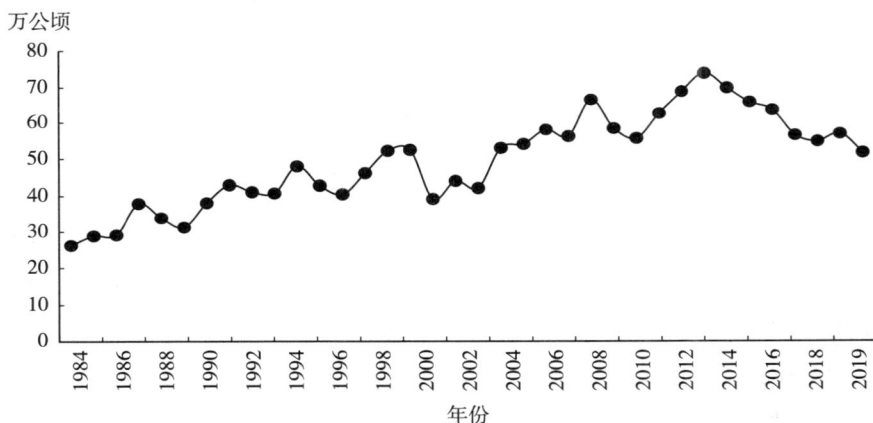

图3-6 1984—2019年英国油菜播种面积变化情况

数据来源：https://www.gov.uk/government/statistics/agriculture-in-the-united-kingdom-2019。

（七）园艺作物

园艺作物生产在英国农村经济中占有重要地位，其贡献主要体现在农村就业和收入两个方面。英国园艺作物有其独有的特征，如生产的集约性，产量和产值的波动性以及分布的集中性和需要大量的资金和劳动力投入。尽管英国农业机械化程度非常高，但是园艺作物生产过程仍然需要大量的农业劳动力来完成，尤其是像采摘等类似工作。

英国园艺作物的分布比较集中，其中英格兰东部的芬地、东安格利亚、伦敦盆地和威尔德丘陵等组成了英国园艺业的生产区，苏格兰、威尔士和北爱尔兰所占份额很低。在园艺作物种类中，不同种类作物的分布区域也不尽相同。

因不同作物的生长特征、生产规模以及对自然环境的需求不同，英国的园艺作物种类比较多，主要有蔬菜、受保护作物、户外花卉及水果等。近年来英国园艺产业发展情况见表 3-1。

表 3-1 英国水果和蔬菜供应情况

单位：万吨

类别 \ 年份	2013	2014	2015	2016	2017	2018	2019
蔬菜：							
国内生产销售	261.30	270.80	271.20	259.10	269.80	246.80	242.20
进口	222.50	217.90	225.60	236.90	218.30	226.80	230.90
出口	8.05	11.87	15.33	15.52	12.94	14.54	14.17
水果：							
国内生产销售	52.25	73.08	77.68	76.51	74.97	73.06	68.31
进口	383.58	389.00	370.51	386.67	401.27	366.08	363.59
出口	14.31	10.28	13.04	14.21	17.70	15.62	16.07

数据来源：英国环境、食品和农村事务部，Horticultural Statistics 2019。

英国蔬菜种植主要分为两种类型。一种是粗蔬菜种植，主要是指在农场大田种植，一般经营方式比较粗放，机械化收割。另一种是精蔬菜种植，这种种植方式需要比较多的人工和工时，通常需要在专门的园艺农场内进行生产，在比较小的地块上实行集约栽培，施用大量的肥料并需要进行浇灌。蔬菜是国民日常生活不可或缺的食品，因此其分布密度与人口的分散结构相一致。但是，由于自然条件的地区差异性、农产品运输、加工技术、储藏技术等限制，蔬菜生产和人口分布也存在不一致的情况，如威尔士、苏格兰、北爱尔兰的蔬菜生产数量就很有限。

一般情况，园艺作物受到气候变化情况的影响非常大，因此园艺作物的产量和价格十分不稳定。在英国和欧洲部分国家，大部分园艺作物实际上是在没有灌溉需求的条件下生长的，但是补充性的灌溉提高了作物的耕作和生长质量，提高了收获的时间性和连续性，提高了产量和品质。

第二节　畜　牧　业

一、畜牧业基本情况

英国畜牧业以养殖和加工为主。畜牧养殖以小型家庭式的牧场为单位，每个牧场的动物数量和规模有限，但生产效益高，管理方便，同时机械化程度、自动化程度和集约化程度高，人均生产力较高。大片的耕地被用来种植饲草、饲用芜菁和饲用甜菜，英国全国几乎一半的国土面积是牧场，而几乎一半的耕地被用来生产畜禽饲料。

16世纪的"圈地运动"推动了英国畜牧业的快速发展，英国畜牧业结构也从最初以养羊业为主发展到今天的以饲养牛、羊、猪和家禽为主。牛、鲜奶、奶制品的产值已经占到了畜产品总产值的一半以上，工厂化、高度集约化生产以及牧工商一体化是英国畜牧业的发展趋势。表3-2反映了英国主要牲畜产品的产值情况。

表3-2　2010—2019年英国主要畜产品产值情况

单位：百万英镑

牲畜种类＼年份	2010	2011	2012	2013	2014	2015	2016	2017	2018	2019
羊	979	1 149	1 027	1 037	1 122	1 118	1 153	1 202	1 261	1 258
牛	2 154	2 573	2 794	2 886	2 611	2 757	2 775	2 988	2 952	2 758
家禽	1 799	1 904	2 078	2 324	2 250	2 260	2 282	2 418	2 626	2 653
猪	978	1 070	1 132	1 274	1 264	1 080	1 099	1 326	1 253	1 318

数据来源：https：//www.gov.uk/government/statistics/agriculture-in-the-united-kingdom-2019。

二、畜牧业分布

英国农业中畜牧业占主要地位，牲畜饲养在英国各个地区都比较普及。畜牧业生产主要集中于英国北部和西部高降雨量的山区。英国北部是山地和丘陵地形，那里雨水充沛，草木茂盛，适合发展畜牧业。奶牛和肉牛的饲养更多分布在公路和铁路附近或距离消费市场比较近的地区。英国奶牛场主要分布在英格兰西部的兰开夏—彻夏工业区、斯塔福德夏—达比工业区、索墨塞特和西多尔塞特平原、西彻夏平原、格拉斯特夏和白克夏谷地以及中苏格兰的西部地区。肉牛生产主要集中在米德兰、瓦里克夏、诺丁汉夏、诺孙柏兰等地。养羊业主要分布在英国地势较高的地区，南苏格兰高地、奔宁山脉和北爱尔兰山地是英国重要的养羊地区。英国的养猪业主要分布在东部地区，饲料一般采用食品工业部门的废料和制糖厂的甜菜渣。养禽业分布在全国各个地区，在伦敦周围、兰开夏以及北爱尔兰等人口稠密的区域尤为发达。养鸭业主要分布在兰开夏和英格兰东部地区。养鹅业主要分布在威尔士地区。

三、畜牧业产业

（一）养牛业

1. 奶牛业

奶牛养殖是英国养牛业中最重要的生产部门。根据英国环境、食品和农村事务部的统计资料来看，英国奶牛头数从 1984 年的 328.1 万下降到了 2019 年的 187.1 万，个体年产奶量由 4764 升/头提高到了 8122 升/头。由于奶牛数量减少，总产奶量略有下降，由 1984 年的 1572.2 万吨下降到了 2019 年的 1 524.4 万吨。

目前，英国奶牛品种以高产奶牛品种为主，主要包括英国黑白花牛、爱尔夏牛、乳用短角牛和娟姗牛等，其中黑白花牛、爱尔夏牛和乳用短角牛分别占 75%、10% 和 5%。

现代化的养殖方式已经在英国奶牛养殖业中得到普及。如今，英国接近一半的鲜奶产自于 100 头规模以上的牛群，这种方式可以形成一定的规模效应，能够在一定程度上降低每一单位牛的饲养成本和每一单位奶的生产成本。现代化的挤奶方式取代了传统的手工挤奶，目前英国奶牛养殖中放牧、散放或舍饲和挤奶台相结合的饲养管理方式已相当成熟。

英国鲜奶用于制造加工业的数量超过了居民的饮用量，特别是近年来用来做黄油、奶酪和其他加工产品的鲜奶数量飞速增长，2019 年用于饮用的鲜奶数量为 63.2 亿升，用于加工制造的鲜奶数量为 76.7 亿升。

在过去 30 年里，英国牛奶的产量一直在 130 亿～140 亿升之间波动，直到 2015 年才突破到 150 亿升以上。2019 年，英国牛奶产量达到 152 亿升，已超过 2015 年的峰值，但由于其全年牛奶的平均价格有所下降，导致其产值比 2018 年下降了 1.2%。英国牛奶产量变化情况见图 3-7。

2. 肉牛业

养牛业在英国有超过 6 000 年的历史。起初，养牛有两个目的，其一是供应牛肉，其二是供应牛奶。后来牛群的种类增加，农民也开始分化，或专门供应牛肉，或专门供应牛奶。肉牛业是英国仅次于乳牛业的第二大畜牧业部门。现在，每年要屠宰大约 220 万头牛，才能满足对牛肉的需求，而屠宰的牛大多是阉割过的公牛、小母牛或小公牛。英国饲养的肉牛在 1998 年达到了 194.7

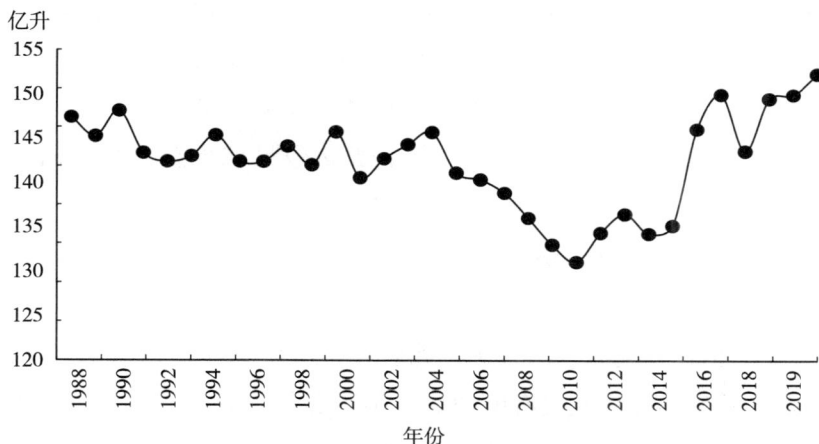

图 3 - 7　1988—2019 年英国牛奶产量变化情况

数据来源：https：//www.gov.uk/government/statistics/agriculture-in-the-united-kingdom-2019。

万头，但近年来肉牛饲养数量有所下降，在 2019 年，英国饲养的肉牛为 152.7 万头。英国肉牛品种丰富，一共约有 30 多个品种，其中比利时蓝牛占 34%，利木赞牛占 25%，西门塔尔牛占 11%，夏洛来牛占 10%，安格斯牛占 9%，海福特牛占 2%，其他牛种占 9%。

通常来说，小牛在出生后要和母牛待 8～10 个月，然后才进行断奶和育肥。在这段时期，母牛和小牛一般进行室外放牧，在冬季温度变冷的时候，则在室内饲养。

英国特别重视畜禽产品的质量安全，对动物产品从产地到餐桌的每个环节进行了严格的控制和管理。英国吸取疯牛病和口蹄疫的惨痛教训，自 1996 年起，不论是本地牛还是进口牛，英国为所有进入人类食物链的牛建立了户口本，详细记录每一头牛从出生到死亡全过程，包括出生地、出生时间、系谱资料。每一头牛在转场、销售、屠宰环节的详细信息都要记录到户口本中，而且户口本随牛转移。有了这样一个户口，牛发病后就可以很快追根溯源，及时查找这头牛的接触范围和对象，以便阻断疾病传染源头，而牛一旦查出患有疯牛病和口蹄疫，就按规定全部进行宰杀，政府对于被宰杀的牛实行全额补贴。

（二）养猪业

英国的养猪业有十分悠久的历史，传统的品种有英国的黑猪、格罗斯特夏老斑点猪、巴克夏猪和大黑猪。现代品种有大约克、长白、威尔士、杜洛克、汉普夏、皮特兰等。英国的养猪业占整个国民经济的比重很低，不属于国家扶持性行业。全国基础母猪有 46.8 万头，年屠宰生猪 900 万头。养猪业属于微利行业，养猪数量总体呈下降趋势。引起养猪数量减少有几个方面原因：第一，进口猪肉及其制品迅速增加，而且进口价格要比本国产品低 6%～30%，使得零售商热衷于销售进口产品；第二，动物福利组织及环保要求越来越严格。

2000 年生猪存栏量为 648 万头，此后开始持续下降，到 2011 年减少到了 444 万头，之后猪的存栏数又有所增加，2019 年增加到了 507.8 万头。猪的屠宰头数经过持续下降之后又有缓慢回升，从 1998 年的 1 594 万下降到了 2009 年的 855 万，2019 年又增加到 1 067 万。总的来说，2000 年之后英国生猪的存栏量和屠宰量均是减少的。

近十年来，英国养猪生产方式和生产工艺有了很大进步，在猪舍设计方面，采用大舍套小舍的模式，尽量满足猪只生产所需的各种生活条件。饲料仍然以各种谷禾物为主，主要包括大麦、小麦、黑麦、豆粉、豆制品、奶制品的下脚料。饲养方式上有圈养和放养。英国劳动力短缺，一般人都不大愿意养猪，养猪业中年轻人很少，年轻的女工人更少。

英国对猪疫病的控制和管理比较完善，由于严格而又完善的疫病防控制度，英国养猪业疫病风险保持在一个较低的水平。保持良好的圈舍卫生状况，为猪只提供充足的营养，限制猪只之间的联系，是英国疫病控制恪守的原则。

（三）养羊业

英国是世界和欧洲重要的羊生产大国和出口大国，有着悠久的养羊历史。从联合国粮食及农业组织（FAO）的统计数据来看，2018 年英国羊存栏量在欧盟国家排第 1 位，其中绵羊存栏量在全球排第 8 位，在欧盟国家排第 1 位；英国羊肉产量在欧盟国家排第 1 位，其中绵羊肉产量全球排第 7 位，在欧盟国家中排第 1 位。英国不仅是世界产羊大国，还是重要的羊肉和羊只出口大国。根据 FAO 的统计，2018 年英国羊肉出口产值在全球排名第 3 位，在欧盟国家中排名第 1 位；英国活羊出口产值全球排第 12 位，在欧盟国家中排第 6 位。

英国养羊业的显著特点是"清一色绵羊，重肉轻毛，生产肥羔"。英国羊生产中羊肉约占养羊产值的 85% 以上，其中又以羔羊肉为主，占 90%。英国养羊业的另外一个显著特点是，除了一些大城市外，绵羊分布在英国的每一个郡，在当地的畜牧业生产中起着重要或主导作用。

2019 年英国绵羊存栏量达 3 358 万头，羊肉产量达 31.8 万吨，是欧盟最大的绵羊肉和山羊肉生产国，产量占整个欧盟国家的 39%，其次是西班牙和法国，羊肉产量分别为 12.7 万吨和 8.7 万吨。20 世纪 80 年代以来，英国养羊业有了较大的发展，英国羊的存栏量变化具体见图 3-8。

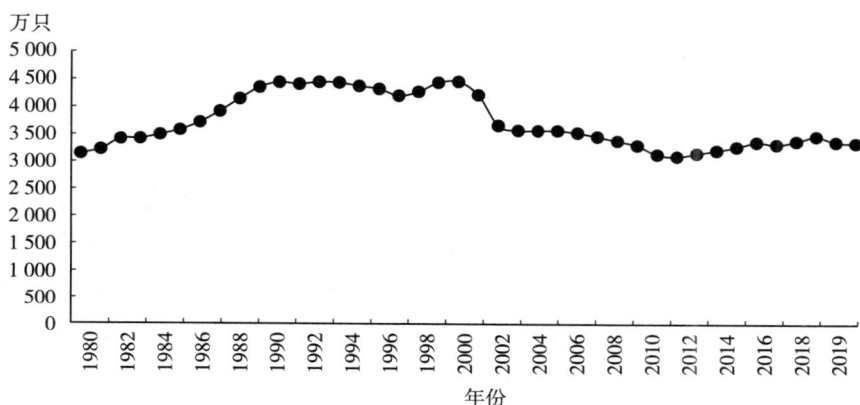

图 3-8　1980—2019 年英国羊存栏数量变动情况

数据来源：https://www.gov.uk/government/statistics/agriculture-in-the-united-kingdom-2019。

相对于羊只存栏量，英国羊肉产量波动幅度不大，但其变化过程也可以划分为三个阶段：第一阶段，1985—1991 年，这一阶段羊肉产量快速上升，从 1985 年的 31.5 万吨增加到 1991 年的 42.1 万吨，增长了约 10 万吨；第二阶段，1991—2000 年，这期间英国羊肉产量稳中有动，总体上有小幅度的下降；第三阶段，2000—2019 年，在经历 2001 年的大幅度下挫之后，产量基本上稳定在了 30 万吨左右。

英国羊养殖方式可谓因地制宜。英国陆地面积虽然只有中国陆地面积的 1/38，但其境内各地区间的自然条件迥异，各地区结合自身的自然条件，因地制宜，发挥地区优势，配置养羊业生产，形成了丰富多样而又切合当地实际并具有强大生命力的养殖模式。依据地域特点，英国羊养殖方式大体上可以划分为三种模式：第一种被称为山地生产模式，这种模式主要盛行于海拔超过 500 米的地区，这类地区出产各种羔羊、供高原地区繁殖的母羊和输往低地的待育肥公羔，肥羔在一些条件较好的农场也有产出。体小、灵活、抗逆性强是山地绵羊品种的特色，这里的绵羊品种主要包括苏格兰黑面羊、斯韦尔代尔羊、威尔士山地羊和切维厄特绵羊。第二种是高原生产模式，这种模式主要流行于海拔300~500米的地方，且这一类地区以饲养长毛羊品种为主，例如青面来斯特羊、克伦森林羊和边区来斯特羊等，这种生产模式主要将来自山地的淘汰母羊与长毛羊品种进行杂交，把得到的杂种母羊卖到低地农场，杂种公羊则直接育肥或卖到低地，这里的绵羊一般个体较大。第三种是低地生产模式，海拔低于300米的地方流行这种模式，该模式以放牧并出售肥羔为主，具体而言就是将本地繁殖的羔羊和购入的待育肥羔羊在人工草地上养肥后出售，英国80%的肥羔是这里生产的。

（四）养禽业

作为畜牧业中集约化程度最高的部门，英国家禽养殖中绝大部分家禽产品是由大型工厂化企业采用高度机械化和自动化的方式生产提供的。英国家禽养殖在世界和欧盟都占有重要地位。养鸡业在家禽养殖业中居主导地位，其次是火鸡、鸭和鹅。2019年英国家禽存栏量达到了1.86亿只，其中鸡存栏量为1.75亿只，火鸡、鸭、鹅和其他家禽的存栏量为1 075万只。从存栏量来看，英国是世界和欧盟家禽生产大国，2018年英国鸡存栏量在全球排第24位，在欧盟排第2位，仅次于波兰；鸭存栏量在全球排第31位，在欧盟排第6位；火鸡存栏量在全球排第13位，在欧盟排第6位。自20世纪60年代以来，英国家禽养殖发展迅速，1961年家禽产量只有32万吨，1970年达到58万吨，1990年达到99万吨，2010年则快速增加到155万吨，2019年家禽的产量为190万吨。

如今，鸡肉已经成为一种非常普遍的肉类。在英国，平均每人每年会食用25千克的禽肉，2015年以来，每年鸡的宰杀量已超过了10亿只。鸡肉被广泛认为是一种便宜、健康、营养的肉类。近年来，分解鸡肉较整鸡有增加销售的趋势，同样地，新鲜鸡肉销售规模也有所增加，而冷冻鸡肉的销售量有所下降。

第三节 渔 业

一、渔业基本情况

（一）渔船规模和渔民

英国作为大西洋上的岛国，海岸线漫长，又处于全球第二大渔场——东北大西洋渔场的中央，英国有着丰富的海洋渔业资源，是欧洲重要的渔业大国，也是世界重要的海洋渔业大国。

2018 年，欧盟海洋捕捞渔船数量最多的国家是希腊，共有 14 934 艘；英国排名第 7 位，有 6 036 艘。自 1996 年以来，英国注册的渔船数量减少了30%，渔船的容量（总产能）和功率（千瓦）分别减少了 30% 和 29%，具体如表 3 - 3 所示。由于捕鱼量减少，海洋捕鱼船队的规模出现潜在的下降趋势，英国渔业管理部门在 2001 年至 2002 年、2003 年、2007 年至2009 年进行了退役行动，其目的在于确保英国渔业的可持续发展。

表 3 - 3　英国渔船的规模

年份	1996	…	2013	2014	2015	2016	2017	2018
数量（只）	8 667	…	6 399	6 383	6 187	6 191	6 148	6 036
容量（总产能）	274 532	…	197 283	195 121	187 371	185 734	187 014	191 178
功率（千瓦）	1 054 927	…	797 661	789 714	769 532	765 810	757 899	752 146

数据来源：UK Sea Fisheries Statistics 2018。

从地区来看，英国有将近一半的渔船属于英格兰，苏格兰的渔船数量占整个英国渔船数量的 35%，但苏格兰渔船的容量（总产）和功率（千瓦）占比最高，分别为 57% 和 47%，而英格兰渔船的这一比例分别为 30% 和 39%。从渔船的长度来看，英国渔船在 10 米以下的船只占 4/5，这些船只的容量占所有渔船的 8%，功率占所有船只的 36%；长度达到 24 米以上的船只仅占 4%，但其容量和功率却分别占 3/5 和 1/3，这也可以解释为什么英格兰的渔船数量多于苏格兰，但渔船的容量和功率却较低。

2018 年，英国有渔民 11 961 名，比 2008 年的 12 641 人减少了 5%。渔民数量的减少与船队规模以及捕鱼机会的减少有关。自 2008 年以来，英格兰和苏格兰的渔民人数分别减少了 12% 和 9%。然而，北爱尔兰和威尔士的渔民数量分别增加了 37% 和 36%。在过去 20 年里，兼职渔民的比例在16% ～ 22% 之间波动。2018 年，兼职渔民占渔民总数的 20%。在威尔士，59% 的渔民是兼职，而在英格兰、苏格兰和北爱尔兰，这一比例分别为13%、17% 和 20%。

（二）鱼类捕捞量

2014 年，英国渔业捕捞量达到了 75.79 万吨，但在之后的几年里有所下降，2015 年约有 70.87 万吨，2017 年的捕捞量略有增加，为 72.49 万吨，到了 2018 年又下降到了 69.75 万吨。尽管捕捞量在下降，但英国渔业为国民经济创造的 GDP 却在不断上升，渔业 GDP 对农业经济的贡献率也略有上升。英国国家统计局发布的英国海洋渔业统计数据表明，2014 年英国海洋渔业 GDP 达到 8.64 亿英镑，2016 年增加到 9.46 亿英镑，2018 年又增加到 9.89 亿英镑。2018 年英国渔业捕捞量与 2017 年相比减少了 4%，但价值增加了 1%。2018 年英国海洋渔业的 GDP 为 7.84 亿英镑，占整个农业 GDP 的 6.4%。

2018 年，英国底栖鱼类的上岸量为 17.6 万吨，产值为 3.55 亿英镑；上层鱼类的上岸量为 38.6 万吨，产值为 2.73 亿英镑；贝类的上岸量为 13.5 万吨，产值为 3.26 亿英镑。

就重量而言，英国底栖鱼类上岸量一直都以鳕鱼、黑线鳕和比目鱼三种鱼类为主，占 2018 年底栖鱼类上岸量总数的一半以上。如今，琵琶鱼的上岸量已经超过了比目鱼，而且其在市场中的价格也相对较高。

鲭鱼和鲱鱼是英国上层鱼类上岸量中最为主要的两种。2018 年，若按重量计算，鲭鱼和鲱鱼占上层鱼类上岸量的 76%，若按产值计算，这一比例则为 91%。2014 年，鲭鱼的上岸量达到 28.8 万吨，但 2018 年配额减少后，上岸量下降到了 19.1 万吨，尽管如此，鲭鱼的上岸量依然是英国所有鱼类上岸量中最高的。此外，每 5 吨鲭鱼就有 3 吨运往国外。

螃蟹、扇贝和海螯虾是英国贝类产品上岸量中最为主要的三种，在 2018 年占所有贝类产品上岸量和产值的 2/3 左右。此外，英国贝类产品还有龙虾和墨鱼等。2018 年，在英国所有贝类产品中，龙虾的平均价格最高，超过了每千克 14 英镑，虽然龙虾只占贝类产品上岸量的 2%，但其产值确占整个贝类产品的 12%。

二、渔业管理

坚实完备的法律法规体系、职能明确合理的管理机构、规范周到的服务是英国渔业管理体系的特征。英国渔业的最高管辖权限归属英国环境、食品和农村事务部，其下属的专业管理机构以及非政府机构共同构成了渔业管理和服务体系。环境、食品和农村事务部负责全国渔业管理和执法，而其下属的海洋水产业管理委员会是根据 1983 年议会出台的议案成立的，专门为渔民提供培训、生产技术咨询、市场信息、种苗等社会服务，该机构也开展一些相应的研究工作。同时，环境、食品和农村事务部委托非政府机构——食品检验中心承担相关的管理和服务职能，英国食品检验中心主要负责对食品进行监督检验和管理，并为社会实体提供咨询服务，该机构还有一个辅助性功能，就是通过公众调查为需要的部门获取和总结相关信息。而国际性的组织也参与到渔业管理体系中来，英国食品研究协会为全球食品加工企业提供 HACCP 相关知识培训，并帮助企业审核。英国渔业管理机构职能分工明确，相互合作机制也很健全，这样非常有利于加强水产品安全卫生和质量监管工作。在作为欧盟成员国期间，英国也执行欧盟出台的渔业法律法规。通过完备的渔业管理体系，英国对渔业资源进行严格保护，对捕捞渔船许可证的发放进行严格把关。

同畜禽产品一样，英国也特别注重水产品的质量安全。为严控产品质量安全，英国海洋水产业管理委员会为水产加工企业提供了一项特殊服务，就是为他们引入 HACCP 体系提供咨询，咨询内容包括为新建的加工厂制定建厂规划和帮助审核 HACCP 体系等等。英国特别强调水产品的可追溯性，以确保消费者购买到安全的水产品。在英国，HACCP 体系被公认为是保障食品安全行之有效的体系，75％的加工企业都已自觉地采用了 HACCP 标准。此外，英国食品研究协会还专门设立了微生物测试、分析测试、化学测试等部门，这些部门采用各种先进的测试仪器和技术从事水产品质量安全研究。在英国，每个水产品批发市场均设有水产品质量检查员，检查员的工作就是每天早晨去市场检查水产品质量。

第四节 林 业

一、林业基本情况

不同于其他欧洲大陆国家，英国是个森林资源偏少的国家。2019 年，全球平均森林覆盖率为 31％，欧洲平均森林覆盖率达到 46％，欧盟平均森林覆盖率达到 38％，而英国森林覆盖率仅有 13％。2019 年，英国林地面积有 318.7 万公顷，其中国有林 86.3 万公顷，占 27.08％，私有林 232.5 万公顷，占 72.92％。

英国森林树种主要包括两大类，一类是阔叶造林树种，另一类是针叶树种。2019 年，英国有阔叶林 155.7 万公顷，其中国有阔叶林 13.1 万公顷，私有阔叶林 142.6 万公顷；针叶林 163.1 万公顷，其中国有针叶林 73.2 万公顷，私有针叶林 89.9 万公顷。阔叶造林树种主要包括英国栎、山毛榉、桦木、欧洲水青岗、悬铃木和欧洲白蜡树等，阔叶树种人工林轮伐期长，产量大。尽管如此，英国的用材林仍以针叶树种为主，约占全部用材林的 70%。

自 20 世纪 90 年代以来，英国每年的木材产量只有 600 万～800 万立方米，远远不能满足木材消费量。英国每年的消耗量波动幅度不大，介于 4 亿～5 亿立方米。所以，英国木材消费量中的 85% 必须依赖于进口，因为木材进口每年消耗外汇 80 亿英镑。

从森林资源遭到大量破坏到大面积恢复之间漫长而又曲折的道路，是许多发达国家所走过的历程，英国也不例外。在 12 世纪以前，英国的大部分地区都被茂密的森林所覆盖，但是随着农牧业的发展，英国从 13 世纪开始大面积毁林造田，导致了森林资源量的急剧下降。在产业革命中迅猛发展的炼铁业和造船业因为大量的木材需求进一步破坏了森林资源。英国森林覆盖率在第一次世界大战前已经下降到 3%。一战中德国对英国木材进口的封锁使得英国意识到了发展本国森林资源的重要性，英国政府采取一系列有效措施，通过政府、私人及公私合营等多种途径进行大面积森林恢复工作。一方面，国家林业委员会大量买地用于大规模造林；另一方面，政府又通过林业税减免、形式多样的补助以及技术援助等激励措施鼓励私有林主积极造林。这样，在多方的努力下和多种政策措施下，英国森林资源得以迅速恢复，森林覆盖率从一战前的 3% 提高到 2019 年的 13%。

二、林业管理

英国林业管理体系以"层次少、人员精、效率高"著称。英国没有设立专门的林业部，但是早在 1919 年就成立了国家林业委员会作为林业最高行政管理机构。该机构实际上是一个政企合一的机构，它既承担政府职能，又直接经营国有林。林业管理体系由国家林业委员会、地区林业局、地方林业局的三级管理层级构成，其中林业局与当地政府只存在协调关系，并不受制于政府的领导，各级管理机构职责清晰，人员办事效率极高。

英国林业管理特别强调标准化经营。为促进林业可持续性经营，提高林业经济效益，英国很早就着手推动林业标准化生产，并对林业标准化进行规范管理。在英国，不论是育苗、造林、抚育、森林动物保护，还是采伐、病虫害管理以及林业产品加工利用都由林业科研部门研究制定经营标准。

英国国家林业委员会对森林的采伐管理非常严格，1967 年出台的《森林法》规定除公共场所以外的林木采伐都必须遵循"采伐迹地必须造林"的原则，采伐阔叶林一定要更新阔叶林。对环境造成较大影响的采伐和造林活动必须经过环境部门的审批才能进行。

第四章 CHAPTER 4
农产品运销与贸易 ▶▶▶

本章主要从英国农产品的价格、运销以及贸易三个方面展开，第一，对农产品的价格进行分析；第二，对农产品的运销现状进行总体介绍，农产品的流通环节可以通过流通链图进行整体概括，主要涵盖了农产品自销、出口贸易等多种流通方式，并进一步阐述了粮食、果蔬等主要农产品的运销特点；第三，通过产品结构和市场结构两方面对主要贸易产品以及贸易伙伴情况进行概括。

第一节　农产品价格

一、主要农产品市场价格变化规律

（一）谷类作物供求与市场价格变化规律

作为英国战后发展最快的农产品之一，谷类作物在英国农产品市场的地位越来越重要。英国的谷类作物主要有小麦、大麦和燕麦三类，由于自身气候环境的制约，英国的谷物普遍食用价值都不高，主要作为饲料使用。因此，英国一方面大量出口饲用谷物，另一方面又要大量进口食用谷物，使得国内谷物市场价格更容易受到国际市场价格波动的冲击。

以 2015 年的谷物价格指数为基准指数，将 2000—2019 年各年度的谷物价格指数进行对比，可以更明显地看出谷物价格的变化趋势（表 4 - 1）。2000—2019 年间各类谷物价格指数的变化趋势基本保持一致，其中大麦与小麦的价格指数更为接近，也与平均谷物价格指数相吻合，基本都在 100 以上。而燕麦的价格指数在很多年份都略高于平均谷物价格指数，但也基本保持在 100 以上，这说明 2015 年前后英国谷物价格普遍较低。大麦和燕麦的价格指数最高点都出现在 2012 年，其中 2012 年燕麦的价格指数更是高达 190.1，大麦的价格指数达到了 160.9，而小麦的价格指数最高点在 2013 年达到了 151.9。这表明 2012 年左右英国谷物价格较 2015 年都高出 1.5 倍以上，都达到了自 2000 年以来的历史最高点。

表 4 - 1   2000—2019 年英国主要谷物产出价格指数表（2015＝100）

年份 类别	大麦	小麦	燕麦
2000	66.1	58.0	68.4
2001	68.2	63.9	70.3
2002	60.3	56.3	61.8
2003	68.9	62.2	59.2
2004	72.5	68.5	64.0
2005	66.1	57.0	67.6
2006	71.5	64.2	73.6
2007	107.9	93.2	91.9
2008	132.6	121.5	113.1
2009	88.0	90.5	82.7
2010	100.0	100.0	100.0
2011	150.3	141.7	177.8
2012	160.9	144.3	190.1
2013	154.4	151.9	173.7
2014	119.2	121.3	112.6
2015	100.0	100.0	100.0
2016	100.3	96.7	105.2
2017	116.1	118.8	118.1
2018	145.0	132.4	134.3
2019	123.2	128.1	137.5

数据来源：英国环境、食品和农村事务部，Agriculture in the United Kingdom 2019 - 2020。

1. 大麦

从表 4 - 2 可以发现，2018 年大麦的价格达到最高点，主要是受到酿酒、麦芽和蒸馏行业对大麦需求增加以及大麦在谷物饲料配给中份额提高所带来的影响。与 2018 年相比，2019 年制粉大麦和饲料大麦的价格下降到 147 英镑/吨和 125 英镑/吨，追其原因，是由于替代品的增加与自身供给量的增加导致的，此外，在 2019 年牛羊对动物饲料的需求较低，因为饲料供应增加，减少了这些牲畜的补充饲料需求，同时，2019 年冬大麦面积增加 17％，达到 45.3 万公顷，供应量得到明显提高。

表 4 - 2 2010—2019 年大麦加权平均销售价格

单位：英镑/吨

价格＼年份	2010—2014 年平均	2015	2016	2017	2018	2019
制粉大麦	149.7	119	126	145	179	147
饲料大麦	132.7	103	101	119	148	125

数据来源：英国环境、食品和农村事务部，Agriculture in the United Kingdom 2019 - 2020。

2. 小麦

通过表 4 - 3 发现，从 2018 年到 2019 年，饲料小麦的价格下降幅度大于制粉小麦。2019 年小麦产量比 2018 年增长了 20％，略高于 1 620 万吨。小麦产值增加了 16％，达到 24 亿英镑，而小麦面积增加了 3.9％。与 2018 年相比，国内面粉加工（包括淀粉和生物乙醇）的小麦需求量下降了 12％，为 580 万吨，进口量下降了 37％，为 77.1 万吨。

表 4 - 3 2010—2019 年小麦加权平均销售价格

单位：英镑/吨

价格＼年份	2010—2014 年平均	2015	2016	2017	2018	2019
制粉小麦	161.9	132	121	146	163	162
饲料小麦	146.1	116	115	139	157	147

数据来源：英国环境、食品和农村事务部，Agriculture in the United Kingdom 2019 - 2020。

3. 燕麦

英国燕麦的使用主要是燕麦碾磨行业，尽管 2019 年燕麦产量减少了 4.2％，为 52.2 万吨，但仍然实现了连续五年制粉量 50 万吨以上。2017 年及以前，制粉燕麦与饲料燕麦的价格差距相对较小，2018 年和 2019 年两者差距变大，2019 年全年制粉燕麦及饲料用燕麦的平均价格分别为 148 英镑/吨和 112 英镑/吨（表 4 - 4）。

表 4 - 4 2010—2019 年燕麦加权平均销售价格

单位：英镑/吨

价格＼年份	2010—2014 年平均	2015	2016	2017	2018	2019
制粉燕麦	144	111	116	130	150	148
饲料燕麦	145	99	101	113	128	112

数据来源：英国环境、食品和农村事务部，Agriculture in the United Kingdom 2019 - 2020。

（二）畜禽供求与市场价格变化规律

畜禽业作为英国的传统农业产业，一直以来都是国内市场消费和出口的核心产业。牲畜产品有两种类型，一类是以屠宰方式取得的动物肉类，主要有牛肉、猪肉、羊肉及家禽肉等；另一类是在饲养动物的过程中所取得的动物产品，主要为鸡蛋和鲜牛奶。以2015年为基期，将各种肉类以及动物产品的价格指数进行汇总，形成表4-5。

表4-5　2000—2019年英国牲畜市场价格指数表（2015＝100）

类别 年份	牛肉	猪肉	羊肉	所有家禽	动物产品	牛奶	鸡蛋
2000	59.7	67.2	49.7	72.1	67.8	68.7	64.2
2001	60.1	69.2	51.2	71.7	75.7	78.2	64.8
2002	61.7	65.9	60.0	71.1	68.7	69.4	66.9
2003	63.2	72.7	67.8	72.1	73.3	73.2	76.5
2004	66.7	73.2	67.0	71.0	75.5	74.9	81.0
2005	67.3	73.5	61.8	73.4	74.5	74.9	74.7
2006	73.8	74.2	63.4	70.1	72.7	72.8	76.9
2007	75.0	76.0	56.7	81.0	84.3	84.3	87.8
2008	98.4	89.5	72.1	89.5	104.1	105.2	103.2
2009	104.9	103.1	91.1	99.5	96.9	96.1	105.7
2010	100.0	100.0	100.0	100.0	100.0	100.0	100.0
2011	116.4	102.1	111.7	103.0	109.4	111.0	99.9
2012	129.3	106.3	105.9	105.1	114.8	113.8	124.0
2013	137.7	116.7	104.8	111.1	128.1	128.0	130.8
2014	123.2	111.7	106.9	106.0	126.4	127.7	122.2
2015	100.0	100.0	100.0	100.0	100.0	100.0	100.0
2016	96.9	98.3	106.0	100.6	91.6	92.4	85.2
2017	104.1	119.8	108.0	102.2	112.4	117.4	83.6
2018	104.1	111.5	117.5	107.2	114.2	119.7	82.2
2019	98.3	114.1	109.1	105.6	112.7	118.0	82.3

数据来源：英国环境、食品和农村事务部，Agriculture in the United Kingdom 2019-2020。

（三）经济作物供求与市场价格变化趋势

经济作物又称技术作物或工业原料作物，是指具有某种特定经济用途的农作物，如农产品加工、工业原料等。经济作物的范围十分广泛，除了被用作工业原料的农作物以外，在广义上还包括蔬菜、水果、园艺花卉等可以为农户带来经济效益的农作物。由于经济作物具有地域性强、经济价值高、商品率高等特点，其价格的变化主要由市场因素来决定。表 4-6 列出了 2000—2018 年间，英国几种主要经济作物的价格情况。

表 4-6　2000—2018 年英国主要经济作物市场价格表

单位：美元/吨

类别 年份	苹果	梨	马铃薯	糖用甜菜
2000	618.8	565.9	130.1	37.8
2001	601.7	594.5	158.4	40.3
2002	678.9	695.4	116.9	40.5
2003	899.6	723.3	148.6	45.7
2004	963.1	800.1	223.4	51.3
2005	858.2	774.5	174.5	50.9
2006	940.2	853.7	230	38.6
2007	1 158.5	884.4	286.1	42
2008	1 108.5	1 088.3	272.1	44.1
2009	978.3	992.3	183.8	37.4
2010	1 018.3	805	208.6	—
2011	1 134.4	844.4	233.9	—
2012	1 271.6	996.8	259.1	—
2013	1 221	1 124	331.4	—
2014	1 163.3	988.9	235.3	—
2015	1 016	852.5	216.9	42.5
2016	930.3	908.7	253.8	35.5
2017	1 054.1	940.8	229.1	33.1
2018	1 343.4	1 028.6	232.1	36.2

二、农产品价格变动的影响因素

与农产品产量类似，短时期内农产品的价格会受到不良天气、虫害及疾病等因素的影响，产生较大的波动。但农产品价格的长期上涨并不能简单地用气候变化、病虫害等短期因素来解释，必然是由于市场环境等刚性因素发生改变而导致的。与 2018 年相比，2019 年英国农业产出的年度农业价格指数（API）下降了 1.5％，而农业投入上升了 1.7％。作物产品的平均价格没有变化，谷物和饲料作物价格的下降被马铃薯、工业作物和新鲜水果及蔬菜价格的上涨所抵消。牲畜和动物产品的平均价格下降了 2.5％。牛、羊和家禽行业的降幅最为显著，但猪价上涨部分抵消了这一影响。农业投入品的平均价格受大多数部门价格上涨的推动，尤其是兽医服务和能源成本的增加对总投入价格的影响最大，化肥、建筑和材料维护的成本也在增加。

（一）需求量的增加

英国是一个农产品出口型国家，其农产品的需求不仅取决于国内市场的消费量，在很大程度上还与国际市场对农产品的需求量有关。来自地球政策研究所对中国等发展中国家的消费统计数据的预测，中国和其他发展中国家的农产品特别是饲料类农产品的需求会随着其人民生活水平的提高而急剧增加。随着发展中国家的发展，国际市场对进口食品的需求很有可能会增加。

同时生物能源的快速发展也将大大增加对农产品的需求量。纵观整个发达国家，能源生产的快速增长都是建立在可持续、可再生资源利用技术上的。西方国家的政府越来越关注能源供给的安全和石化燃料燃烧对环境的影响，许多国家都颁布了或正在考虑颁布法律，以推动可持续、可再生能源的发展。生物能源目前被看作是化石能源的替代品而被广泛推广，这可能会对农产品的价格产生持续而深远的影响，因为其打开了两个新的市场：生物柴油和生物乙醇。

1. 生物柴油

生物柴油是由植物油制作而成的（在英国以油菜籽为最常见的原料），在最先进的柴油发动机里或混合使用或单独使用。这个过程可以是相对简单的小规模"后院"操作，也可以是大规模的工业化进程。

2. 生物乙醇

生物乙醇是由富含糖类和淀粉的农作物经过发酵而成的，这种技术只能应用于大规模机械化生产，并且需要大量的资本投入。在英国最常用的农作物是小麦和甜菜，在美国更多的是用玉米，而在巴西则是用甘蔗，目前其 45％ 的燃料消费都是生物乙醇。生物乙醇在不改变引擎的情况下，可以与汽油按 5％ 的比例混合使用。在使用弹性燃料引擎时，则可 100％ 的代替汽油。

例如，2019 年英国小麦收获产量比 2018 年增长 20%，略高于 1 620 万吨。2019 年，小麦产值增加了 16%，达到 24 亿英镑，而小麦面积增加了 3.9%。与 2018 年相比，国内面粉加工（包括淀粉和生物乙醇）的小麦需求量下降了 12%，为 580 万吨，进口量下降了 37%，为 77.1 万吨。由于面粉加工行业使用的小麦总量与 2018 年相似（由于国内小麦质量的原因，所需进口量减少），因此生物燃料行业在总体使用量方面的变化最大。英国生物燃料工厂在 2019 年有的减产，有的关闭，在市场条件有利时，使用大量进口玉米替代国内小麦，因此 2019 年的小麦价格相对于 2018 年并没有上涨。

（二）生产成本的变化

对种植业来说，生产成本主要包括种子、种植过程中所耗费的能源、农作物保护产品、化肥及土壤增强剂等。对畜牧业来说，生产成本则主要是指动物饲料、养殖过程中所耗费的能源等。表 4-7 列出了 2000 年到 2019 年间各类农产品生产成本及总生产成本的价格指数年度数据。

表 4-7　2000—2019 年英国各类农产品生产成本价格指数（2015=100）

年份	所有投入	种子	牲畜饲料	能源和润滑油	果树保护产品	肥料和土壤增强剂
2000	66.3	69.9	61.5	49.7	92.6	40.7
2001	68.2	68.4	66.0	48.2	89.6	47.0
2002	67.8	68.5	63.5	46.4	89.2	44.5
2003	69.0	66.9	64.8	49.9	89.3	47.8
2004	72.9	82.5	68.9	54.3	92.1	53.8
2005	75.3	93.5	63.7	67.3	94.9	58.9
2006	78.1	86.3	66.0	75.8	97.3	62.6
2007	84.8	197.2	80.1	78.2	98.8	67.8
2008	103.2	111.2	103.7	107.0	100.9	148.5
2009	95.9	105.0	95.4	88.3	102.8	102.3
2010	100.0	100.0	100.0	100.0	100.0	100.0
2011	112.3	106.9	120.7	118.1	100.7	130.4
2012	114.2	105.2	128.5	122.3	102.0	125.2
2013	117.0	113.9	139.4	123.3	97.7	113.1
2014	112.1	100.9	120.7	119.0	102.6	106.5
2015	100.0	100.0	100.0	100.0	100.0	100.0

（续）

年份	所有投入	种子	牲畜饲料	能源和润滑油	果树保护产品	肥料和土壤增强剂
2016	97.5	101.5	96.7	94.9	100.0	82.6
2017	102.6	100.0	104.6	106.8	106.8	89.6
2018	109.7	104.8	113.2	119.2	117.1	100.8
2019	111.5	104.7	114.3	122.8	115.6	103.7

数据来源：英国环境、食品和农村事务部，Agriculture in the United Kingdom 2019–2020。

第二节　农产品运销

一、农产品流通链

食物链是英国食品经济学界使用的专门用语。该用语原本是生态学概念，表示物种之间的食物组成关系。1982 年在经济合作与发展组织（OECD）总部举办的"1980 年代食品产业面临的课题与挑战"研讨会上，英国学者 Burns 等在报告中使用了"食物链"一词，并重新做了概念界定。Burns 等（1982）把食品的生产、加工、流通和消费比作水从上游到下游，最后流入湖泊的过程。农产品的生产是水流的上游，很快农产品流动到中游，也就是收获的农产品要参与物流和交易，随后农产品到达下游零售部门，最终奔入湖泊——消费者手中。

英国的食物链包括农业生产、食品制造加工、食品饮料批发、零售和餐饮五个部分，各部分的产值和人员构成情况每年都有变化。英国环境、食品和农村事务部每年根据国家统计局的数据进行食物链的分析和信息发布，并在此基础上制定农业持续发展的战略报告。2018 年，农产品行业为经济贡献了 1 200 亿英镑，占英国农业食品部门估计总增加值（Gross Value Added，简称 GVA）的 6.3%。其中，零售业和非住宅餐饮业各占四分之一以上。食品制造业占不到四分之一，批发业占该行业的 12%。农业的贡献最小，为 8.1%。2018 年，除农业以外，所有行业的生产率都有所提高，农业较 2017 年下降了 6.2%。批发业增幅最高，为 10%，而制造业增幅最低，为 2.3%。2008 年至 2018 年间，食物链的平均年增长率为 0.3%，而整体经济的年平均增长率为 0.2%。具体数值参见图 4-1。

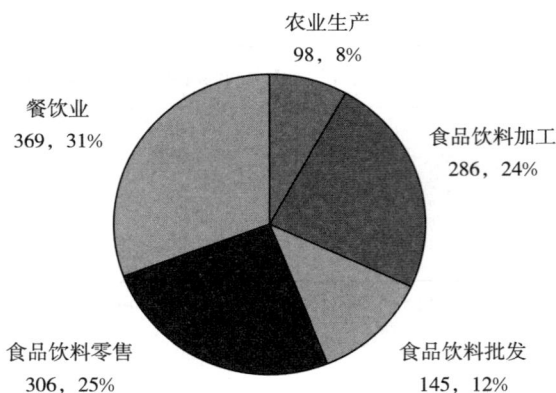

图 4-1　2018 年农业产值结构图（单位：亿英镑）

数据来源：英国环境、食品和农村事务部，Agriculture in the United Kingdom 2019-2020。

近十年以来，英国农业各部门（包括农业、食品加工、食品批发、食品零售和餐饮业）对总增加值（GVA）的贡献数量都在增加，且在全英国经济中的比重基本稳定；农业各部门从业人员数量稳中略有下降。具体情况如表 4-8 所示。

表 4-8　农业各部门对国民经济的贡献

类别＼年份	2010—2014 年平均数	2015	2016	2017	2018	2019
农业各部门对 GVA 的贡献（亿英镑）						
农业	86.94	86.83	52.20	56.76	76.58	71.69
食品加工	253.34	277.05	212.79	217.97	227.51	—
食品批发	101.15	115.23	90.66	91.56	94.90	—
食品零售	285.61	307.98	210.54	217.91	229.25	—
餐饮业	259.66	312.70	213.43	218.17	221.21	—
占全国 GVA 的比重（%）	6.4	6.4	6.1	6.6	6.7	—
从业人员（万人）						
农业	42.8	42.8	42.1	47.7	48.2	48.6
食品加工	37.3	39.3	40.0	39.9	39.2	38.7
食品批发	22.0	21.7	23.6	21.2	21.3	21.2
食品零售	115.4	116.9	112.1	111.6	115.1	115.7
餐饮业	145.1	162.2	168.1	173.8	138.8	137.0
占总就业的比重（%）	13.4	13.4	13.3	13.3	13.7	14.1

数据来源：英国环境、食品和农村事务部，Agriculture in the United Kingdom 2019。

2018 年，英国食品供应链整体收入 2 260 亿英镑，即，来自英国消费者的支出，加上出口，减去农产品和加工食品及饮料产品的进口（假设消费者个人的直接进出口额忽略不计）。图 4-2 显示了从作为初级生产者的农业到食品制造和零售贸易到消费者支出的食物链的最大要素。

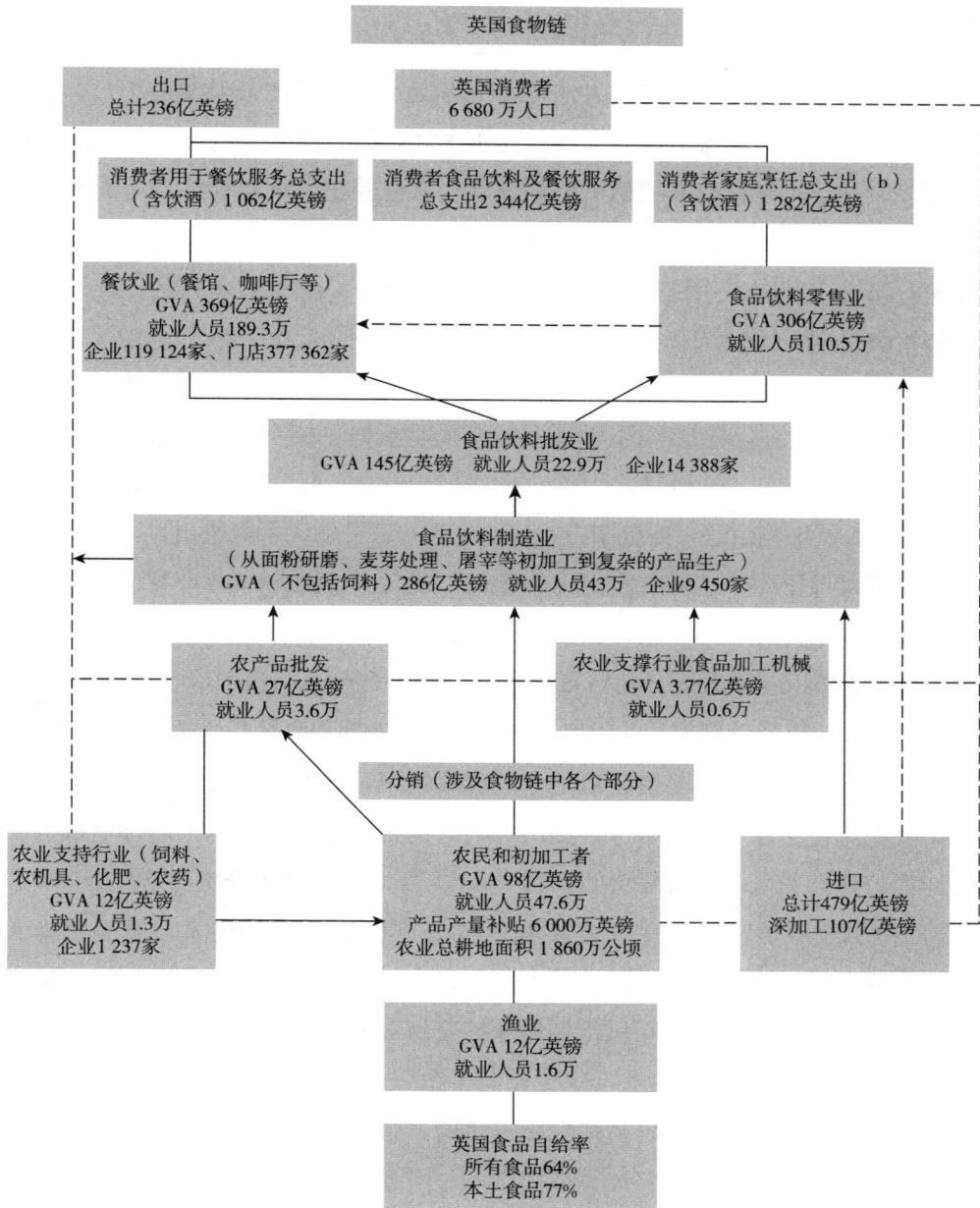

图 4-2 2018 年英国食物链经济学概述

二、主要农产品的运销

(一) 粮食运销

粮食的生产、流通、仓储和贸易是一个国家的民生大事，其组织管理的稳定有序对于国家十分重要，英国的粮食运销有着自己鲜明的特点。

1. 政府机构、行业组织和中介组织协调运作的粮食管理体制

负责粮食生产与流通的政府机构是英国环境、食品和农村事务部，该机构的主要职责：一是保持农业的可持续发展；二是保护公众的利益，为消费者提供高质量、安全可靠的食品产品；三是加强社会联系，减少农村地区的隔离状况等。该机构职能之一是执行欧盟的共同农业政策，支付农业补贴，统计和定期公布粮食生产、消费和出口的数据。

此外，与粮食生产、流通有关的非政府机构还有英国国产谷物管理局、英国谷物与饲料贸易协会等。英国国产谷物管理局是根据 1965 年谷物市场法令设立的法定的非政府机关的公共机构（类似于我国的事业单位），负责为谷物行业提供服务，包括提供市场信息，促进国内谷物的生产与营销活动，促进出口，资助谷物产品的研究与开发等。现在该机构每年的运营经费为 1 000 万～1 200 万英镑，其经费由谷物和油菜籽种植者、贸易商和加工商按照法定征税标准缴纳。该机构董事会成员由英国环境、食品和农村事务部部长任命，任期 3 年。该机构内设研究开发部、市场信息部、谷物出口部、市场开发部和顾客联络部。

英国谷物与饲料贸易协会也是非政府性组织，主要是代表会员的利益，为会员提供贸易信息和培训服务，提供谷物与饲料标准合同文本，进行贸易争议的仲裁，其经费来源主要靠会员所缴纳的会费。该协会在全世界 80 多个国家有约 1 000 个会员，其中在中国有 40 多个会员。会员有经纪人、质检化验人员、仲裁人等。该协会负责制定一个范围较广的包括船运到岸价和离岸价货物的标准合同文本，这种合同包括如何保护交易双方的条款。每年世界上谷物和饲料贸易的 80% 使用该协会的标准合同术语，使用该协会的合同文本可以受到协会保护，该协会设有贸易仲裁服务机构，可以为贸易争议提供仲裁。[①]

---

① 曾丽瑛，金刚. 英国、法国粮食流通体制考察报告. 粮食标准法规网. http：//www.yzm930.cn/km6/km602/2010 - 07 - 21/911. html，2011 - 12 - 05.

2. 农业合作社在粮食流通中发挥着重要的作用

分散的粮食生产者在收集市场信息、交易谈判中往往处于弱势地位，因此他们本着互利的原则自愿组织起来形成农业合作社，为他们在产前、产中、产后提供需要的生产资料、先进的种植技术和及时的市场信息，统一销售，降低交易成本，享受规模效应。农业合作社不是法律形态上的企业，可以免交公司税，并获得政府的低息贷款。与此同时，合作社又要最大化地维护会员利益，要面对激烈的竞争。通常，农民会选择服务齐全、风险相对低、价格优惠的合作社，因此农业合作社收购了大部分的谷物。同时，由于农业合作社规模较大、粮食品种齐全、信誉较好，粮食加工企业也愿意从合作社采购粮食。

农业合作社和粮商收购粮食实行现金结算，其粮款来源除自有资金外，由银行提供贷款。农业合作社的资金有三个来源：一是农民缴纳入社股金；二是自身长期积累的资金；三是凭借良好的信誉和担保从银行贷款。粮食收购的贷款属于商业银行的商业贷款，执行商业信贷利率，政府不给予补贴和贷款，风险由贷款者承担。

对粮食收购价格实行倒扣作价方法。如果粮食市场价是100欧元，则明确扣除以下几项：运输费7欧元、烘干费9欧元、储存费6欧元、销售费1欧元、利润2欧元，最后支付给农民的是75欧元，收购价比市场价低25%。按照谁承担谁收益的原则分配，流通商和农民都可从中获利。这样作价，收购企业可以实现粮食顺价销售。农业合作社或粮商向农民收购粮食一般实行"二次结算"，一般第一次结算价格约为90欧元/吨，如果销售价格高于干预价格，所得利润由农业合作社或粮商与农民共享，如果销售价格低于干预价格，则农业合作社或粮商有权要求国家按照干预价格收购。

3. 粮食仓储体系

英国粮食仓储设施基本属于农业合作社或私人所有，分布在靠近粮食生产、加工和运输的地区，其中港口及码头中转仓储设施比较发达。粮食仓储管理方式先进，劳动效率较高，基本实现粮食出入库、质量检验检疫、装卸等业务环节的全过程一体化、机械化、自动化和电子化。

英国粮食贸易十分发达，本国消费之余还开展出口贸易。粮食周转较快，因此储存时间一般不会太长，通常在一年半之内。国家所购的干预储备粮食，也签订合同交由私营储存企业储藏，支付储藏费，明确承储责任。

（二）果蔬产品运销

1. 果蔬产品流通模式和销售渠道

英国政府多年来倡导增加蔬菜和水果的消费，英国是果品蔬菜消费大国。然而，由于英国的农业生产结构是以畜牧业为主，种植业中又以生产饲料为主，果蔬长期不能实现自给，很大比例的果蔬市场供应依赖于进口。英国的果蔬产品 50％直接进入批发市场和食品加工业。英国几乎每个城市都建有功能齐全、管理有序的批发市场，批发市场的供应商主要是本地的农场主、农民合作社组织以及中小型的果蔬进口商。其余 50％的果蔬产品进入零售渠道流通，其中最主要的零售渠道是超市。通常情况下，规模和实力较强的大型专业果蔬供货商经过储运、加工、清洗、冷藏、包装等工序后，直接把产品配送到英国的各大超市。

近年来，英国政府倡导农民积极参与市场，发展农场边的集市和店铺，这样直接与消费者交易，减少中间环节，降低交易费用，增加农民收入，并获取准确及时的顾客需求信息。目前有 500 多个由全国农民零售和市场协会认证的农民集市遍布全国。

英国超市通常向专业果蔬供货商订购。超市的每类产品都选定 1～2 家专业供货商，然后由专业供货商从农场采购新鲜农产品。当国内供应有困难时，专业供货商也可以选择进口。这种采购模式把质量监控的责任和繁杂的与大量农民打交道的事务都转交给专业供货商来承担。

小零售商通常在采购集团（几家批发商联合）或者批发市场采购。由于采购集团的规模大、议价有优势，大多批发商选择加入一家采购集团。目前英国大多数的食品批发商均附属于一家采购集团。采购集团和批发商能满足小零售商的进货数量，还提供物流配送等服务。目前，英国蔬菜等农产品的批发商超过 400 家，其中前 15 家的收入占食品批发行业总收入的四分之三以上。

其余的果蔬产品进入批发市场销售。近年来，随着生产商对生产管理和销售预测工作不断完善，批发市场作为大型超市供需缓冲器的功能已经减弱。批发市场的顾客一般为小零售商、餐饮企业、各类学校、医院以及食品加工厂，英国目前有大型批发市场 27 个，几乎每个中等以上城市都有一个大型果蔬食品批发市场。

2. 果蔬产品物流

为满足蔬菜等生鲜产品的配送需要,英国积极发展综合配送中心及多重温度配送车辆,各大超市都建立了自己的区域配送中心。根据英国食品流通研究所的调查,英国 12 家主要零售商和批发商目前有 159 个配送中心,平均面积超过 2 万平方米,拥有 7 000 多辆运输车辆,94.3%的食品通过配送中心配送,而不是由供货商直接运抵商店,这样既可以降低成本又可以减少城市拥堵。只有大约 5%的少数几种产品不通过配送中心直接送抵超市,包括奶、蛋、面包这些清早运抵的产品及电器等高价值产品。零售商的配送费用占营业额的比例介于 1.4%~9.0%,平均值为 4.7%。其中仓储费用占整个配送费用的 55.4%,运输费用占 38.7%,其余为管理费用。蔬菜的平均储藏时间一般为 0.5~3 天。

蔬菜等农产品的物流一般由零售商进行内部控制和管理,或外包给第三方物流公司,目前第三方物流占英国物流总成本的 64%,该行业年收入约 1 000 亿英镑,对英国经济的贡献为 550 亿英镑。近年来,英国第三方物流行业几家大公司进行了大规模整合,以求扩大服务的领域和进军国际市场,但总体而言,整个行业仍相对分散,大约三分之二的第三方物流公司年销售额小于 25 万英镑,许多还是一个人加一辆车的模式。由于竞争激烈,第三方物流业的利润率很低,通常只有 3%~4%,制约了其进一步投资和发展。

(三)果蔬产品流通和食品安全的法律法规和措施

为规范蔬菜等农产品流通,英国执行欧盟委员会出台的上市销售标准,对新鲜水果、蔬菜、坚果及花卉和球茎的产品标识、质量、分级、运输都进行了详细规定,并规定在流通的各环节进行产品抽样检查,以保证产品质量的稳定。

根据 1990 年《食品安全法案》和 1995 年《食品安全(一般食品卫生)条例》的规定,所有储藏、生产、配送和销售的店铺、摊点、流动食品车和食物配送车均需在当地政府部门注册,且从业场所、设施及人员的个人卫生必须达到有关基本卫生要求。

英国对食品安全采取了"从农场到餐桌"的管理方式,除 1990 年《食品安全法案》及其后续修正案对食品安全专门立法外,自 2006 年 1 月 1 日起开始实施的欧盟食品卫生系列法规,适用于食品供应链的每一环节,甚至对从事食品初级生产的农场以及农场使用或种植的饲料都有相关规定。欧盟食品卫生法规还要求食品生产及经销企业采用"危险分析及关键控制点体系"（HACCP）对食品卫生进行管理。此外，英国农药残留委员会负责对农产品的农药残留进行抽样检测和监控。

在英国，食品安全及相关标准由食品标准局负责。执法检查在英格兰和威尔士由当地政府负责，在苏格兰由当地政府和苏格兰环境及农村事务部共同负责，在北爱尔兰由北爱尔兰农业和农村事务部负责。相关部门根据各环节的风险来决定检查的频率，如已加入公认的"农产品放心计划"，则表明其经常接受有关认证机构的检查并已达到相当的标准，因此政府检查的次数就会相应减少。

在英国，农产品生产者可自愿加入"农产品放心计划"，表明其产品在生产过程中达到特定的安全、动物福利及环境标准，可以让消费者放心。英国主要的"农产品放心计划"包括：红拖拉机认证计划、自由食品认证计划、树叶标志、有机标志。目前共有约 7.8 万农户加入了这些工程，所产农产品约占主要农产品产量的 65%～90%。

这些农产品"放心计划"分别有各自的标识、主管机构和认证标准。"红拖拉机认证计划"由英国放心食品标准组织 Assured Food Standards（AFS）负责管理，确保经认证的农产品从最初的饲养、种植到屠宰、加工、运输，再到摆上货架，到达消费者的整个过程让消费者放心，并可追溯至农场。

为保证食品安全并及时发现问题源头，英国的食品安全追溯体系执行欧盟一般食品法规规定，该规定 2005 年 1 月 1 日起开始生效，要求食品供应链上的生产、加工和流通的每一环节都要有记录，政府部门要求出具时必须及时出具，以便发生问题时可以追溯。记录内容包括：食品及其原料的批号、生产及运送时间、地点等相关信息。一般来说，这些记录要求保留 5 年，有限期超过5 年的产品要求保留有限期再加 6 个月的时间，蔬菜水果等有效期 3 个月以内的产品要求保留期限为生产或送货后 6 个月。目前，英国许多大型超市引入无线电频率识别技术，对产品相关信息进行记录与追踪。该技术在仅为一张邮票大小的标签上有一个可以储藏信息的微处理器和一个可与网络和数据库联系的天线，与传统的条形码技术相比，能储存更多的信息，更好地对产品进行追踪。

（四）畜禽产品运销

1. 英国畜禽流通体制现状

英国农业以畜牧业为主导，畜禽产品流通市场化程度高，有序而高效。流通链条中各个环节，从农场、屠宰场、畜禽交易市场、加工商、销售商都依据相关法律法规，各司其职。

英国环境、食品和农村事务部的职责包括以下三个方面：一是提供服务信息，包括国内外畜牧业饲养、贸易、卫生等各方面的信息；二是执行畜禽管理相关法律法规；三是动物检疫的监控与预防。

政府授权的非官方公共机构也在畜禽产品流通中发挥重要作用。如英国肉类与牲畜委员会（MLC）是依据英国农业法成立的，运作资金由畜禽屠宰税费支付，负责制定全国畜禽产业发展战略规划。公共机构主要规划和推广畜禽业的教育培训、提升畜禽产品的形象、执行有关政策法规、提供政策咨询、有偿提供卫生检疫服务等。

英国畜禽产品交易主要由两种方式构成。第一种是活牲畜交易。活牲畜拍卖在英国受大部分农民欢迎，原因是公开拍卖价格公正、信息充分沟通，回款也很快。但是因为要占用大量人力，而且活牲畜聚集污染环境，自口蹄疫暴发后，这种交易方式在逐渐减少。第二种是直接卖给屠宰场，由于屠宰场发展越来越集中，许多活牲畜生产者只得通过运输将猪牛羊送到屠宰场。屠宰加工后的肉类产品运输到大型超市、肉类批发市场和个体屠户进行销售。

2. 英国畜禽流通政策措施

为了提高流通效率、保障卫生健康和方便消费者需求，多年来英国的畜禽流通政策建设主要集中在以下四个方面：

第一是制定和完善畜禽卫生法律法规和卫生标准，如《动物卫生法》《动物卫生法案》等涉及动物饲料、屠宰管理、疾病防治、牲畜运输等流通链条中的各个环节。第二是建立较完整的动物信息可追踪系统。如1997年10月启用牛的可追踪信息系统，记录了英国1996年8月以后出生的每一头牛的信息。第三是重点监控容易传染的动物疾病。规范牲畜贩运，鼓励中小型屠宰场发展，鼓励就地屠宰、就近供应。第四是严格执行欧盟和英国畜牧业的相关法律法规。

第三节　农产品贸易

一、农产品贸易现状

英国在第二次世界大战后采取的一系列措施推动了英国农业进一步发

展，实现了农业现代化、专门化。农产品的产量大幅度提升，因而农产品出口数量也在稳步上升。2019 年，食品、饲料和饮料的出口价值为 236 亿英镑，食品、饲料和饮料的进口价值为 479 亿英镑（图 4-3）。实际出口额为 7 亿英镑，比 2018 年增长 2.9%，进口实际价值为 2 亿英镑，比 2018 年高 0.3%。更长远的趋势是实际出口与进口价值的上升。自 2005 年以来，出口的实际价值增加了 106 亿英镑，即 81%，进口的实际价值增加了 170 亿英镑，即 56%。2018 年至 2019 年间，贸易差额缩小了 2.0%，但实际贸易差额从 2005 年的 177 亿英镑扩大到 2019 年的 243 亿英镑，扩大了 38%。这是英镑相对强势、英国对疾病相关问题的积极反应以及世界商品价格上涨趋势综合作用的结果。

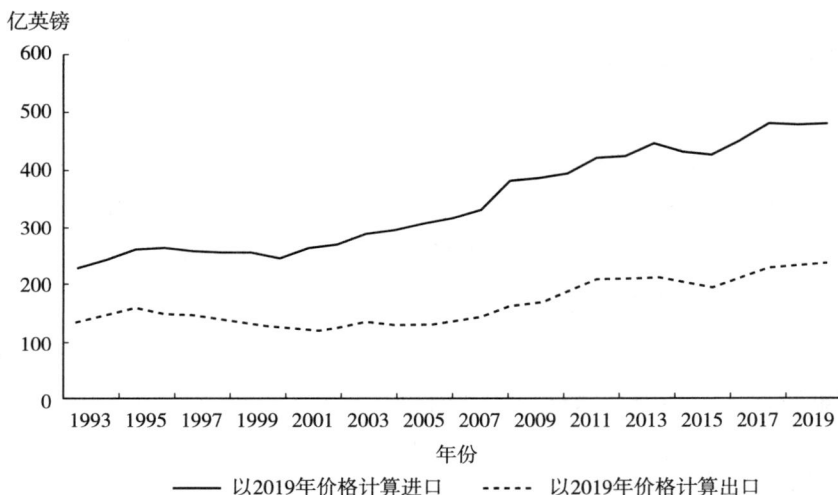

图 4-3 以 2019 年价格计算的英国食品、饲料和饮料贸易价值

从特定食品类型的出口来看（表 4-9），2018 年至 2019 年实际增长百分比最大的是谷类食品，增长了 12%，达到 24 亿英镑，其次是鱼类出口，增长了 10%，达到 20 亿英镑。肉类出口增长 8.3% 至 21 亿英镑，奶制品和鸡蛋出口增长 3.5% 至 20 亿英镑。按实际价值计算，表 4-10 显示 2018 年至 2019 年间，奶制品和鸡蛋进口下降 4.4% 至 33 亿英镑，谷物进口增长 1.8% 至 42 亿英镑，肉类进口下降 4.1% 至 66 亿英镑，水果和蔬菜进口增加 1.6% 至 115 亿英镑，动物饲料进口实际增长 0.9%，达到 24 亿英镑。

表 4 - 9　英国农产品出口金额及所占比例

单位：亿英镑，%

类别	2017 年		2018 年		2019 年	
	出口额	比例	出口额	比例	出口额	比例
肉类	18.80	8	19.11	8	20.70	9
奶制品和鸡蛋	18.19	8	19.25	8	19.93	8
鱼类	19.81	9	18.22	8	20.05	8
谷物	22.05	10	21.82	10	24.48	10
水果和蔬菜	12.68	6	12.88	6	12.73	5
糖	4.13	2	4.59	2	4.43	2
咖啡、茶等	15.46	7	15.75	7	15.49	7
动物饲料	14.15	6	12.07	5	11.28	5
其他杂项	20.81	9	21.56	9	22.04	9
饮料	75.79	33	77.92	34	79.11	34
油类	6.24	3	6.33	3	5.83	2
合计	228.11	100	229.50	100	236.07	100

数据来源：英国环境、食品和农村事务部，Agriculture in the United Kingdom 2019 - 2020。

表 4 - 10　英国农产品进口金额及所占比例

单位：亿英镑，%

类别	2017 年		2018 年		2019 年	
	进口额	比例	进口额	比例	进口额	比例
肉类	69.91	15	69.21	14	66.36	14
奶制品和鸡蛋	33.44	7	34.88	7	33.33	7
鱼类	33.26	7	32.52	7	34.58	7
谷物	40.12	8	41.68	9	42.42	9
水果和蔬菜	115.14	24	113.05	24	114.81	24
糖	13.71	3	11.98	3	11.96	2
咖啡、茶等	39.11	8	38.09	8	37.99	8
动物饲料	22.50	5	24.08	5	24.30	5
其他杂项	32.85	7	33.31	7	34.43	7
饮料	58.79	12	59.65	12	59.84	12
油类	20.93	4	19.06	4	19.15	4
合计	479.76	100	477.52	100	479.17	100

数据来源：英国环境、食品和农村事务部，Agriculture in the United Kingdom 2019 - 2020。

通过表 4 - 9 和表 4 - 10 的对比发现，2017—2019 年，英国农产品的出口额呈现上升趋势，近三年出口占比最大的均为饮料产品，达到 34%，占比最低的油类，在 2019 年达到最低值 2%。在进口方面，水果和蔬菜的占比最高，近三年的进口额浮动甚微，占比一直保持 24% 不变，其次是肉类进口占比为 14%，两者占据了英国农产品进口的大部分份额。

为更好地了解英国农产品进出口现状，本文在此将农产品的进口地区划分为欧盟国家和非欧盟国家，如表 4-11 和表 4-12 分别列示了以 2019 年价格计算的英国与欧盟和非欧盟国家的食品、饲料和饮料贸易价值。

表 4-11　英国与欧盟国家的食品、饲料和饮料贸易价值（以 2019 年价格计算）

单位：亿英镑

类别 ＼ 年份	2015	2016	2017	2018	2019
出口					
肉和肉制品	13.23	13.42	15.17	15.46	15.38
奶制品和鸡蛋	10.28	10.48	13.63	15.04	15.05
鱼和鱼制品	9.95	12.33	13.88	12.97	13.45
谷物和谷类食品	15.31	16.71	15.20	15.51	17.42
水果和蔬菜	7.61	8.75	9.81	10.09	9.82
糖类	3.02	3.13	3.14	3.37	3.13
咖啡、茶等	9.56	10.51	11.20	11.44	11.12
动物饲料	6.64	7.03	7.70	8.44	7.41
其他	11.85	13.04	13.98	14.20	13.88
饮料	25.65	27.28	28.98	29.36	29.83
油类	4.87	4.68	5.31	5.49	5.05
合计	117.96	127.36	137.99	141.38	141.55
进口					
肉和肉制品	50.07	53.18	57.67	56.94	54.94
奶制品和鸡蛋	28.04	28.81	33.16	34.43	32.92
鱼和鱼制品	9.10	11.02	11.31	11.12	12.10
谷物和谷类食品	27.98	28.67	31.74	33.59	33.02
水果和蔬菜	62.11	68.48	71.82	71.39	73.40
糖类	8.39	7.88	9.28	8.26	8.05
咖啡、茶等	22.45	23.60	26.59	26.05	26.46
动物饲料	12.62	12.26	13.17	13.50	13.71
其他	27.51	28.46	26.92	27.11	27.71
饮料	41.14	43.60	42.85	43.20	43.80
油类	8.89	9.18	11.58	10.74	10.62
合计	298.30	315.15	336.08	336.33	336.73

数据来源：英国环境、食品和农村事务部，Agriculture in the United Kingdom 2019-2020。

表 4-12 英国与非欧盟国家的食品、饲料和饮料贸易价值（以 2019 年价格计算）

单位：亿英镑

类别 \ 年份	2015	2016	2017	2018	2019
出口					
肉和肉制品	2.49	3.25	3.63	3.65	5.31
奶制品和鸡蛋	3.62	4.13	4.56	4.21	4.88
鱼和鱼制品	4.53	5.04	5.93	5.26	6.60
谷物和谷类食品	7.47	7.58	6.85	6.30	7.06
水果和蔬菜	2.86	3.09	2.87	2.79	2.91
糖类	1.04	0.96	0.99	1.23	1.30
咖啡、茶等	3.82	3.97	4.26	4.30	4.37
动物饲料	3.19	4.84	6.45	3.63	3.87
其他	5.81	6.28	6.83	7.36	8.17
饮料	42.69	45.07	46.81	48.56	49.28
油类	0.85	1.11	0.94	0.84	0.78
合计	78.37	85.31	90.14	88.13	94.52
进口					
肉和肉制品	13.56	12.68	12.23	12.27	11.42
奶制品和鸡蛋	0.43	0.43	0.29	0.45	0.41
鱼和鱼制品	19.82	21.51	21.95	21.40	22.48
谷物和谷类食品	6.30	6.18	8.38	8.10	9.40
水果和蔬菜	36.73	40.87	43.32	41.66	41.41
糖类	4.36	4.39	4.43	3.72	3.91
咖啡、茶等	11.37	12.64	12.53	12.04	11.53
动物饲料	8.08	8.86	9.33	10.58	10.59
其他	4.83	5.55	5.93	6.19	6.73
饮料	14.43	14.43	15.94	16.46	16.04
油类	7.19	7.46	9.35	8.32	8.53
合计	127.09	135.00	143.68	141.19	142.44

数据来源：英国环境、食品和农村事务部，Agriculture in the United Kingdom 2019-2020。

对比 2015—2019 年英国与欧盟国家和非欧盟国家的进出口贸易可以发现，英国与欧盟国家的出口额总计接近英国与非欧盟国家出口额的 1.5 倍，进口额方面是非欧盟国家的 2 倍左右。无论是在欧盟国家还是非欧盟国家的进口贸易中，蔬菜和水果的进口量都是最高的，饮料的出口量是最高的。

二、主要产品结构

近几年，许多商品的出口额普遍同比增长。然而，2014 年和 2015 年由于全球经济市场放缓和汇率影响，许多部门的大宗商品价格下跌。随后几年，大多数主要产品类别都恢复了出口增长。英国是欧盟最大的绵羊肉和山羊肉生产国，占欧盟总产量的五分之二，同时是小麦、牛奶、牛肉和小牛肉的第三大生产国，仅次于法国和德国。本节对农产品的贸易结构进行比较分析，通过进出口的划分寻找存在的优势与不足。表 4-13 和表 4-14 列示了 2015—2019 年英国主要农产品的进出口贸易额与贸易量。

表 4-13　2015—2019 年英国主要进出口商品贸易额（以 2019 年价格计算）

单位：亿英镑

类别	年份	2015	2016	2017	2018	2019
威士忌	进口额	2.41	1.81	2.35	2.20	1.91
	出口额	42.68	43.41	46.50	49.08	50.33
葡萄酒	进口额	32.58	32.43	33.46	33.67	34.82
	出口额	4.83	5.15	5.84	6.30	6.56
奶酪	进口额	14.09	14.37	16.27	17.31	17.26
	出口额	4.86	5.29	6.40	6.88	7.08
禽肉	进口额	11.58	12.27	12.22	13.04	12.13
	出口额	2.64	2.65	2.92	3.05	3.02
禽肉制品	进口额	9.89	10.26	10.99	11.00	11.56
	出口额	1.25	1.15	1.29	1.41	1.22
牛肉	进口额	11.17	10.77	11.15	11.89	9.97
	出口额	3.70	3.91	4.21	4.43	4.64
小麦（未研磨）	进口额	2.85	2.58	3.56	4.62	2.50
	出口额	2.87	4.05	1.07	0.64	1.83
羊肉	进口额	4.24	3.66	3.84	3.80	3.12
	出口额	3.27	3.47	4.00	3.74	3.99
猪肉	进口额	6.63	8.24	9.81	8.69	9.51
	出口额	2.14	2.67	3.05	2.97	3.92

（续）

类别	年份	2015	2016	2017	2018	2019
早餐麦片	进口额	2.47	2.70	2.85	3.04	3.19
	出口额	3.99	4.09	4.46	4.91	4.83
牛奶和奶牛	进口额	1.25	1.11	1.53	1.83	1.40
	出口额	2.09	2.09	3.36	3.51	3.33
培根和火腿	进口额	5.80	5.85	5.83	5.54	5.64
	出口额	0.41	0.44	0.56	0.63	0.66
黄油	进口额	2.84	2.95	3.79	3.67	2.90
	出口额	1.25	1.66	2.32	2.80	2.57
鸡蛋和蛋制品	进口额	2.06	1.83	1.82	1.75	1.52
	出口额	1.05	0.68	0.86	1.00	1.12
新鲜蔬菜	进口额	22.65	24.52	25.01	25.13	25.38
	出口额	1.05	1.15	1.15	1.32	1.28
新鲜水果	进口额	33.27	38.34	39.94	38.55	38.82
	出口额	1.04	1.19	1.57	1.59	1.55
三文鱼（含烟熏）	进口额	3.55	5.06	5.15	5.24	6.04
	出口额	5.29	6.11	7.49	6.47	8.22

数据来源：英国环境、食品和农村事务部，Agriculture in the United Kingdom 2019－2020。

表 4－14　2015—2019 年英国主要进出口商品贸易量

单位：万吨

类别	年份	2015	2016	2017	2018	2019
威士忌	进口量	2.3	1.6	2.1	2.0	1.9
	出口量	33.3	35.2	36.3	37.4	38.2
葡萄酒	进口量	144.4	142.7	138.8	141.6	141.9
	出口量	9.7	8.1	9.9	12.1	10.1
奶酪	进口量	49.4	49.0	49.4	52.3	53.6
	出口量	15.2	16.4	17.1	19.0	20.8
禽肉	进口量	45.3	49.2	47.4	48.8	47.0
	出口量	30.5	30.4	35.2	37.3	39.2
禽肉制品	进口量	33.7	36.3	37.2	37.5	38.1
	出口量	4.5	3.9	4.9	5.4	3.7

（续）

类别	年份	2015	2016	2017	2018	2019
牛肉	进口量	26.9	26.4	27.4	29.0	25.3
	出口量	10.0	11.0	10.6	11.0	13.6
小麦（未研磨）	进口量	158.2	148.2	189.3	248.6	122.1
	出口量	200.2	293.5	64.6	35.8	111.1
羊肉	进口量	9.3	9.0	8.0	7.8	6.3
	出口量	7.9	7.8	9.0	8.3	9.5
猪肉	进口量	37.1	43.9	46.6	45.7	44.8
	出口量	18.7	20.6	21.6	21.8	24.4
早餐麦片	进口量	13.5	13.9	13.6	14.7	15.0
	出口量	15.6	15.2	16.4	18.6	19.1
牛奶和奶牛	进口量	20.6	15.0	26.7	31.4	22.8
	出口量	66.5	64.6	85.0	88.1	86.2
培根和火腿	进口量	25.1	24.3	22.0	21.5	19.3
	出口量	1.6	1.6	1.9	2.1	1.9
黄油	进口量	10.6	9.9	9.1	8.4	7.9
	出口量	5.0	6.5	5.5	6.2	6.9
鸡蛋和蛋制品	进口量	10.7	10.0	9.7	8.9	8.4
	出口量	1.8	1.7	2.3	5.4	9.2
新鲜蔬菜	进口量	225.6	236.9	218.4	226.8	231.0
	出口量	15.3	15.5	12.9	14.5	14.2
新鲜水果	进口量	368.5	384.7	398.4	366.1	363.6
	出口量	12.8	14.0	17.4	15.6	16.1
三文鱼（含烟熏）	进口量	6.8	8.1	7.4	7.6	9.2
	出口量	11.2	10.5	11.6	10.0	12.4

数据来源：英国环境、食品和农村事务部，Agriculture in the United Kingdom 2019－2020。

2019 年，威士忌的出口价值实际增长了 2.5％，达到 50 亿英镑，是价值最高的进出口商品。按实际价值计算，这比 2010 年高出 22％。英国在 2018 年鲑鱼行业面临挑战的一年后，全球对英国鲑鱼的需求恢复强劲，鲑鱼出口额增长 27％，达到 8.22 亿英镑。由于国内供应改善和需求有限，2019 年未碾磨小麦的出口价值实际增长了 185％，达到 1.83 亿英镑。由于全球对英国奶制品的强劲需求，奶酪出口实际增长 3.0％，达到 7.08 亿英镑。新鲜水果和新鲜蔬菜进口实际增长 0.8%，达到 64 亿英镑。很多商品的进口价值与 2018 年大体相似。由于国内供应良好，未经碾磨的小麦进口实际下降了 46%，至 2.5 亿英镑。2019 年，作为高价值商品，葡萄酒进口价值在 2018 年实际增长了 3.4%，达到 35 亿英镑，而从英国出口的葡萄酒实际价值增长了 4.2%，达到 6.56 亿英镑。

2019 年，食品、饲料和饮料出口总量增长 12% 至 153 亿吨，出口额呈逐步增长的趋势，2019 年比 2010 年增长 5.9%。近年来，进口量也在不断增加，2019 年的进口量为 410 亿吨，比 2010 年增长 21%。食品、饲料和饮料指数是衡量所有食品类别总贸易额的单一指标，按各组的价值加权发现高价值出口（如威士忌）比低价值出口（如小麦）在指数中的权重更大。根据该指数，2019 年食品、饲料和饮料出口比上年增长 2.2%，进口增长 0.2%。

食品、饲料和饮料贸易涉及范围广泛，可以将食品分为未加工食品、轻加工食品和高度加工食品，其出口额信息见图 4-4。

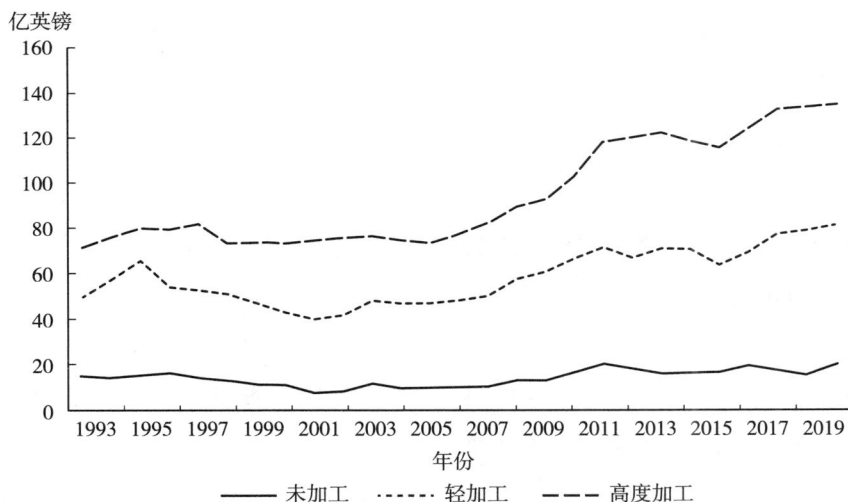

图 4-4　按加工程度划分的食品、饲料和饮料出口额

数据来源：英国环境、食品和农村事务部，Agriculture in the United Kingdom 2019-2020。

2010 年至 2019 年间，糖果、肉类罐头、果酱、酒精饮料和冰激凌等高度加工食品的实际出口额增长了 32%。轻加工食品（即保留其原始可识别形态的商品，如肉、奶酪、黄油和油脂）的出口额增长了 22%。未加工食品（如新鲜水果和蔬菜、坚果、未碾磨谷物和鸡蛋）的出口额增长了 17%（图 4-5）。

2010 年至 2019 年间，高度加工食品的进口额增长了 28%，轻加工食品的进口增长了 15%，未加工食品进口额增长了 26%。

亿英镑

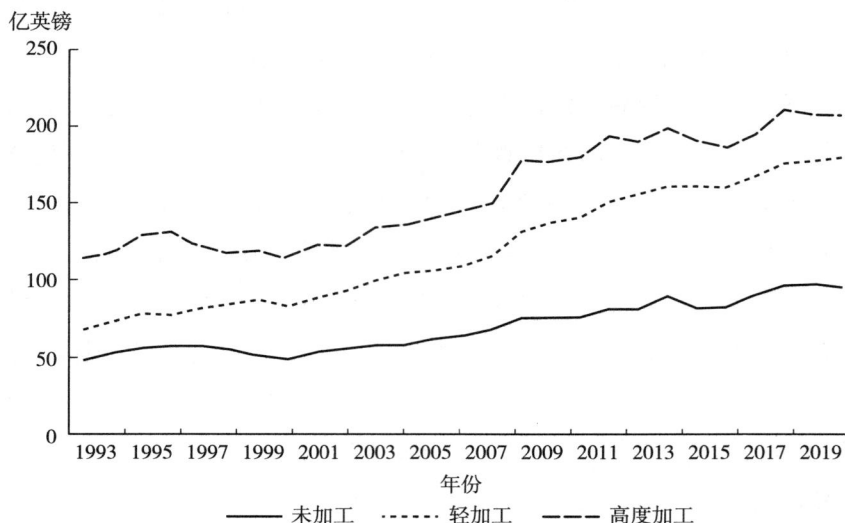

图 4-5　按加工程度划分的食品、饲料和饮料进口额

数据来源：英国环境、食品和农村事务部，Agriculture in the United Kingdom 2019-2020。

三、主要市场结构

英国农产品国际贸易伙伴比较集中，主要集中在欧洲，尤其是欧盟，2019 年，英国 60％的食品、饲料和饮料出口到欧盟国家，40％出口到非欧盟国家。同期英国进口的食品、饲料和饮料中有 70％来自欧盟，30％来自非欧盟国家。非欧盟国家中，较大的贸易伙伴有美国、挪威、加拿大、俄罗斯等国。中国与英国的农产品贸易额比重不大。

欧盟统计局最青睐的农业收入衡量指标是"指标 A：农业要素实际收入指数，每年度工作单位"。这一指标为农业的财政可持续性提供了重要的见解。指标 A 相当于农业每年度工作单位的实际净收入（即经通货膨胀调整）。它是农业部门的部分劳动生产率指标，也是衡量盈利能力的一致性指标，可在不同国家或地区之间进行比较。农业净收入的计算方法是从农业产出（生产）价值中扣除中间消费（购买用于生产的商品和服务）以及固定资本消耗，并调整补贴和间接税。年度工作单位表示在农场上使用的劳动力调整为全职当量。每个年度工作单位的实际收入（指标 A）表示每单位劳动获得的收入。

图 4-6 显示了自 2010 年以来英国和欧盟（28 个国家）的指标 A 指数

（假设 2010 年＝100），其中包括影响英国农业收入的欧元/英镑汇率。自 2010 年以来，英国农业净收入的变化是相对稳定的。

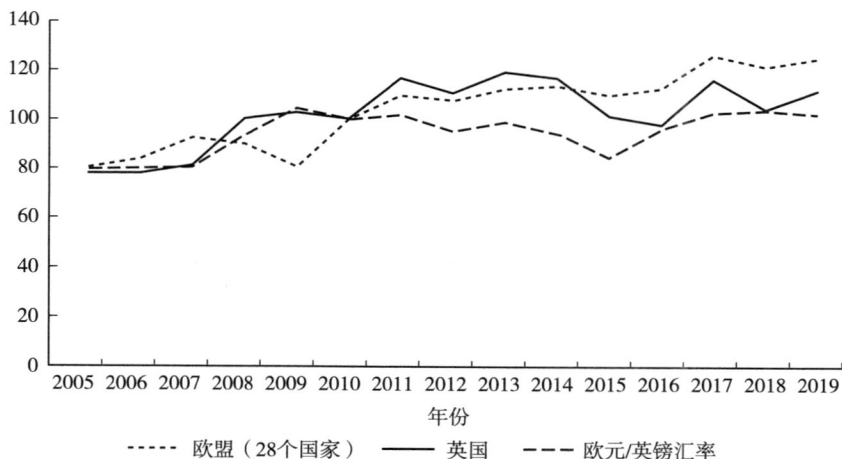

图 4-6 2005—2019 年英国与欧盟（28 个国家）农业活动收入指数变化趋势情况（2010＝100）

数据来源：英国环境、食品和农村事务部，Agriculture in the United Kingdom 2019-2020。

英国食品、饲料和饮料的主要出口目的地如图 4-7 所示。前十大国家中有七个是欧盟成员国，美国、中国和澳大利亚是欧盟以外的主要目的地国。

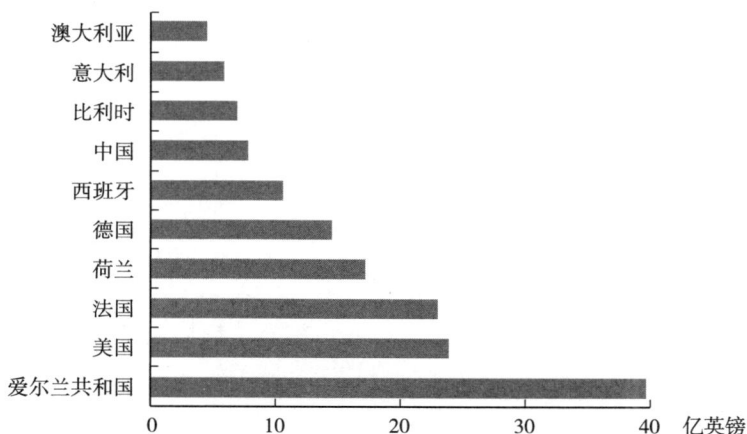

图 4-7 2019 年英国食品、饲料和饮料出口额（按目的地国）

数据来源：英国环境、食品和农村事务部，Agriculture in the United Kingdom 2019-2020。

图 4-8 显示了 2019 年向英国出口食品、饲料和饮料价值最高的国家。除美国外，其他国家都是欧盟成员国。

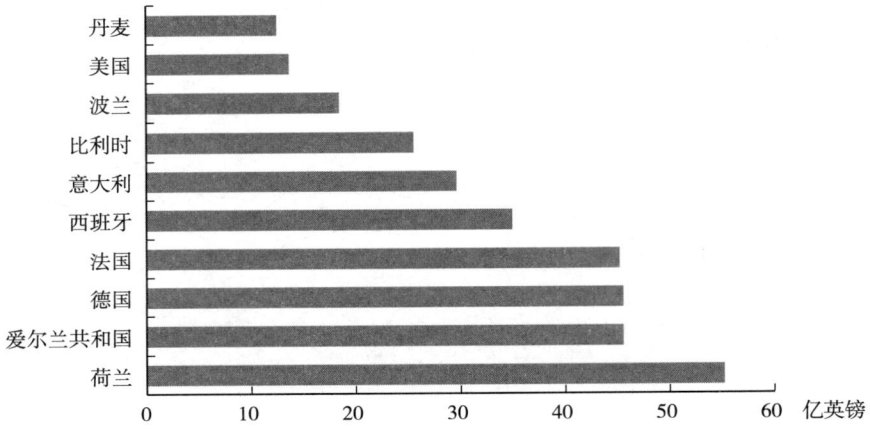

图 4 - 8　2019 年按发货国划分的食品、饲料和饮料进口额

数据来源：英国环境、食品和农村事务部，Agriculture in the United Kingdom 2019 - 2020。

第五章 CHAPTER 5
农业科研、推广及教育 ▶▶▶

农业科研能力的加强、新技术和新成果的普及和推广、农民素质的提高是加快农业发展的重要因素。英国农业发展的历史也鲜明地验证了这一点。进入20世纪以后，英国农业在雄厚的工业技术基础上建立起了比较完整的农业支持保护体系、健全的农业教育体系和强大的科研队伍。在比较完善的农业科研、推广及教育体系的支撑下，英国农业快速步入现代化时代。

第一节　农业科研与开发

一、科研领域及科研水平

随着科学技术的不断发展，英国农业发生了显著变化。高科技的不断更新与发展，带动了生物技术、信息技术等高新技术成果不断向农业领域渗透、扩散，形成了农业高技术产业。

（一）农业基础理论与生物科技

20世纪90年代以来，英国在农业基础理论和生物技术方面进行了大量的研究，英国生物技术和生物科学研究理事会（BBSRC）明确将农业与食品安全、工业生物技术与生物能源、服务健康的生物科学作为优先研究领域，并在2017年宣布投入3.19亿英镑支持未来五年的生物科技发展，以增强英国的国际竞争力，应对人口增长、化石能源替代和老龄化等全球挑战，促进领先生物技术概念的市场转化，解决人类所面临的食物和其他重大农业问题。近年取得了以下几方面的进展。

1. 动、植物基因图谱的绘制

研究人员发现 750 种标记物并确定了许多重要基因的位点，已确定的基因有矮化基因、抗病基因、抗逆基因等。植物科学研究所的剑桥试验室和农业遗传公司等单位合作，完成了小麦基因图谱的测定。他们下一步工作是确定大麦、燕麦、豌豆、粟和水稻等的基因图谱。在有自动频率比控制的（AFRC）动物生理和遗传学研究所参加的全欧洲育种方案中，对猪的基因组进行基因位点和遗传连锁分析。其目的在于对理想性状的早期选择或将一种属性优良的基因转移到另一个种属的基因组中，从而提高生产性能。

2. 植物基因的转座子标记研究

主要是用移动脱氧核糖核酸（DNA）即转座子插入特定的基因组做标记，从而确定各种表型性状的基因位点，应用于早期选择或进行分离、测定、合成或转基因等工作。

3. 转基因动物和植物育种

将特定的外源 DNA 通过各种方法导入受体细胞或组织中，从而使其表现特定的性状或生产特定的产品。如杜伦大学植物分子生物学试验室将鸡蛋白中溶菌酶基因导入马铃薯基因组中，从而使马铃薯合成溶菌酶，起到防止细菌和真菌感染的作用。

4. 生物技术新产品的开发研究

通过基因工程、酶工程和细胞工程等生产的新产品很多，而且是当今的研究热点之一。如 John Innes 研究中心已签订和克隆了豌豆胚中淀粉合成酶的基因，从而生产不同结构的淀粉，其中之一是抗淀粉酶的淀粉。不同结构淀粉的生产也为研究淀粉结构与功能的关系提供了一个途径。由生物技术和生物科学研究委员会资助的食品研究所和 John Innes 研究中心与植物生物科学有限公司合作，将西兰花从实验室带到超市货架上。2011 年开始，英国超市就开始出售恩波利特西兰花，它是由标准栽培西兰花和西西里岛野生西兰花杂交而成的。在欧洲、美国和墨西哥的 50 个地点进行的广泛实地试验发现，这种西兰花的萝卜硫素（一种被认为可以改善心血管疾病和降低癌症风险的化合物）的产量是其他品种的 2 倍到 3 倍。食品研究所和诺里奇研究公园的合作伙伴正在继续研究萝卜硫素和西兰花的健康益处。

5. 生物膜的研究

AFRC 动物生理和遗传学研究所通过对生物膜、有肠细胞氯离子运输因子和分子免疫学进行研究，发现两种类似纤维囊泡跨膜调节因子蛋白，一种蛋白与肿瘤化疗试剂排斥有关，另一种与细胞识别外来物质反应有关，牛津的分子医学研究所正在研究 P-多糖蛋白，也是一种细胞运输蛋白。

6. 从分子生物学水平研究家畜的发病机理

AFRC 动物疾病研究所对口蹄疫病毒的分子生物学研究发现，这种病毒能调控核糖体合成自身的蛋白而抑制合成寄主细胞的蛋白。其关键在于核糖体识别病毒和寄主细胞信息分子的机制不同，发现了蛋白合成的一个新的调控因素。英国剑桥和德国马普生物物理化学研究所的研究者开发出被称作 Trim-Away 的蛋白质编辑新方法，为未来利用抗体治疗疾病开辟了新途径。

7. 用新技术研究食品的变化

AFRC 食品研究所用新开发的两种核磁共振技术可直接测定在脱水、再水化、蒸煮或贮藏期间食品中水的再分布，并可测定其中低分子量物质的变化，从而控制食品中微生物的生长，提高食品质量。

8. 先进的育种技术研究

John Innes 研究中心广泛采用杂交、分子技术、下一代测序、减数分裂、基因编辑、转基因、表型（无人机）、大数据等育种技术，培育出具有适应水、有效利用养分、碳排、新能源、环境友好和特定用途等品质的小麦新品种，同时还开展了小麦耐抗旱性基因育种研究。英国基因分析中心通过基因测序、基因显形、田间病理组学等方法，培育抗条锈病的小麦品种，有效解决小麦病害问题。英国的植物科学组织与英国大学和植物科学研究所以及工业界的伙伴建立了一个育种平台，以加速在商业植物育种计划中吸收新的技术，研究发现了一个小麦转化的社区资源，它提供了欧洲最有效的转基因小麦技术，该技术可以用于研究和商业应用，研究中心与泰格公司、莫利农业基金会、国家农业植物研究所创新农场合作，帮助将植物研究创新转化为商业应用。

9. 生殖技术

生殖技术包括人工授精、精液冷冻、精液性别、多次排卵、胚胎移植、冷冻胚胎和卵子以及体外受精。其中一些（人工授精、精子和胚胎冷冻、胚胎移植）被广泛应用于主流动物育种，但它们的成功和应用在不同物种之间存在差异。例如，冷冻精液应用在牛身上非常成功，但在绵羊、山羊、猪、马和小马上，妊娠率显著降低。多重排卵和胚胎移植是通过给予一个过程的激素，以促进超排卵，从而导致增加数量的卵子被卵巢释放。由于反刍动物产仔数小得多，因此胚胎移植在反刍动物中的应用不仅是成功的，而且比在猪身上的应用更为重要。事实上，在胚胎移植项目中，使用牛群/羊群中遗传价值最高的雌性作为胚胎捐赠者，可以显著提高遗传改良率。英国最近在鸡身上取得的研究进展表明，分离和冷冻原始生殖细胞（pgcs）可能为家禽生物数据库材料提供另一种方法。pgcs 是一种特殊的干细胞，可以从第三天的胚胎中分离出来，并根据个体胚胎的性别最终分化为精子或卵子。在分离后，这些 pgcs 可以培养和冷冻保存，解冻后转回第三天"受体"鸡胚胎，与受体鸡自己的 pgcs 一起发育和分化成配子（卵子或精子）。因此，一些配子将从供体品种中获得，并可以允许最初采用低温保存培养的 pgcs 的品种再生。

10. 基因编辑技术

英国农业生物科技公司推出了突破性的 GEiGS™平台，通过结合基因编辑和 RNAi 技术应对全球作物保护挑战，该平台与所有现有基因编辑工具兼容，并允许非转基因编辑 RNAi 基因，并将其沉默功能引向新的靶标，包括昆虫、病毒、真菌甚至植物自身的基因。通过分析植物的基因组数据来确定非编码基因只需对数十亿个核苷酸中的少数几个核苷酸进行更改，从而获得理想的新基因，大大简化了基因编辑过程，同时它能解决植物面临的关键疾病问题，克服传统基因编辑技术所带来的时间和成本限制，从而实现一系列强大的新作物保护和作物改良应用。

罗斯林研究所的研究人员使用了新的"基因组编辑"技术来针对猪基因组的特定变化，这些发现被用于设计更强的抗非洲猪瘟的能力。目前英国一个研究组领导的合作项目利用胚胎基因编辑技术，将家养猪相关基因中的三个核苷酸碱基改变为"野生型"，成功培育出了基因不育的雄性猪。同时还利用这项技术成功地培育具有其他特征的动物，这些特征可能对管理农场动物遗传资源产生直接影响，比如基因不育的宿主。

英国的研究人员已经成功地培育出了一些母鸡，它们虽然不能发育自己的性腺，但在其他方面都非常健康。研究小组进一步证明，当从一个稀有品种中解冻的低温保存的雌性原始生殖细胞在一个特定的早期阶段插入到一个编辑胚胎的发育中，得到的母鸡会发育出性腺并能够成功地产蛋。当母鸡被同一稀有供种的雄性精液受精时，生出的后代只携带这一稀有低温保存品种的遗传物质。因此，这些无菌禽类在稀有品种的保护和高价值商业遗传品系的生物安全方面可以发挥重要作用，因为它们提供了一种利用低温保存原始生殖细胞进行恢复的有效手段。基因组编辑也被用于家畜（主要是猪，也包括羊和其他物种），以产生大型动物生物医学模型（携带和显示人类遗传疾病的动物）。这为人类医学提供了一种能够加速研发新药物和治疗手段的方法。

11. 基因组技术

随着基因组技术的进一步发展，各种牲畜物种的更详细的基因组图已经开发出来（包括基因和 SNP 位置以及基因组不同部分的生物功能信息），一系列的基因组工具已被开发用于大多数牲畜物种。测序整个基因组的成本通常在 1 000 英镑左右，甚至更少。此外，牛、鸡、羊、猪和马的高、中、低密度 SNP 芯片已上市销售，山羊的中、低密度芯片也已上市销售。使用 SNP 芯片的新基因组标记技术能够对均匀分布在单个动物整个基因组中的大量 SNP 进行快速和详细的同步分析。这与统计分析的发展结合起来，产生了一种称为"基因组选择"的方法，它利用一个相对较大的"训练群体"（至少 1 500～2 000 只有基因关联的动物），将感兴趣的特征与所有 SNP 关联起来，以估计每个特定的 SNP 对兴趣特征的影响。随后，计算和使用单个动物携带的所有 SNP 的综合效应，单独使用或与单个动物性能结合使用，作为选择最理想育种动物的基础。

广泛的基因组工具还开发新颖先进的统计方法，允许实现高水平的福利而不需要完全的基因组序列中所有的动物种群，这一过程被称为归罪，采用分层的方法使用基因工具。例如，在一个奶牛种群中，全基因组测序可以用于分析广泛使用的大父系、高密度芯片用于它的儿子，中或低密度芯片用于它们的女儿的 DNA。将系谱信息与基因型相结合，可以推断出饲养金字塔中较低位置动物的高密度基因组序列或 SNP 信息，从而进一步提高所生成 PTA 的准确性。除了用于选择目的，SNP 分析也被广泛用于定义品种及其亲缘关系。它可以在品种和品种产品认证中发挥重要作用。提供了一种更精确的方法（与单独的系谱分析相比）来评估一个给定种群内的个体的亲缘关系，以及一个品种和物种内的遗传多样性水平。这种方法需要在一个繁殖种群内的个体之间进行 SNP 图谱的比较。它可能对"濒危品种"的保护特别重要，因为它为育种者提供了一种技术来监测和维持它们和生物库中的遗传多样性。

（二）数字技术

数字技术就是农业广泛利用计算机技术、网络技术进行数字化的数据处理、农田作业以及农场管理。数字技术的基础在于收集农业生产各个方面的数据，包括植物、气候、土壤、牲畜和机器设备等。近年来，由于测量和传感器技术不断发展，英国农业和农业机械领域在此方面取得了长足的进步。受人口增长、环境保护、技术进步、劳动力成本上升等的影响，英国一些初创企业开始尝试机械化、智能化的农业种植和生产，开发了小型机器人、传感器、数据处理系统等"工具包"，促进了英国农业的数字化。2013 年英国发布的农业科技战略，提出有必要将农业和自动化结合起来，开发更少依赖人力和干预的生产系统。数学和计算的应用对于生物解码植物、动物和微生物基因组是必不可少的。英国被公认为是农业信息学快速发展领域的全球领导者，也是可持续发展循证指标的发展领导者。为推动更好的监管和创新激励，帮助英国开发大数据和信息学的潜力，并成为全球卓越中心，英国建立了农业信息学和可持续性度量中心，在农业信息学和建立度量技术方面走在全球前列，通过这些度量和技术可以评估可持续集约化的进展。

信息学是从大型综合数据集的研究中获得见解的整理和应用，已经给农业的遗传学、经济学、农学、水文学和土壤科学等方面带来好处。世界各地的重要研究正开始将农业信息学作为一个快速新兴的领域，而英国在这方面具有巨大的优势。在农业领域，英国使用信息学的方法来识别与作物中理想性状相对应的基因序列，例如抗病性和适应气候变化的能力。从实验室到农场再到零售商产生的大量数据能够推动整个农业技术领域的创新。在单个农场层面，更精确的数据越来越多地用于提供符合监管、质量保证和可追溯性要求的证据。在总体水平上，经过适当的汇集、结构化和挖掘，大型数据集可以确定研究、开发和创新的新领域。

农业机械化或农业工程被认为是 20 世纪的伟大成就之一。通过结合不同学科的技术进步，英国在农业工程上有巨大的增长潜力。农业工程可以通过更广泛地采用最佳实践来帮助提高英国的生产率，例如先进的喷嘴设计和全球定位系统指导。它也有助于发挥英国在精准农业、遥感技术和机器人应用方面的优势，分享新兴市场。

在 2013 年的农业技术战略和 9 000 万英镑工业战略挑战基金转化粮食生产倡议的基础上，英国政府于 2020 年 2 月发布了《未来农业政策和进展更新》，制定新的创新研究和开发一揽子计划，以开展突破性的研究，并增加转化技术和新方法的吸收。该计划将吸引农民、林农、种植者和其他农业食品企

业的参与，并提供以尖端科学为基础的农民主导的新解决方案。该计划从
2022年开始初步实施。

英国环境、食品和农村事务部采取了一系列的行动数字化策略，如
表5-1所示。

表5-1　行动数字化策略

序号	策　略
1	在部门和交易代理委员会设立一位活跃的数字领导者，负责一些主要机构的管理责任，审查是否有必要在整个交付机构的董事会级别代表数字技能
2	从2013年4月开始，环境、食品和农村事务部致力于2个备受瞩目的示例交易开发——《共同农业政策实施计划》和《废物运输者，经纪人和交易商的注册》，服务经理将在新服务上线时就位，根据这些示例性开发的经验，审查其他大量交易
3	所有部门都将确保自己拥有适当的内部数字能力，包括专业技能。环境、食品和农村事务部在2013年夏季进行了一次信息收集练习并整合到《数字技能行动计划》中，以提高人们对数字技术的认识
4	内阁办公室支持跨部门的改进数字能力
5	对于交易部门，实施新的交易服务项目，2013年11月底发布Alpha代码（面向农村土地注册查看器），并于2015年1月为农民付款的CPA交付计划提供实时服务
6	从2014年4月开始，所有新的或重新设计的交易服务都符合默认数字服务标准
7	所有24个中央政府部门的公司发布活动于2013年3月移至GOV.UK，而代理机构和独立机构的在线发布在2014年7月之前移至GOV.UK
8	各部门将提高其数字服务的意识，环境、食品和农村事务部将采取步骤，使其客户更多地使用其提供的数字服务。特别着重于默认情况下推出新的数字化农村支付信息服务
9	环境、食品和农村事务部采取跨政府方式协助数字媒体，为很少或从未上网的人提供更多使用数字服务的方式
10	内阁办公室将制定新的采购安排，与更多的数字合作伙伴保持适当的商业联系，同时环境、食品和农村事务部将把数字服务框架纳入新开发的审查流程中
11	内阁办公室将领导一套新的通用技术平台，支持新一代的默认数字服务
12	内阁办公室将继续与部门合作，消除立法上的障碍，推动数字服务的发展
13	各部门将为其交易服务提供一套一致的管理信息，环境、食品和农村事务部将根据"默认数字服务标准"的要求，继续扩展其重要交易报告的信息
14	政策小组将使用数字工具和技术与公众互动，环境、食品和农村事务部将更多地使用数字工具（包括社交媒体）来进行政策制定和服务交付。这些将增强而不是取代更传统的非数字参与方法
15	将数字包容嵌入数字和辅助数字服务的提供中，确保将这些农村问题纳入本研究，特别是在农村支付方面
16	通过开放政府数据和交易来帮助第三方组织为其自己的用户创建新服务和更好的信息访问权限

（三）农业科研开发现状

英国目前注重可持续农业的开发，可持续农业是当今世界农业的一个重要研究课题，已经引起各国有关专家的广泛关注与深入探讨，目前对其理解日趋深入和广泛。2017 年，英国政府推出《产业战略白皮书》，提出"转变食品生产方式：从农场到餐桌计划，通过使用精准技术改变粮食生产，同时减少排放、污染、浪费和土壤侵蚀，加大对可持续农业投资的激励，使英国处于世界先进可持续农业的前沿，帮助英国拓展创新技术和市场，实现在推动粮食增长和出口的同时，为农民、环境和消费者带来利益"。

1. 提高生物学效率

主要是研究提高每单位应用氮的生物量产出，或者通过降低投入来减少环境污染和资源浪费。如 AFRC 草地和环境研究所通过对牧草安全基因研究，使牧草叶子在主茎死亡前一直保持青绿，同时抑制叶中蛋白和脂肪的代谢与输出，从而提高其饲养价值。随着农产品的剩余和工业原料的缺乏，英国科学家们提出了"生物精炼"的口号，如用谷物提炼纤维、蛋白、油或多糖成分，将茎秆制成纤维板或用作造纸原料等，将枝叶进行酶（纤维素酶和木质素酶等）处理，用作单胃动物饲料等。

2. 生物多样性研究

生物多样性研究对于市场开发、保护生态环境和保证持久农业资源开发都很重要。首先，英国越来越重视农田间（混）作和轮作技术的应用，通过建立数学模型研究最佳农林间作、农牧间作和林牧间作或三者间作等，充分发挥各自的优势，取长补短，从而达到防止水土流失和抗病虫害的效果。同时植物采光和养分利用也较合理，特别是用豆科植物和树叶等增强了土壤肥力，另外也减少了化肥和农药等的投入和其他不利因素影响，有利于维持生态平衡和可持续农业的发展。如 AFRC 耕地作物研究所正在培育一种可轮作的矮化柳树，能适应特殊的土壤，枝叶用作工业原料。其次，在进行动植物种属多样化的同时，也进行动植物产品的多样化。英国科学家通过生物技术使油菜籽作物生产塑料原料、药品、润滑油和化妆品等非食品工业原料。在动物身上也在研究利用牛奶或羊奶的生产过程来生产药品。

3. 环境和资源保护利用研究

环境和资源的保护是一个综合的系统工程，就农业而言包括土壤、肥料、农学、植保、生物学和生态学等多学科，或者说是对水文地质循环、大气和生物资源的研究。英国科学家在欧共体赞助下与丹麦、法国、德国和荷兰科学家合作，研究低投入农业对环境和资源的影响，发现生产投入少35％，机械投入少11％～21％，而产量仅下降7％。随着氮肥施用减少，作物叶子长幅缩小，降低了水分蒸发，减少了病虫害的侵害面，降低了农药用量，增加了害虫天敌——蜘蛛、甲虫和食蚜蝇的数量，同时土壤中蚯蚓数量增加，土壤结构改善，不利因素是杂草增多，虽然在可控制范围之内，但需要研究解决。

环境保护的一个重要方面是综合生物防治措施的实施。在英国主要有抗病虫害基因植物的培育，昆虫外激素和天敌的使用，如溶菌酶基因在马铃薯中的导入，各种抗病虫害基因在果树、作物和蔬菜中的导入。外激素主要用于扰乱害虫的求偶信号，降低其繁殖率，或者是吸引害虫进行诱捕，也有用害虫的警报信号进行驱虫。如 AFRC 耕地作物研究所与其他单位合作，已合成蛇麻草蚜虫的外激素。用天敌灭虫主要是用有益昆虫捕杀有害昆虫和应用真菌或细菌对害虫进行控制，这种方法特异性强，不易产生抗性。2018 年 1 月 11 日，英国政府颁布了 25 年环境计划——《绿色未来：改善环境 25 年规划》，提出英国的农业、林业、土地利用和渔业等领域将环境置于首位的发展模式。在可持续利用和管理土地，恢复自然和美化景观、人与环境结合以改善健康和福利，提高资源利用率，减少污染和废弃物，确保海洋清洁、健康和生物多样性以及保护和改善全球环境等六个方面来缓解环境压力，实现英国农业的可持续发展。

4. 生态环境监测、分析和预报研究

主要取得的研究成果如表 5-2 所示。

表 5-2　生态环境监测、分析和预报研究成果

研究成果	内　容
植物病原体监测	使用 EI，ISA 等检测技术，既方便又准确
水土监测	确定其中的养分、重金属、微生物、农药和胶体物等含量变化，并建立数学模型进行定性和定量预报，降低污染程度
集约化饲养场监测	包括温度、湿度、光照、噪音、有害气体和微生物，并建立数学模型，确定主要污染源的发生条件和动物所能容忍的最大限度等，保证动物健康和福利，减少应激和疾病

（续）

研究成果	内　　　容
生态环境监测	通过数学分析和模拟害虫及其天敌的迁移和季节分布，种植和养殖间的协作和互作，生态系统与农业系统间的关系等，以求得综合系统的平衡，保证可持续农业的发展
对农业生产、市场经济和大众社会综合系统的预测	将农业的各种投入、管理方式、环境因素、市场、政策变动等诸多因素进行综合考虑，预测在各个因素变化条件下，农业生产的产出和利益的变化，从而寻求最佳的投入、管理方式和销售或加工
食品监测	主要是研究食品质量的快速、准确检测法

5. 营养食品的研究

可持续农业也意味着为消费者提供优质、安全和廉价的食品。如 AFRC 的研究人员正在培育高产燕麦品种，因为燕麦中植物油含量高，必需氨基酸平衡性好，而且有降低血液中胆固醇的功能，很受消费者欢迎。再如，AFRC 动物生理和遗传研究所正在研究改善肉质的问题。由于过分强调吃瘦肉引起口感不佳（嫩度和香味下降），需要通过育种和饲养方法，增加肌间脂肪。此外，英国的研究人员正在用现代生物技术从细胞和分子水平上研究食物与胃肠道的相互作用，为食品营养和加工提供依据。同时，研究食物的防病和抗病作用日益受到重视，而且市场很广，特别是食物与癌变关系的研究最突出。

英国政府还注重粮食安全问题，2017 年 7 月英国生物技术与生物科学研究理事会（BBSRC）发布《农业与粮食安全战略框架》，提出未来英国农业将把全食物系统开发、提高农业和食物系统的可持续性及韧性研究、提高农作物和农场动物的健康和福利研究、提高食物的营养质量和安全研究、减少农业和食物系统中的浪费研究、遗传多样性研究、改善基因型确定作物表型的预测方法、支持农业中的智慧技术和精准方法等作为研究重点，以应对英国及世界食物系统面临的挑战。

6. 基于物联网技术的智能农业

采用温度传感器、湿度传感器、pH 传感器、光传感器、CO_2 传感器实现温室大棚控制系统，采用 RFID 等技术实现牲畜的动物识别和跟踪管理系统，采用二维码等技术实现农产品仓储管理、物流配送与追溯系统，借助无线传感网络、公众电信网等多种信息传输通道，实现海量农业信息的融合、处理。在农产品销售、仓储管理、物流配送与追溯中，广泛应用二维码技术，采用

EPC 码存储农产品的类别、生产日期和产地等信息，消费者可以通过手机、平板电脑等移动终端扫描农产品包装上的二维码，实时、准确地查询农产品产地、生产周期、检测等相关信息。另一方面，在农产品仓储设施、冷链系统中安装温度传感器、湿度传感器，实现仓储温度、湿度等环境指标的自动感知。应用物联网技术，还可以对农产品进行需求预测、库存信息动态管理、冷库运营日志记录等，并通过电脑上网或者手机联网，进行远程报警和自动控制，保证鲜活农产品的质量安全，极大地降低农产品损失率。

二、农业科技创新

（一）农业科技发展脉络

一直以来，英国十分重视农业科技的发展与应用，农业现代化水平很高，虽然农业产值占经济总量比重较小，但农业人均净增加值较高。为推动农业和农业科研工作，早在 1909 年英国就建立了发展委员会，并于 1931 年成立了农业科研事业管理委员会，专门负责管理农业研究工作。到 1964 年又成立了教育及科学部，负责统一领导农业科研和教育事业。

英国在不同的时期运用不同的农业科技政策以促进农业科技的发展。如表 5 - 3 所示。

表 5 - 3　英国农业科技发展脉络

时间	发展脉络
20 世纪 60 年代至 80 年代	英国农业研发投入的快速增长期，也是英国农业生产力的快速提高期，这一时期英国农业科技政策注重以提高农业生产力为目标的农业科研发展
20 世纪 80 年代中后期	这一时期英国农业研发回报率缓慢降低，英国农业科技政策的关注点也向环境保护、食物营养和农业温室气体排放转移
21 世纪以后	农业科学与技术迅速成长为世界上增速最快的市场之一，背后的驱动是人口的增长、新兴经济体的快速发展以及地缘政治不稳定引起的土地、水和能源的短缺，营养学、基因学、情报学、卫星图像、远程感应、气象学、精细农业等领域发生的重大技术突破也吸引着全球投资流向农业科技。在这样的背景下，英国政府于 2013 年发布了《英国农业科技战略》

（二）农业科技创新计划

英国环境、食品和农村事务部根据欧盟共同农业政策和英国农村战略的实际情况制定一系列的计划,旨在提高农民素质和竞争力、发展农村经济、改善农村社会环境。这一系列的计划包括农业环境建设的投资计划、有机物耕作计划、环境保护计划、农村林地奖励计划、农村企业资助计划、能源作物计划、农产品加工与市场开发奖励计划、农民职业培训计划、支持条件艰苦地区的补贴计划等。根据 2013 年颁布的《农业科技战略》,英国政府将增加作物和畜牧、基因组学、农业工程(传感器、自动驾驶汽车、机器人、精准农业)、遗传学、营养学、食品科学、作物和畜牧健康、育种、环境科学、人类健康学、功能食品、营养药品、清洁技术和废弃物产能、工业合成生物学等领域的投资力度,对此将采取四方面的行动:

第一,政府将投资 9 000 万英镑用于创建具有世界领先水平的农业创新中心,重点扶持食品加工与农产品供应方向的科技创新,其中 1 000 万英镑用于支持农业可持续信息中心的建设,首个创新中心将关注大数据。

第二,政府将投资 7 000 万英镑建立农业科技孵化机制,孵化机制与产业部门共建,将特别支持中小企业,其中 1 000 万英镑用于向发展中国家转移农业科技与新产品。

第三,成立农业产业指导委员会来统一协调农业技术各部门。

第四,在投资贸易署组建新的技术团队以促进英国农业科技的出口和海外投资。

以上方案均由包括农业和食品生产、工业、科学研究及政府等多方面代表组成的农业产业指导委员会部署落实。领导委员会还设定了一系列的短中长期的指标来衡量农业科技战略是否取得成功。从短期来看,要建立农业创新中心和农业科技孵化器,确定优先转化的农业技术并制定转化方案。从中期来看,农业创新中心要实现促进农业新技术市场化的职能,与新兴市场和发展中国家建立农业方面的合作伙伴关系,使国内与海外的研发和商业化投资得到一定的增长,提高农业科技出口绩效。长期指标则包括农业生产增长率要达到主要竞争对手水平,在农业科技创新和可持续农业方面成为全球领导者,农业科研与创新成果能被供应链快速吸收,建立完善的数据服务、知识共享和技术推广体系,此外管理体制改革能否有效保障对新产品和新技术的长期稳定投资也是衡量其农业科技战略实施效果的重要指标。

(三)农业科技创新路径

《英国农业科技战略》为英国在农业科技创新方面制定了一系列的目标与

原则：建立农业科技质量保证体系；强调农业科技创新的实际运用成效，促进农业科技成果转化；建立农业风险识别、控制与管理机制；建立农业数据库，在农业信息领域达到全球领先水平，建立农业环境可持续性的度量标准和技术；进行行政和财务改革以提高农业科技投资收益率；根据农业科技创新的需求，开展国内外科研合作交流，吸引海外投资，创立新一代合资企业；开发利用共享数据，鼓励技术、知识转移，加强技术推广，促进公众对农业科研活动的理解与支持。

同时，英国农业科技创新制定了主要的研究领域和研究方向，如表5-4所示。

表5-4 英国农业科技创新主要研究领域及研究方向

研究领域	研究方向
资源保护和技术利用	开展农业的节能减排技术、实现农业废物的循环利用、加强水资源的利用与开发、保护生物的多样性以及农村的景观和文化
海洋和沿海环境保护技术	开发水产业新品种培育技术，建立渔业资源评估体系，提高海洋资源的管理水平
农村经济和农村社区发展	建立农村经济环境数据库，展开影响农村经济社会发展的研究，包括农村经济与土地利用、农业政策与农村经济社会环境等
气候变化与环境危机	大气污染对自然界人及人体健康的影响、转基因作物技术对生态系统的影响、有害物品的处理与替代技术的开发
可持续农业和食品业	可持续农业生产技术、食品供应链与食品消费、动物饲养技术

在脱欧背景下，英国将未来农业发展方向定位为高标准的农业产业及农业环境。2018年2月，英国发布《健康与和谐：绿色脱欧，食品、环境及农场的未来》报告。该报告指出，英国政府计划将资源投入到包括高质量食品生产、农业高新技术应用、基于环境改善的农业技术研发、农业商业模式创新等领域，但仍然以农业科技创新作为英国乡村发展的重点。后脱欧时代，英国将加强在农业自动化和机器学习、数据科学、基因编辑等方面的科研力度，重点在改善农业发展环境、提高动物福利和农产品质量等领域进行研发，进一步改善乡村环境，促进农业发展。

（四）农业科技创新资源配置体系

在生物技术、信息技术等高新技术的推动和影响下，农业科技创新过程越来越需要整合多方面的力量与资源，通过学科汇聚的方式解决农业问题，因此基于融合理念的农业科技创新资源配置体系对农业科技的发展产生了重要影响。计划在未来5年投资9 000万英镑建设各类农业创新中心（表5-5），体现了英国政府通过融合的理念和方式配置农业科技创新资源的策略，通过整合多方力量和资源共同推动农业科技创新的发展，并将农业科技创新成果及时在全国范围内推广，提高了农业生产效率。

表5-5 英国农业创新中心

农业信息技术和指标可持续发展中心（2015）	由洛桑试验站、雷丁大学、苏格兰农业学院以及全国农业植物学会组建和运营，该中心整合了来自不同科研机构、大学和企业的优势学科技术，包括空间地理技术、传感技术、信息技术、大数据技术等，借助于这些技术将农业生产价值链中来自农场、农业企业、农产品销售商、消费者在生产、流通、销售等方面的数据进行整合之后，通过统计分析、模型模拟和可视化分析等方法对数据进行处理，为政府部门制定农业科技政策提供决策依据
畜牧业卓越创新中心	由洛桑试验站、苏格兰农业学院、北爱尔兰农业食品与生物科学研究所等12个研究机构组建和运营，吸引了包括跨国公司、国内中小企业等80多家企业和机构参与，通过与研究机构、产业界、农业协会等机构的合作形成了知识交换的合作网络
作物健康与保护创新中心	由洛桑试验站、纽卡斯尔大学、陶氏益农科技公司等16家单位合作组建和运营，该中心的主要研究领域为植物的健康与保护，减少病虫害对农作物的威胁
农业工程精准化创新中心	由苏格兰农业学院、克兰菲尔德大学、爱科农业机械公司等8家单位合作组建和运营，其主要任务是通过与研究机构、产业界、风险基金合作，整合各方在研发和创新方面的专业知识和经验，并建立孵化设施，将新的科技成果应用于生产实践，同时协同产业界进行农业食品研发，采用空间技术、卫星技术、自动化技术以及先进传感器技术，提升农业生产率和农业发展的可持续性

（五）农业科技创新措施

1. 引导农民应用新技术

运用欧盟共同农业政策给予的每年30亿英镑农业补贴，引导农民主动应用新技术。英国实行的是欧盟共同的农业政策，为保证农业科技创新的顺利开展，采取了以下的具体措施：第一，引导农民主动运用先进的农业技术，并给予相应的农业补贴。第二，利用先进技术重新配置农业资源，调整农业结构、优化生产要素、提高农业生产率、保障农产品的有效供给、维护消费者的合法权益。第三，根据欧盟共同农业政策的补贴计划，农民（最终用户）直接得到相应补贴，于是将补贴运用于寻求农业技术中，科研机构工作人员根据农民的需求将新技术推广到农民手中，农民得到了新技术从而提高了农业生产率，实现了科学技术向现实生产力的转化，同时完成了欧盟战略目标。

2018 年 3 月 14 日，英国政府公布了脱欧后的政策改革清单，将共同农业政策框架下基于耕种土地面积的直接支付转变为基于公共资金用于公共项目的间接支付，提高农业生产力的技术技能培训、提升动物福利的标准研究，以及支持乡村和高地社区农业技术发展的各种举措可以得到资助，但是包括农场支付、土肥法律法规、转基因生物种植和营销、有机产品认证、纯种家畜和胚胎产品的繁殖及交易规则、动物健康及可追溯性、动物福利、化学品管理、农药分类、农药使用、食品和饲料的安全卫生、食品标签、兽医资格认证、营养健康资格认证、植物健康、食物成分标准等 16 个农业科技领域会受到共同立法性框架的约束。

2. 健全的科技质量保障体系

科技创新是英国农业发展战略与政策制度的重要评价指标。早在 2004 年，英国就拥有健全的农业科技质量保障体系，该体系主要包括三方面内容：第一，英国农业科研投入坚持公开透明的原则，接受社会各界人士监督与检查；第二，农业科研成果必须由同行进行评价，不仅需要英国国内相关学术咨询人员的评价，而且需要世界优秀的农业学家进行评价；第三，英国科研成果必须得到明确的应用，要求农业科研人员将科研成果中可以实际应用的内容推广到农户、农业企业中，以农业科技创新带动英国农业发展。

3. 强化农业科技推广工作

从 20 世纪 80 年代起，英国政府就开始注重农户农田牧场的科技研究与开发工作，并根据农民的需要提供各类必需的咨询和技术支持，并把服务的内容拓展到包括市场信息，农场生产设计等方面。英国的农业科技推广体系也包含三方面内容：第一，研发有针对性的农业科技。英国科研机构在选择研发项目时，必须按照市场需求及农业发展需求有针对性地选择；第二，完善农业科研推广体系，包括农业科技推广机构、农业行业协会、农业服务咨询公司及各种农业科研机构协作企业等农业中介机构，通过高效的农业中介机构将科技新成果推广应用；第三，提高科研成果的市场转化率，加强科研机构、农业企业、农户以及政府管理的多级联动，形成各部门、各企业的密切配合，采用多种有效措施提高科研成果的市场转化效率，促进科研成果的推广应用。英国的农业技术推广工作包括育种技术服务、农场驻点技术服务、网络资金和商业培训支持服务四个方面。

4. 重视信息系统的建立

20 世纪 70 年代，英国政府开始重视农村、农业信息化建设，以加强农村基础设施信息化为重点，推动农业农村信息技术的普及，到 90 年代中后期，英国农村已基本普及互联网、移动通信网络和数字电视网络。2000 年以来，英国政府启动"家庭电脑"和"家庭培训"计划，构建"链接英国的宽带战略"国家信息化战略，英国农村已基本覆盖互联网、3G 网络技术，加速了农村信息网络的普及。英国环境、食品和农村事务部及商业、创新和技能部等政府部门与相关学术机构和农业生产、技术企业共同建立英国农业技术领导委员会，负责推动农业信息化发展的总体战略，英国商业、创新和技能部也在不断鼓励其他研究机构、农业企业和科技企业参与该中心运作。英国农村信息化战略和农村信息化基础设施的完善为实现农业信息化创造了条件，为农民使用和掌握新技术提供了平台。同时英国建立的农业信息网通过为农民、农场主、牧场主提供耕种、畜牧养殖等方面的信息，为农业生产服务，同时免费向农民提供技术服务和农产品市场信息服务，并加大对农村地区的扶持力度。

（六）后脱欧时代科技创新仍将是支撑英国乡村发展的关键

在脱欧背景下，英国将未来农业发展方向定位为高标准的农业产业及农业环境。《健康与和谐：绿色脱欧，食品、环境及农场的未来》报告。英国政府计划分阶段减少农业直接支付，将集中资源支持更有效的农业实践，包括高质量食品生产、农业高新技术应用、基于环境改善的农业技术研发、农业商业模式创新等。科技创新仍是未来英国乡村发展的重点。

一是围绕改善农业发展环境、提高动物福利和农产品质量等方面开展研发攻关。后脱欧时代，英国将进一步强化在农业自动化和机器学习、数据科学、基因编辑等方面的科技创新，加大研发支持力度，多举措促进成果转化。当前，英国对农业研发有税收优惠政策，20％的公司运营税在农业高新技术研发上可减半。进一步落实 2013 年英国政府启动的 1.6 亿英镑的"农业技术战略"，加强技术研发和创新平台建设。二是英国将进一步改善乡村环境，促进商业发展和乡村繁荣。具体措施包括改善农村宽带和 4G 网络等信息化基础设施条件，创建英国共享繁荣基金，作为英国工业发展战略的重要部分来支持乡村商业发展。三是强化职业农民培训。英国将进一步开展学徒制改革，提供更多的学徒机会、放宽学徒条件。同时，在新的职业战略中将农业作为重要的职业，提供相关建议和信息。鼓励企业参与到农民培训中，通过企业进行更精准的技术推广及指导。

第二节　农业推广

英国的农业推广制度在农业发展中起到至关重要的作用。虽然直接从事农业生产的劳动力仅占全国总劳动力很小的部分，但是依靠先进的农业技术，良好的农业机械化装备和管理，使得英国许多的农产品不仅能满足本国的消费需求，而且还向国外出口。英国政府在农业推广中承担了服务工作，从中央到地方都设置农业推广咨询机构，配备农业顾问。同时，用于农业开发研究、推广等服务工作的经费都由各级政府提供。

一、农业推广的历史沿革

英国在 18 世纪时工业发展水平和科学技术就已领先于世界各国。因此，在欧洲，英国也是最早从事农业推广工作的国家，这一时期的农业推广进展缓慢。到了 18 世纪中期，在产业革命的推动下，一些地区建立了农业协会，开始研究农业生产中存在的问题，并传播、推广农业新方法和新技术。

19 世纪中叶，英国人的主食马铃薯受到了真菌的感染，这种状况给当地居民造成了巨大的灾难。爱尔兰皇家农业改良协会提出了战胜饥荒，用其他粮食来代替马铃薯，鼓励发展畜牧生产，改善小农户贫困生活的设想。皇家农业协会制定了农业科技推广工作计划，并组织力量在各地实施。这项农业科技的推广工作取得了良好的效果，农业生产得到了迅速的恢复和发展。

工业革命的迅速发展，为农业的进一步发展提供了装备和条件，这些装备和条件在农业生产中得到了普及和推广，推动了农业的发展。许多优良农牧品种的发展和推广，也对农业发展起到了推动作用。

第二次世界大战期间，英国国内食品供应紧张，海上航运遭到封锁，不得不实行最严格的粮食配给制。为了改变这种状况，增加粮食生产，英国的农业科研机构也作为农业科技推广机构，很快发挥了应有的作用，如到全国推广农业技术，调配供应良种、农机具、肥料和饲料等。政府也组织相关农业部门推广现代农业方法，由于这些措施的实施，英国国内食品供应紧张的状况得到一定程度的缓解。

第二次世界大战后英国的粮食紧缺状况仍然很严重，为了应对这种状况，政府建立了全国农业发展咨询局，积极开展农业推广工作，鼓励发展粮食生产，缩减谷物和农副产品的进口额。全国农业咨询局以传播推广农业技术为主要任务，有专门培训的推广人员向农民和农场主提供有关农业生产、科学技术和农业教育方面的免费咨询服务。中央一级设有农业咨询局，地方也设有农业咨询推广机构，确保农业科技知识的有效推广，这对战后英国农业的迅速发展起了巨大的推动作用。

二、农业推广机构设置和运作方式

（一）农业推广机构的设置

英国的农业推广体制是由环境、食品和农村事务部领导的农业开发服务制。工作上基本实行国家和地方协作的管理体制，在工作内容和职能上相互配合，协调一致，主要推广机构及运作方式如表5-6所示。

表5-6　农业推广机构及运作方式

农业推广机构设置	农业推广机构运作方式
国家农业推广机构——农业发展咨询局	该局拥有工作人员5 000余人，下设兽医、农业、农业科学、土地、排水等五个服务部，还设立了相应的调查中心、实验室、分析室以及实验农场等，工作内容涉及农业经营管理、畜禽疾病调查和防治、农作物病虫害防治、肥料分析、土壤鉴定、农业建筑和道路、食物检验进口、土地和水利发展规划等方面，为农民和土地所有者提供技术指导及业务咨询。运用现代化通信工具推广农业新技术，包括参加大型全国性、区域性的展览活动，组织多种类型的示范表演、经验交流以及现场会议，邀请农场主、农业专家参与，充分讨论、研究并解决各地区的农业问题。同时该局管辖的各分区每月都会办一份咨询公报，免费发放给各农场，还会编印很多小册子、活页文献等全国性和地方性的参考资料，保障了英国农业推广工作的高效运转

（续）

农业推广机构设置	农业推广机构运作方式
地方农业推广机构	设有咨询推广站，由一名咨询官员主要负责，讨论和研究农业生产中出现的各种问题。主要任务是按照上级的工作计划和部署，组织和领导本地区农业发展咨询工作。直接帮助农民采用新的农业科技方法，研究解决农业生产中存在的问题并进行有偿试验服务
农民组织	一些农民协会，社团会员也为农民提供农业咨询推广服务，他们的咨询推广经费来自会员缴纳的会费，同时政府也给予适当的补助
私人顾问和大学	分布在各地的农业院校，研究所和研究中心也开展各种咨询服务，很多农民聘请专业技术人员做他们的顾问并支付一定的报酬
社会服务组织	提供科学研究、技术指导、生产咨询、信息查询等有针对性的有偿推广服务，双方经过协商后签订合同，服务的费用由提供技术服务的复杂程度、产生的经济效益等情况决定
农业情报机构——英联邦农业局	搜集世界有关农业的科研资料，为政府部门、科研单位、高等院校和生产部门提供情报服务

（二）农业推广人员的组成和培训

1. 农业推广人员的组成结构

在英国，农业推广工作由分布在全国不同层次的农业科技咨询推广人员负责。这些人员按其承担的任务和职责可分为五类，如表5-7所示。

表5-7　农业推广人员及职责

推广人员	任务和职责
高级咨询推广员	主要在国家一级的农业咨询推广机构工作，专业水平较高，多是有学位的专家，主要承担全国性任务
农业咨询官	绝大多数是受过高等教育的各种农业专业技术人才，深入到各个地区、郡和城镇负责领导工作，和农民保持密切关系，是农业咨询推广计划的主要实施者
专业咨询推广人员	基本上都具有大学文凭，根据各专业需要进行农业咨询推广工作
农民推广员和辅助人员	在工作前都需要经过职业培训并领有农业技术证书，主要帮助专业咨询推广员工作
兼职咨询推广人员	高等农业院校，特别是地方农学院的教师进行教学、科研、农业科技推广三结合。除了完成规定的教学、科研工作外，还要负担地方农业教育和技术培训工作

2. 农业推广人员的培训

农业推广人员的培训可分为基础培训和在职培训两种。基础培训也称工作前培训，一般可以分三种水平：学位水平、专修科研水平和证书水平。学位水平培训主要是为了培养专业农业科技咨询推广行政人员；专修科研水平的培训是为培养县级以上农业咨询推广顾问和咨询推广管理人员；证书水平的培训主要是针对乡镇一级咨询推广员。

在职培训是为了提高农业咨询推广行政人员的工作能力和管理水平而接受的培训，其主要任务是为了英国和发展中国家培养农业咨询推广人员和管理人才，以及开展对农业咨询推广领域里各种问题的研究。在职农业咨询推广人员要接受专门的培训，培训的费用由派出单位负担。同时对农民也进行一定的培训，农民培训在各地的农学院进行，培训不受年龄、学历的限制。

（三）农业推广工作的内容和工作方法

1. 农业推广的工作内容

农业发展咨询局在全国主要地区向农民提供试验设施，开展各种试验服务，并向农民推广示范新成果，根据农民的目标和需要，向农民提供各种优良品种和农业新技术，提供各种咨询服务，帮助农民解决在生产中遇到的各种问题。

2. 农业推广的工作方法

农业推广的工作方法是以国家专职咨询推广人员为主体，由农业发展咨询局组织协调地方、大学、协会、企业等共同合作传播推广农业科技知识，推动农业发展。其宗旨是向农民传授近代农业科学知识，启发和引导生产者把新技术、科技成果应用于农业生产。英国每年都要组织农民到农作物品种试验地参加观摩和评比，经过试种、鉴定以及专家选出来的好品种，会在全国进行大面积推广。同时，在全国各地设立多家培训中心，负责对青年农民进行农业教育培训，包括在职的农业工人、农业管理人员、农场主等人。除了义务农业教育外，还通过电视、广播和函授等各种形式，对农场经营者、农业工人和农民进行培训。利用计算机信息系统向农民提供各种信息和技术服务，使各种信息技术更加方便、快捷地帮助农民做出农业管理的最佳决策，更好地服务于农民。此外，也开展农业展览，向农业工人、农业管理人员、农场主等从事农业方面的人员展示农业科技发展方面的新成果，包括新产品展销、优良品种评比、农业技术推广等，并进行示范表演、经验交流及现场会议。另外，还通过咨询和巡回指导的方式向农民提供新信息、优良品种、农业技术服务，来解决农民在生产中遇到的新问题，咨询和巡回指导的方式有电话、信函、访谈等。

3. 农业推广工作的经费来源和使用

农业推广工作的经费来源有四个渠道：中央政府拨款、地方政府拨款、农业发展咨询局筹措的款额、其他个人和组织的捐助。农业咨询工作经费的使用也分为四个方面：国家下达的农业咨询推广项目和地方农业机构或公司委托项目的经费开支、地区科学实验中心和试验站的业务开支、购置和维护各种设备、农业技术培训的开支。

4. 推广人员的录用与晋升

英国咨询推广人员所从事的工作，虽然因专业背景的不同会有区别，但是在聘用农业咨询推广人员方面还是比较重视资格和学历，在选拔和使用上要先进行实际考核和业务培训，对工作成绩突出者给予奖励或晋升。从事咨询推广工作取得成就的大学教师，也可以得到职位或资历的晋升。初、中级在职或离职进修的咨询推广人员，由本单位安排并提供经费。有些单位也经常派咨询推广人员出国考察或进行国际合作从事农业技术推广工作。

第三节　农业教育

英国是最早实现农业现代化的国家之一，其农业现代化发达水平不仅表现在高度的农业规模化、机械化、信息化，更表现在农民的职业化、专业化、知识化。为了进一步提高农业生产效率，英国政府采取了一系列措施发展农业教育，如重视立法在农业和农业教育中的作用，早在 1947 年就颁布了《农业法》，继而多次修改《农业法》。1967 年英国教育与科技部颁布了《农业教育法令》，这两部法律对农业教育的推行提供了法律保障和依据。英国政府还大力培训农业技术和管理人员，对农民开展多种形式的培训，此外政府还重视农业职业教育的发展。有些大学设立农业院系，根据农业的不同特点，进行不同层次的职业教育培训。

一、农业教育的现状

（一）农业教育培训体系

英国农业教育目前已基本形成农业学校、正规教育、业余培训三种方式互相结合的农业教育体系以及种类繁多的农业教育机构。包括初级、中级、高级职业技术教育和大专、本科、研究生等学历教育，提供学位证、毕业证、技术证等满足各类各种教育目标的认证，其中高等农业教育主要是由农业大学、综合大学中的农业院系来实施，例如哈珀亚当斯大学、英国皇家农学院等。学生在规定时间修完学位课程后毕业，毕业后主要从事农业顾问和教学科研工作。1967 年，《农业教育法》实施之后，在农业教育方面有了法律支持，高等农业院校的教学质量得到提高，培养出了大批深受社会欢迎的学生。

中初等农业职业教育，主要实施机构有县农学院、农业中学、技术以及现代中学等。全国每县都设有农学院，提供 2 年的专业文凭课程，不仅为当地农场主以及家庭成员提供培训，还为 14～16 岁的在校学生免费提供每周 1～2 天的农业课程学习。相当于中国的农业中专，学生毕业后一半都会成为农业技术员和农业管理人员。还有农场职业中学，主要培养农场独立经营者，农业技术工人，以及打算继续进入农业大学深造的学生。此外，一些技术中学和现代中学也开设农业、农机等相关方面的专业。跨校的联合农业院校也开始盛行。私人及地方组织还开展农业讲习班，培训各类农业人才。

农民培训主要由英国在各地所设的 200 多个地区农业培训中心组织，招收具有 1～2 年农业实践经验的青年，学制长短不一，或半农半读，培训合格者被授予国家农业证书，经过实践锻炼和进修培训合格还可获得高等农业证书。此外，在英国各地还有大批由社会、团体和个人兴办的机构开展培训，如国家农民联合会、青年农场俱乐部联合会等。英国每年有 30％以上的农民接受各种不同类型的培训，其比例相当可观。同时各农业人力资源开发机构还专门为农民举办不脱产的短训班，合格者授予专项技术证书。

（二）农业职业技能资格认定体系

英国还建立了严谨的农业职业技能资格认定体系，成立国家职业资格认定委员会，建立以职业能力为基础、以工作现场考核为依据、以证书质量为生命的新型国家职业资格证书制度。英国有三大农业职业技能资格认定机构：一是英国学术和职业资格认证机构——爱德思国家职业学历与学术考试机构，为英国本土 80％以上的教育机构提供考试体系，负责监控课程规范、评估、考试以及资格认证过程的质量；二是全英考试发证联合会；三是牛津剑桥及皇家艺术联合会考试委员会，学员通过培训后获得的职业资格证书，也称为"职业绿卡"或称"就业绿卡"。

英国农业行业技能委员会（LANTRA），涉及农业领域中三大类 16 个行业，主要负责研究开发农业行业的《国家职业标准》，配合颁证机构开发适用于农业行业的"职业资格证书"，制定学习和评估标准，开发农业行业范围内的《学徒培训框架》，确保培训在全国范围内达到统一标准。同时协助政府制定、完善相关政策，提出咨询意见。在农业领域，共有 14 家认证授权机构负责农业职业资格的考核认证及培训机构的指导评定，如 Lantra Awards、青年农场主俱乐部、皇家园艺社团、皇家外科兽医协会、动物福利协会、环保协会、英国马术社团等，主要流程为在培训机构完成教学后，从认证机构的试题库中抽取试题，根据职业特点和申请的资格等级，采取日常表现考核、理论考试、实践评价、理论＋实践等方式进行评价鉴定。同时，英国的职业资格认证实行培考分离制度，由培训院校选派培训机构之外的有资质人员进行评价，由其他培训学校进行评价复核，LANTRA 中心可指派行业专家进行评价监督，对考评、督导人员实行资质复核，每年进行审核，每 3 年重新考试一次。

（三）教师聘用和考核培训体系

英国实施教师聘用考核和培训制度，聘用教师的基本条件是学历达标、经验丰富、技能过硬（特别是实践技能），被聘用者一般要有 6 个月的试用期。教师每年都要接受考核，采用自评、同行评、学生评、系主任评等程序，对每位教师一年来的工作进行全面评估，以此作为晋升、续聘或解聘的依据。英国农业职业教育还建立了教师进修制度，培训内容包括教学方法的培训和专业技术的培训。教师聘用考核和进修制度的实施有力地保证了英国农业职业教育的教学质量。英国还有一套严格的技能培训管理制度。对职业资格认证培训机构从符合相关法规、教师资质、培训设施、信息保护等方面进行资格审查认定，实行年度检查制度，以确保农业职业教育的高质量。

二、农业教育的特点

（一）政府高度重视农业教育

英国政府很重视农业教育的发展，通过颁布专门法规、设立特定机构和制订详细计划来保障农民教育培训顺利开展，并根据社会发展，及时制定和修改相关法律、法规，以支持农民职业教育与技能培训，见表5-8。

表5-8　英国农业教育法案

时间	法　案
1601年	《济贫法案》，给了贫民子弟接受学徒教育培训的机会
1889年	《技术教育法》，促进农村职业技术教育发展
1947年	《农业法》，从法律上支持农业发展
1967年	《农业教育法令》，鼓励在农村地区发展农业教育
1981—1995年	先后发表和颁布了5个农业职业教育类的白皮书和政策法规，有力保障了英国农业职业教育的健康发展
1982年	《农业培训局法》，自此农民培训成为英国各产业培训中唯一能得到政府资助的项目

在政府部门中，教育部负责院校教育和职业培训，就业部培训局专门负责职业教育和技术培训的方针政策与宏观管理，并制订了成人就业培训计划、青年培训计划等。此外，还有由农业部和地方教育部门共同负责实施的"技术与职业教育计划"，对农民进行职业技术培训。英国农业技术领导委员会协同相关协会加大技能培训方面的投入，并与农业技能论坛、土地部门技能委员会和农业与园艺发展委员会建立联系，就相关的职业培训和建议、课程设计以及未来农业部门的技能需求进行沟通和交流，加强农民职业教育培训力度。

（二）农业教育经费渠道多样化

英国农业教育采用多种渠道、多种形式筹集经费，最主要有两种渠道：一种是政府拨款，分为中央政府拨款和地方政府拨款；另一种是办学单位创收。农业院校通过扩大招生、举办各类培训班、开办农场和农产品加工厂等方式增加收入，其他创收方式还有吸收外国留学生、争取科研项目与企业的捐助、充分利用自身的资源提供有偿服务等。政府拨款包括国家拨款和地方政府拨款，国家预算中的教育经费通过教育拨款委员会分配给农业院校，经费数额由权威机构根据对学校的评估来决定。

（三）农业教育地方化

英国政府把农业学校的办学权限下放给地方，地方部门根据自身的经济地理条件开办农业学校。例如英国东部地区主要种植大小麦、绿色作物，因此这些地区所建的农业学校主要是农粮管理、农业机械等专业。农业教育的地方化办理，能够与当地的农业生产联系更密切，使农业院校能不断根据实际需求进行自我调整，不仅有效地促进了周围地区农业生产的发展，而且有助于学校学生从事本专业工作。

（四）课程设置灵活多样，注重实践能力的培养

为了适应市场的变化，保证院校长久的生存与发展，英国农业学校充分了解市场变化，设置多种类专业，开设多种类课程，有一些在初中等农业学校也开设多种多样具有灵活性的课程，例如，英国私人游览船艇数量较多，有的农学院就将原来的牛舍改成了游艇修理实验室，利用农机化专业优势开设了游艇修理专业。还有的农学院，根据市场需要开办了家政常识、庭院花卉、火鸡养育等培训班。这些新开的跨学科课程适应了农业生产的现实需求和农业市场发展的需要，推动了农业的改革与发展，同时也是现代农业改革在教育上的一种体现。英国培训机构通常在严格认真的市场调查分析之后，根据用户的特殊需求及时开设课程，对口培训，甚至采取专业性很强的定向培训方式。另外，英国培训机构顺应时代发展，不断更新培训内容，逐渐从单纯的技术培训，转向教授农业企业管理、农产品运销、环境保护和可持续发展等内容的培训，将培训内容从传统的种植养殖技术扩展到包括园艺、动物保健和海洋生物养殖、马术、草地运动、狩猎游戏等新兴农业产业。

英国农业教育十分重视对学生实践能力的培养，在制定培养目标时，会聘请农场主、农业科技人员及农业专家共同分析市场需求，确保所有的教学目标是可量化、可测定的，便于实施和进行学业评估。在教学过程中也强调实际技能的锻炼，学生须有至少一年的农业实践经验才能入学。实践与理论教学的比

例至少达到 4∶6，有些课程为 6∶4。教学方法上也注重实践，教学方式采用示范教学、分组实习、案例研究等方法进行。三年的学习时间里既有理论知识的学习，也参加农业社会实践。例如到农牧场参与生产实践经营活动，使学生在学习理论知识的同时得到充分的实践锻炼。

第六章 CHAPTER 6
农民专业合作组织 ▶▶▶

英国基本遵从"有业必有会"的自由结社原则，以保护从事该行业普通成员的合法利益。在英国，农业是一个现代化的产业，英国从事农业及其相关行业的人员也毫无例外地为争取他们的经济、政治、社会与生态各种利益而组织起来，通过组织的力量进行市场竞争、院外游说、抗议示威等。

第一节 农业组织类型

英国的农业和农民组织系统主要由两个体系组成，一种是农业合作社体系，一种是农民协会体系。这两个体系的组织制度和功能作用在不同的历史阶段存在重合和交错，但其根本的性质还是可以进行区分的。英国这种一个系统两个体系的制度格局不同于东亚国家，如日本、韩国等国的农协，因为后者的农民生产生活组织基本被单一性的农协系统所涵盖。总体上，英国的农业合作社体系属于英国合作社的一个分支；而英国的农业协会体系是不属于合作社经济性质的，它具有更广泛的行业特征，它一般存在于某一种农产品或某一个生产环节中，所以有时这种协会也被称为农产品行业协会。

一、家庭农场

（一）家庭农场的历史演变

英国是世界上最早兴办家庭农场的国家之一，从 16 世纪至今，英国的家庭农场经历了起步、调整和稳步发展三个阶段。

1. 起步阶段

16 世纪至 17 世纪是英国家庭农场的起步阶段，在这一时期，英国土地市场开始发育，但当时绝大多数农民没有经济实力，只能依靠租赁土地维持生活，当时的土地租赁制度主要有公簿持有制和租地持有制。16 世纪后，随着英国经济的发展，土地资源变得紧缺，农民手中的土地多数被富农以租赁或购买的形式占有，为了扩大生产规模，提高生产效益，这些富农就将自己占有的土地合并起来，形成了较大的农场，这就是最初形式的英国家庭农场。

2. 调整阶段

18 世纪至 19 世纪是英国家庭农场的调整阶段，这一时期英国废除了敞田制并确立私有制的土地制度变迁。17 世纪英国革命后，开始了由国家法令指导下的议会圈地，到 19 世纪中叶确立了完全的土地私有制，对土地所有者产生了极大的激励。出现了土地所有者大量并购土地的现象，土地经营规模扩大，雇工农场开始发展起来。面对激烈的市场竞争和大型雇工农场的排挤，一些家庭农场为了谋求更好的经济效益，主动卖掉私有土地并租赁较多的土地，而转为租地农场主；另有一些家庭农场艰难地维持现状或被迫破产，雇工型农场取代了经营不善的家庭农场，家庭农场的数量已减少到农场总数的 1/4 以下。

3. 稳步发展阶段

20 世纪后是英国家庭农场稳步发展的阶段，随着产业结构的调整，地租的下降和地产税的增加以及国家对土地出租的干预，英国土地私有产权从少数大土地所有者手中转换到大多数农民的手中，1920 年至 1960 年有 40% 的耕地卖给了农民。20 世纪后，随着更多的农民获得土地私有产权，自营家庭农场的数量大大增加。此时，英国政府加强了宏观调控。一方面，对家庭自营农场实施了许多优惠政策，包括经济补贴、价格支持、农产品进出口优惠等，促进家庭农场的稳步发展；另一方面，政府通过立法、补贴等措施大力促进农场的兼并，提高农业规模经营效益。1947 年颁布的《农业法》规定生产效能低的小农场要进行合并，后又规定农场根据种植面积、销售数量和技术改造等情况进行补贴，农场越大补贴越多，因此促进了许多家庭农场的兼并或联合。随着英国农业机械化程度和服务社会化程度的提高，家庭在雇工减少的情况下就能经营较大规模的农场。据统计，20 世纪 80 年代中期英国大约有 75% 的农场没有雇工。可见，自营家庭农场已成为当今英国农业生产经营的主体。

英国的家庭农场是一种封建小农经济向近代资本主义经济过渡时期出现的

农业组织形式。在农业革命时期,家庭农场是构成英国农业生产的主要基本单位。这一时期英国农业生产率的大幅度提高也归功于家庭农场的生产。英国设立农业经营管理部培养农业职业经理人,其职能体现在研究解决农业生产中出现的问题和组织农学专家为农业工人提供技术培训和咨询服务这两个方面。他们通过联合分析市场供需情况,掌握有用的市场信息,利用自身的专业知识和生产经验,与其农场主交流管理经验,能够及时应对市场风险,获得利益的最大化。同时,英国家庭农场的发展还离不开政府重视专业人才的政策。他们支持高等教育学院中含有农学专业的学校逐年扩大招生人数,帮助符合相应条件并且毕业后自愿从事农业生产的大学生到相关的科研机构接受更加专业的教育和培训。家庭农场的生产经营和管理都需要专业的人才,通过建立和完善科技指导机制、加大对农学教育培训的投入,可以推动家庭农场经营管理的持续发展。

(二)农场发展现状

英国农场经历了由中世纪的条田到圈地运动后的租佃制农场,再到自营家庭农场,最终找到了最合适的经营方式,本质上反映了英国土地制度由封建主义向资本主义的转变。这种私有自营农场配合着大土地制度,往往形成了整个村庄都是一个人的农场,或是几个大农场联合经营,这样更有利于产生规模效益,也走出了和欧洲大陆不同的独自的农业道路。下面根据《Agriculture in the United Kingdom》年度报告,对英国农场发展现状进行分析并对今后发展预测。

如表 6-1 所示为英国 2015/2016—2019/2020 年按国家和农场类型划分的农场营业收入,基于 2010 年标准产出系数计算得出的平均值。

表 6-1　按国家和农场类型划分的农场平均营业收入[a]

单位:英镑

年度 类别	2015/2016[b]	2016/2017	2017/2018	2018/2019	2019/2020
	英格兰				
谷物农场	35 500	43 000	64 000	67 500	57 000
普通种植农场	62 500	70 000	93 500	106 500	99 000
奶牛场	44 000	50 000	119 500	79 500	80 000
放牧牲畜农场(低地)	12 000	16 000	22 000	12 500	19 000

（续）

年度 类别	2015/2016^b	2016/2017	2017/2018	2018/2019	2019/2020
	英格兰				
放牧牲畜农场（LFA）	19 000	27 000	28 500	15 500	21 500
专业养猪场	21 500	58 000	31 500	29 500	57 500
专业家禽养殖场	106 500	54 000	96 000	74 500	67 500
混合农场	18 500	29 000	42 000	45 500	48 000
	威尔士				
奶牛场	33 000	31 500	82 500	46 500	—
放牧牲畜农场（低地）	16 500	22 500	24 000	17 000	—
放牧牲畜农场（LFA）	22 000	23 000	27 000	19 000	—
	苏格兰^c				
谷物农场	9 500	21 500	35 000	64 000	—
普通种植农场	36 055	56 500	66 000	13 200	—
奶牛场	6 500	41 500	73 000	66 000	—
放牧牲畜农场（低地）	12 000	19 000	31 500	11 500	—
放牧牲畜农场（LFA）	18 000	25 000	24 500	14 500	—
混合农场	1 500	23 500	29 000	33 500	—
	北爱尔兰				
奶牛场	12 000	23 500	68 000	58 000	52 000
放牧牲畜农场（LFA）	17 000	21 500	17 500	14 500	10 500

注：a. 数字四舍五入至最接近的 500 英镑；b. 2015/2016 即 2015 年和截止到 2016 年 2 月的收入；c. 苏格兰每年对结果进行修订，以反映新的加权方法。

数据来源：Agriculture in the United Kingdom 2018 - 2019。

1. 谷物农场

虽然受到全球气候条件和谷物价格上涨对收成的潜在负面影响，但是价格的上涨预计将被平均产量的下降所抵消。与 2018 年相比，英格兰的谷物农场产量有所提高，一些作物（油菜籽除外）的种植面积有所增加，但这将被较低的价格所抵消，受期待丰收和充足的供应等因素影响，投入成本将上升，特别是与机械相关的成本，因此导致了 2019/2020 年平均收入下降 15% 左右。

2. 普通种植农场

在 2018/2019 年，苏格兰普通种植农场的平均收入会受到投入成本（包括燃料、化肥和机械折旧）上升的影响而下降，尽管其他作物（豌豆、豆类、马铃薯和甜菜）价格也有所上涨，但是受到高温和干旱的影响，整体作物产量下降。

3. 奶牛场

与 2016/2017 年相比，2017/2018 年度英格兰奶牛场的平均收入存在较大的增幅，但由于谷物价格上涨以及春季寒冷夏季干旱条件下所需饲料增加等原因，2018/2019 年英格兰奶牛场平均收入下降了 4 万英镑，威尔士和北爱尔兰的奶牛场情况与英格兰类似，2019/2020 年英格兰奶牛场的平均收入基本不变，主要是由饲料成本下降推动的。与 2018 年相比，2019 年谷物和秸秆价格下降，加上国产草和青贮饲料的数量和质量较高，因此饲料成本会下降，投入成本也会下降，但投入成本的下降将被农业总产量的类似下降所抵消。在北爱尔兰，与 2018/2019 年度相比，奶牛场的收入下降 1 万英镑，乳制品组合的差异导致了当地农场牛奶价格的下降。

4. 放牧牲畜农场

在北爱尔兰，欠发达地区放牧牲畜农场的平均收入在 2016/2017 年度之后一直呈现下降趋势，主要原因在于饲料等投入成本的增加。而随着牛羊产量的上升，年底价格走强对收盘估值产生积极影响，这一类型的农场收入在 2019 年有了小幅度的上升。在威尔士、苏格兰和北爱尔兰，LFA 和低地农场以及放牧农场的农业收入在 2018 年均出现不同程度的下降。

5. 专业养猪场

在英格兰的专业养猪场，2018/2019 年度的平均农场营业收入为 29 500 英镑，而 2017/2018 年度为 31 500 英镑。饲料成本的增加（在这类农场的成本中占很大比例）是营业收入下降主要的促成因素。2019/2020 年度，受非洲猪瘟影响特种猪的价格提高，成品猪的吞吐量和胴体重也略有上升，与此同时，预计投入成本略有下降，所以英格兰养猪场的平均农场营业收入在 2019/2020 年翻了一番。

6. 专业家禽养殖场

与养猪场一样，英格兰专业家禽养殖场的预测也存在很大程度的不确定性，这同样是由于该行业的结构以及调查中这些行业的样本相对较少。与 2015 年相比，2016 年英国家禽养殖场的平均营业收入大幅度下降。受饲料成本上涨的推动，家禽和鸡蛋产量的适度增长被成本的增长所抵消。英国专业农场类型的变化都会影响混合农场的收入。

二、农业合作社

在英国，农业合作社是指农民，特别是指以家庭经营为主的自由农地生产者，为了维护和改善各自的生产以及生活条件，在自愿互助和平等互利的基础上，遵守合作社的法律和规章制度，联合从事特定经济活动所组成的企业组织形式。合作社成员是具有独立财产所有权的劳动者，并按自愿的原则组织起来，对合作社的盈亏负无限或有限责任。合作社的盈利以社员与合作社的交易额分配为主。农业合作社在英国农业部门发挥着重要作用。它们让农民更好地控制供应链，通过规模经济帮助他们降低关键投入的成本，并允许分享能够提高产量和生产率的创新。在英国，一般很难从名字上判断某个农业企业是属于农业合作社，还是属于农业公司。有一些农业合作社，它可能采用有限公司的名字。事实上，在英国判断其是不是合作社的标准，主要看该企业所遵循的经营原则。因为作为一家农业合作社，需要不同程度上遵循世界合作社联盟所制定的一些基本规则，企业经营也表现为不以经济利润为单纯的经营目标，盈余也能够在一个会计年度结束之后及时进行返还。

英国的农民协会和农业合作社的区别还在于，从覆盖范围看，英国农民协会的覆盖面一般较大，基本上都是国家级、省级或存在于某一自然区域，农民合作社也可以成为某些农民协会的会员；而英国农业合作社的覆盖面一般较小，农民基于发展的需要，经过协商共同出资开展经营活动。从功能上看，英国农民协会的主要功能是联合众多生产者包括一些农民合作社，按照约定的标准生产并向世界各地推销自己的农产品。另外，英国农民协会还影响政府的有关政策，而农民合作社的主要功能则是联合入社的农民共同经营一个企业实体，年终按交易额返还盈余。这里需要指出的是，在很多国家，农业合作社在理论和实践中都被当作是一种与公司制企业并行发展的企业形式，只是其经营目标、治理结构和分配形式有所不同。在英国，这种观念更为明显，因为英国农业合作社的宗旨虽然强调其各种社会目标，但如果经营不善，在激烈的市场竞争中没有市场竞争力，同样不能长久存在。

英国的农业合作社，从某种层面上讲由于没有合作社联社的推动相对落后，与苏格兰相比，英格兰、威尔士和北爱尔兰农业合作社的代表性和支持度一直不一致。苏格兰支持农业合作社的框架有助于鼓励新成立的农民合作社网络。与英国其他地区相比，苏格兰有更多的农民参与某种形式的合作。苏格兰农业组织（SAOS）目前由70个会员农业合作社组成，它是属于成员所有的合作社组织，其发展和咨询服务工作所需经费部分来自苏格兰政府。这里认为它只是具有某种程度的合作社联社性质，主要是因为其成员数量目前相对有限，还不能够将当地多数合作社联合起来。

SAOS的宗旨是通过发展农业合作和合资，增强苏格兰地区农业、食品业、饮料业以及农村产业和社区的盈利能力、竞争能力和可持续发展能力。作为SAOS的成员组织，要求其必须遵循合作社原则，或者其主要目的必须是基于成员使用服务和设施而使成员受益，而不是让投资者受益，这就将它的成员做了明确的限制和规定。SAOS主要为希望通过合作和合资方式来达到目的的农民、食品链条中的公司、农村商业和社区提供各种信息、建议和专家咨询服务，同时也为其他商业产业组织和政府机构提供咨询服务，或者与他们共同行动，以达到它所设立的宗旨。SAOS按照国际合作社联盟的合作社原则进行活动，将创造福利、提高就业、提高可持续发展能力和增强当地权力作为发展战略，以达到最终增强苏格兰农村社区经济发展的目的。目前SAOS的全部盈余不进行分配，而用于作为进一步发展的基金。

SAOS目前的具体工作主要由三部分组成：一是促进供应链的合作，促进成员组织之间以及成员组织与其他组织之间的产业链接，整合资源，促进共同发展；二是促进本土食物的发展，如进行调查以帮助成员组织了解市场潜力，与政府沟通促使成员组织为当地学校供应食品，帮助成员组织建立物流调配中心等；三是促进低碳经济发展，如SAOS帮助成员组织设计和执行政府有关碳排量的政策，降低减排成本。

三、农业企业

此外，英国的公司制农业企业也十分发达，主要集中于食品行业，直接经营农场的农业公司不多。英国本土的食品和饮料加工业自20世纪40年代以来在国内食品供应的比重逐渐增加，它集中于面包、糕点生产和水果加工保鲜等业务。食品加工企业大都分布在约克郡、英格兰东南部及伦敦地区，酒精类饮料及软饮料生产主要在苏格兰地区和英格兰东南部。酒精类饮料为全部食品和饮料出口中最大项的产品，所占比例约为总出口量的三分之一，其次是饼干和糖果。在烟草方面，英国烟草工业生产占本国市场上 90% 的烟草制品，2000年英国烟草出口超过 10 亿英镑，主要市场为欧洲、中东和非洲。烟草业的收入在英国制造业中位列前十。在面粉加工方面，英国的面粉加工业非常现代化，与大型面包厂高度集成，主要由两家大型公司所控制，这两家公司是主要从事面粉加工的兰克·霍维斯有限公司以及属于联合英国食品公司的联合面粉公司。1998 年这两个公司总共经营着英国 73 个面粉厂中的 33 个，面粉总产量约占市场的 50%。

第二节　农业合作社组织

一、农业合作社的历史演变

合作社企业是一种促进可持续经济和社会发展的重大力量。截至 2020 年，英国共有 7 063 家独立合作社，包括从农业到金融、从能源到教育的所有行业。2020 年，英国合作社的总营业额为 382 亿英镑，比 2019 年增加了 3.4 亿英镑，总雇员数达 241 714 人，总会员数为 1 400 万人，约占英国总人口的1/5。表 6 - 2 为 2020 年英国合作经济的行业分布，从不同行业合作社的营业额看，零售行业合作社的营业额最高，达 269 亿英镑，农业行业合作社营业额列第二，约为 79 亿英镑；从不同行业的合作社数量上看，农业合作社居第六位，约占总合作社数量的 6.1%。

表 6 - 2　2020 年英国合作社的行业分布

单位：家，亿英镑

行业	合作社数量	营业额
农业	432	79.000
艺术和文化	164	0.060
数字和媒体	133	0.068
教育	286	5.080
能源与环境	255	0.240
财政	464	2.507
餐饮服务和酒吧	220	0.385
卫生和社会保健	101	1.404
住房	704	5.781
制造业	75	3.624

（续）

行业	合作社数量	营业额
社会俱乐部和工会	2 459	5.373
专业和法律服务	147	0.907
零售	700	269.000
体育和娱乐	550	7.367
交通	25	0.060
其他	348	0.345

数据来源：https：//www.uk.coop/annualreport。

　　英国农业合作社的规模一般较小，虽然规模较小，但很多农业合作社历史悠久。1867年，罗虚代尔公平先锋社成员之一的格里宁组建了第一个农业与果树联合会，按消费合作社的形式向社员供应质量得到保证的化肥与饲料，这是英国历史上成立的第一个农业合作社。1901年英国建立了农业组织协会（AOS），它的范围涉及所有与土地有关的合作社，1902年共有22个合作社，还有11个牛奶合作社和6家合作银行。

　　第一次世界大战期间，相当一部分农业合作社开始合并成立县合作社，如西肯勃兰农民协会等。从此，政府的资金援助根据入会（入社）农民数量多少以对等数量支付。20世纪20年代英国经济处于大萧条时期，资金来源短缺，政府资助也相应减少，1924年农业组织协会与批发协会相继取消。但与此同时，尚存的农业合作社逐渐恢复元气，开始合并成大社。

　　1936年农业合作社经理联合会成立，主要负责合作社与全国农民协会（NFU）之间的联系工作。1945年NFU与合作社又一起组织农业合作联合会，其性质与以前的农业组织协会相似。1955年又成立食用家畜销售公司与农民中央组织，试图协调NFU的业务活动。1956年，在NFU的支持下，农业合作社联合会与农民中央组织合并成立农业中央合作社联合会，其任务包括对合作社的法律咨询和议会的疏通工作，农业合作社的发展日益依赖政府政策和财政上的支持。

　　1961年英国成立农业中央贸易公司，次年政府也建立了农业销售与发展委员会，提供资金，促进小规模农业合作社的发展。1966年中央合作社联合会与NFU分裂，成立农业合作社联合会。1967年英国议会通过农业法案，提供4 000万英镑作为发展合作社的基金。1972年农业合作社联合会与NFU又合并成立农业合作社与销售服务公司，在法律上和业务上指导农民组织合作社，成为农业合作社的主要行政组织。而目前，随着 2003 年合作社联盟、工业公有制运动以及英国合作社委员会三家合并为统一的英国合作社联盟，英国的各类农业合作社组织也以不同的形式成为英国合作社联盟的成员，接受英国合作社联盟的领导。但是，在英国合作社联盟组织中，到目前为止却没有单独设立农业合作社部门，这也使得目前研究英国农业合作社的数据比较缺乏，给了解英国农业合作社发展情况增加了难度。

总的来说，英国的农业合作社经营市场化程度非常高，它并不会因为戴上农业合作社的帽子而享受到特殊的待遇，它们取得的成绩一方面源自自身的经营，另一方面源自政府的整体农业政策。农业合作社传统的法律登记为工业与节约社团（IPS），而近年来也有一些农业合作社以公司的形式进行法律登记。IPS 的登记形式传统上是合作社企业（特别是消费合作社、住房合作社、农业合作社和信用合作社）以及工人俱乐部团体。在英国，若以合作社的形式登记，则它的组织规定被称为规则，若根据公司法进行注册，则它的组织规定被称为章程。

二、农业合作社发展特点

英国的农业合作社分为三类：第一类是具有竞争性质的合作社，如农机合作社、农业咨询合作社等；第二类是供应链合作社，如粮食采购、包装、销售、质量控制等合作社；第三类是垂直整合类的合作者，此类一般拥有自己的品牌。在合作社基础上，又发展形成了合作社联社，在英格兰称为英国农业合作社联盟有限公司，在苏格兰称为农业组织协会。总体来看，英国农业合作社的发展主要有以下特点：

（一）功能多元化

英国农业合作组织特色在于其功能的多元化，呈现出"多样化特色服务模式"的特点。例如以食品和农业可持续发展为职责的组织机构——LEAF，通过结盟农户、食品加工业者、科学家、环保主义者及消费者，重视环境，确保农业可持续发展，其功能呈现出多元化的特点，主要体现在以下三个方面：

1. 评价体系的建立

自 1991 年以来，LEAF 首先制定了关于综合农场管理的实际指南，并以此作为基础指导实际行动。该组织通过审查与统计核算的方式对耕作方式进行监测和自我评估。经过多次修订，LEAF 编制了一系列咨询工具用于生物多样性、水、土壤、排水系统的评估及管理。LEAF 为成员提供水资源管理工具，可绘制用水地图、评估风险、提高效率，能够达到节约资金并保护水资源的效果。

2. 提高质量安全

鉴于 20 世纪 90 年代公众更加注重食品安全，LEAF 食品标签既奖励农民对环境做出的承诺，又使消费者可以选择购买符合高环境标准的食品。LEAF 积极地建立质量保证标志，于 2001 年创建了 LEAF 品牌，在能源效率、废物回收、水和土壤管理以及围绕粮食生产的社会问题等方面领先于同行，带有 LEAF 商标的食物开始进入商店和大卖场。如今，英国 20％的种植园都达到了 LEAF 标准。目前全国已有 40 多个通过示范农场网络形成了农场管理的典型示范基地。

3. 加强公众体验

2001 年推出"虚拟农场之行"为能够上网的公众提供了获取农业和粮食生产体验的可能。从 2006 年起将每周日定为"农场开放日"，300 个农场在周日开放一天，使成千上万的人能够参观农场，享受农村生活，了解农作物和动物。2014 年某农场接待了 20.7 万人次的参观，创下了历史纪录。LEAF 发起"让大自然充满感官"的倡议，鼓励残疾人和老年人体验农业和农村。该项目由英国自然基金会资助，迄今为止已有近 1.2 万人体验了该项目。

（二）以城市为基地，以消费合作社为主导

总的来看，由于英国产业革命完成最早、城市化步伐最快，因此它的合作社运动也就具有以城市为基地，以消费合作社为主导的鲜明特点。多年来，英国农业合作社并没有获得优先发展，从市场角度来看，是因为法定的市场委员会采取措施稳定了市场和物价，这就缩小了农业合作社的生存空间。尽管如此，今天自由贸易的市场环境却在本质上需要强大和高效的合作社，以满足农业生产者维持一个安全和稳定的市场地位的需要。这也是近年来为何英国农村地区的农业合作社和社区自助组织得到快速发展的原因。

（三）"农民企业"联合，高效合作共赢

英国的农业合作社主要由农民和农业工人组成，从事领域主要是物资采购、农产品加工和销售等环节以及昂贵的大中型农机和农资设备的合作使用。这种合作社在英国比较普遍,通常被称作"农民企业"。这些"农民企业"的生产者通常联合到一起,扩大了企业规模,争取在产品销售和农资购买等环节得到优惠,实现合作共赢。英国政府还通过各种补贴措施,鼓励农业、工业和服务业之间及农业内部之间的合作,如在种植业、养殖业、加工业和零售业等各行业建立起沟通平台,成立专业性农民合作组织,帮助农民与农产品流通企业建立长期产销联盟,发展订单农业,增强中小农业企业的竞争力,提高农业的整体竞争力。2008 年国际金融危机后,英国经济同比下降了 1.7%,而合作社经济则同比增长了 19.6%。

(四)治理结构成熟,法律体系健全

英国合作社的组织结构主要是通过自下而上的形式逐步构成的。一般是社员(代表)大会——理事会(董事会)——管理层(经理层)模式,其中社员大会是最高权力机构,由社员或社员代表组成,负责选举、章程制定和修改、重大决策的制定和执行等;理事会作为决策和监督机构,负责任命首席执行官和高级管理人员、确定长期目标并做出相关决策,确保对合作社的活动进行必要和有效的控制,理事会成员由社员大会选举产生,监督职能主要由理事会下属的审计委员会负责;管理层主要由理事会聘任,负责合作社日常的经营和管理,管理层可以向理事会提出决策建议,但不享有决策权。

合作社联盟是英国合作社的最高组织机构。最初成立在 1870 年的英国合作社中央委员会是合作社联盟的前身。联盟最初的成员主要是消费合作社,后来逐渐发展到其他类型的合作社。合作社联盟在行业管理和服务方面发挥着重要作用,同时与政府和议会保持良好关系,通过与各个层面保持联系,提高对合作社的集体保护能力。

英国还有利于农业合作社发展的良好的法律环境,农民成立和加入合作社的意愿很强烈,公开联合组成利益集团,在各种决策部门和决策者之间进行沟通,谋求社员利益最大化。1967 年英国议会通过了《农业法》,以支持合作社的发展。1979 年英国政府通过了《信用合作社法案》,明确规定了信用社的投资范围、纳税年限等,支持信用社发挥融通农业资金的作用,促进农业发展。从早期的农业合作社销售服务公司到如今的合作社联盟,在英国合作社不断发展的过程中,始终有一个农民联盟组织在法律上和业务上指导农民成立合作

社，促使农业合作社不断发展壮大。

（五）融资机制灵活，增强农业合作社的活力

为了吸引农民走合作发展的道路，引导农民以合作社的形式发展生产，英国政府在财政税收上对农业合作社实行补贴政策，同时英国农业合作社在坚持合作社原则，不改变合作社性质的同时，通过不断的调整和创新，建立灵活的融资机制，适应外界的变化，促进了合作社的发展壮大。在19世纪农业合作社成立之时，英国政府当年就提供了1 200万英镑来扶持小农户的合作组织。此后，政府资金援助根据入社农民数量来对等支付。19世纪60年代，英国政府投入资金，建立了农业销售与发展委员会，促进小规模农业合作社的发展。1967年，农业合作社联合会单独成立时，英国议会又提供了4 000万英镑作为发展基金。英国政府多方面多层次的财政补贴大大提高了农民发展农业合作社的积极性。其次，英国政府采取积极的信贷政策解决合作社的基金问题，成立"英国农业与园艺合作社联合会"，经营有关合作社补助的事项，加强对政府补贴资金分发的监督与管理，提高补贴资金的分配和使用效率。在英国的乡村发展计划中，也始终强调农业合作社发展的重要地位。

第三节　农民协会组织

目前英国并没有形成关于农民协会、农业协会或农产品行业协会统一的定义。本章所指的农民协会泛指以协会或商会形式存在的、农民为参与主体的、与农业的其中一些生产环节有关的社团组织。一般将英国经营农业的农民译为农场主，但这里从更宽泛意义上认为农民不仅仅包括农场主，它包括利用土地进行农业生产的所有经营者。按照这样的定义，农民协会具有如下特点：主要参与者是农民，协会的主要职能与农业有关，一般不兴办经济实体，存在的目的主要是为会员服务。英国的农民协会多种多样，但本章根据协会的性质来判断某种组织是否属于农民协会，并且这里也不对农民协会、农业协会和农产品行业协会做进一步区分。

在英国目前已形成了政府宏观管理—农民协会中介服务和自律性管理—企业自主经营的体制格局。由于行业协会具有很强的经济控制力，因而被视为政府、私营部门之外的"第三种力量"，受到社会的广泛关注。英国的农产品行

业协会十分发达,形式多种多样。一般按小类产品建会,也有按经营环节建会的。英国的农民协会主要可分为两类:一类是带有较强经济性质,为了保护农民经济利益以至整个农业产业发展而成立的协会。另一类则带有较强的政治目的,它们的目标更多关注的是乡村治理、农民权利等一些政治性议题,希望通过共同的行动以影响政府的立法和政策,这类组织相对较少,主要的有乡村联盟和农民行动等。此外还有一些以农业的某些发展目标为行动宗旨的慈善机构,如英国谷物保护理事会、威尔士皇家农业协会等,这些组织具有较多的官方背景,严格地说不能算是农民协会。

英国属于联邦制国家,但它又不是典型的联邦制国家,虽然全国分为英格兰、苏格兰、威尔士和北爱尔兰,但英国的全国性农协目前却又分为 3 个互不统属的农协组织,即英格兰和威尔士的全国农民协会、苏格兰全国农民协会以及乌尔斯特全国农民协会。虽然在英国内部它们是相互独立的,但它们在欧盟总部布鲁塞尔又联合成立了办公室,下面对这几个农协进行大致介绍。

一、英格兰和威尔士的农民协会

1908 年 12 月,一个代表农场主利益的全国性组织在史密斯菲尔德展览会期间正式成立,这就是全国农民协会(NFU)。成立初期正值英国农业衰退时期,英国从国外大量进口廉价谷物和冷冻肉,当时的第一任会长科林·坎贝尔致力于扩大协会的分支机构,并扩大声誉,影响政府决策。英国的全国农民协会虽然名义上代表全英国农民利益,但它的影响范围实际上只包括英格兰和威尔士两个地区,即代表英格兰和威尔士的 55 000 个农场,其中包括农场主、经理人和合伙人约 15.5 万人。全国农民协会的会长由农民代表投票选举产生,实行民主管理。此外,全国农村农民协会也隶属于这个组织,它由关心农村问题的人组成,比如律师、会计师、测绘师、土地经纪人等专业人士会员,约有 5 万个成员。

时至今日,全国农民协会是一个拥有 500 名日常工作人员的组织,并已成为英国最有影响力的行业协会之一,它也是英国最大的农业耕作协会,对英国和欧盟农业政策的出台能施加很大影响,全国农民协会目前有 7 个分支机构,300 个当地办公室分布于英格兰和威尔士地区,以确保农民在自家附近就能找到农业顾问,并代表农民与官员、食品加工业、环保组织等展开谈判,给农民提供法律援助、种植养殖规划、税务援助、营销策略、农技推广、行业信息交流、打折优惠等方面的信息。农民协会还对英国食品标准认证体系的建立做出了重要贡献，全国农民协会积极与政府合作，为不同商品设定不同的认证标准。一般来讲，要获得认证必须在从农场到包装之间的诸多环节都要满足安全、卫生、可追溯，加工方式和原料渠道必须有质量保证。目前全国农民协会推动建立的"红拖拉机"标签认证已经在多达 100 亿英镑的生鲜食品和饮料中使用。

　　农民协会的收入主要来自两个部分：一是会员的会费，平均每个农场每年的会费为 250 英镑左右，根据不同的规模收取不同的会费，小到 100 英镑，大到 1 000 英镑。不同的是，农民的会费是不需要缴纳增值税的，全国农民协会只对他们的营利性经营部分向政府纳税。二是保险公司的部分收入，这类保险公司原先是由全国农民协会资助发展起来的，叫作互助保险公司，它没有股东，也不为盈利。虽然它目前已与全国农民协会脱钩，单独成立了全国农民协会互助保险公司经营农村保险事业，但它与全国农民协会依然保持着密切的联系，给全国农民协会的发展提供资金支持。目前农协互助公司已成为全国最大的农村保险公司，它的 300 多家分店覆盖英国全境，提供财险、养老、个人贷款、投资、寿险 5 大类产品，其中财险除常规险种外，还有专为农民开发的马险、草棚险、宠物险、乡村四轮驱动车险、自驾房车旅行险等针对性很强的险种。2001 年度，全国农民协会的总预算为 2 300 万英镑，其中 1 700 万英镑来自会员会费，300 万英镑来自保险公司的收入（根据销售份额获得），另 300 万英镑来自咨询、有偿服务、不动产投资和其他经营收入。

　　目前全国农民协会的 7 个分支机构中，威尔士全国农民协会是建制比较完善的二级机构，虽然名义上仍然受英国全国农民协会的领导，但实质上可以独立开展很多事务。威尔士地区的布雷肯和拉德纳两个郡于 1908 年全国农民协会成立之时就加入了该组织，随后几年威尔士其他各郡的农协都加入了全国农民协会。1968 年开始，委员会通过选举选出了威尔士地区的农协会长，但直到 1999 年，威尔士全国农民协会才开始采用现在的名字。威尔士全国农民协会拥有威尔士地区接近 15 000 名会员，代表威尔士大多数农民的利益。目前威尔士全国农民协会的覆盖范围包括 11 个郡，以及由 4～8 个教区组成一组的 47 个团体。农民自愿入会，农协的运作资金基本自筹。威尔士全国农民协会与全国农民协会互助保险公司共同负责对基层会员的服务工作。

二、苏格兰的农民协会

苏格兰农民协会（NFUS）成立于 1913 年，是苏格兰地区最重要的农业组织，它代表了包括农场主、佃农、耕作者和各种乡村支持者在内的 9 000 个会员。苏格兰农民协会与英格兰、威尔士和北爱尔兰的兄弟组织以及其他农村商业和消费组织一道开展各种活动。

苏格兰农民协会定期准确地为会员提供各种主要政策和立法文件的信息，使成员熟悉掌握可能影响他们经营的主要问题。NFUS 在苏格兰全境设立 52 个办事处，它们是联系成员的直接终端。NFUS 为了聚焦于地区活动而设置 9 个分区，78 个分部。设在爱丁堡的总部拥有一个覆盖了主要农业问题的政策管理团队，所有成员若想了解最近的农业问题，都可以通过电话进行咨询，所有的社员每月都会收到来自协会发行的月刊，NFUS 也会定期通过电子邮件和文本给成员提供最近的信息。

NFUS 的宗旨是促进成员的利益，协会倾听成员的声音来制定政策，以促进政府和其他组织确保农民获得公平的对待和公平的政治环境。NFUS 游说政府当局和议会，使农村问题始终被置于政治议事日程的前面，并使农民的呼声被听到。NFUS 能够影响政府的西部部长会议的政策，能够把苏格兰农业议案递交给国会议员、内阁以及首相。NFUS 在布鲁塞尔设有办公室，争取分享欧盟的农业扶持资金。NFUS 以公开的姿态争取苏格兰农民的利益，每年协会接受电台和电视台的上百个采访，并接受各种媒体每年上千次的咨询活动。

三、北爱尔兰的农民协会

北爱尔兰地区的全国农民协会称为乌尔斯特农民协会。乌尔斯特农协成立于 1918 年，代表了北爱尔兰农民和耕种者的利益，它成立的主要目的就是通过游说政府以增进会员在国内外的利益。目前乌尔斯特农协拥有 12 500 个会员，除了设在贝尔法斯特的总部外，在全国设有 25 个地区办公室。该农协的下属公司有设立于邓甘嫩地区的乡村服务公司。乌尔斯特农协与英格兰、苏格兰、威尔士和爱尔兰的农协合作紧密。

乌尔斯特农协的草根成员一般先在组别会议或县级会议上讨论政策提案，

然后再把问题递交给协会的中央委员会，每月召开一次执行会议再决定是否批准成员的提议。目前乌尔斯特农协的中央政策委员会分为 17 个，分别是牛肉与羊肉、养牛、登记、环境、农村发展、农村企业、蔬菜、种子与谷物、马铃薯、禽类、猪肉与熏肉、蘑菇、山区农业、水果、养鱼、动物健康福利、农村事务等部门。

四、其他农业协会组织

在英国，某一类农产品或某一个生产环节，在不同的地域层次上，大多都成立了相应的协会组织，开展各种活动。除了前面介绍的综合性较强的三个全国农民协会，英国还有数量众多的农民协会存在。可以说，英国的农民协会呈多种多样、百家争鸣的态势。这里对英国其他一些发展较有特色的农业协会进行介绍。

（一）英国皇家乳制品农民协会

英国皇家乳制品农民协会（RABDF）成立于 1876 年，通过奶牛品种、乳制品和乳制品加工业的改进来服务于乳制品农场主，是英国唯一专门代表奶农利益的独立团体，也是奶牛业中最大的行业协会。RABDF 不仅为奶农的利益进行政府游说，还为奶农提供交流技术和知识的机会。如 RABDF 每年 9 月举行奶牛场活动，为奶牛场主提供一个信息交流的平台。RABDF 成立之初，其成员主要包括集中于英格兰南部的奶农、兽医、顾问、畜牧管理员以及供应贸易商。RABDF 能够参与全国的奶制品中脂肪和蛋白质含量的质量评价标准制定。RABDF 一直扮演着奶农利益维护者的角色，同时也给政府的产业政策提供咨询和查询。

（二）全国养羊协会

全国养羊协会成立于 1892 年，是养羊业中最具影响力的行业组织。协会的创立者认为需要为饲养者提供一个讨论各种观点，以便提高养羊饲养技术和管理水平的论坛。而且更为重要的是，当时还称为全国养羊者协会的这个组织，需要为这个产业提供一种强大而共同的声音。在以后的 70 年里，协会承担了这种主要角色，直到 1969 年，协会改名为全国养羊协会，它不再只是代表养羊者的利益，而是代表了与养羊有关的所有部门的利益。协会向政府提交的问题在广泛意义上促进了养羊业的发展。

协会的经费不由政府承担，而是全部源于会员缴纳的会费。全国养羊协会拥有自己的办公室和农场建筑物。目前除了首席执行官之外有 7 个工作人员，它在全国还设有 8 个地区秘书。协会的活动是确保英国当局、欧洲乃至全世界都能了解到英国养羊农场主的观点和困难。协会常规性地与政府农业部门、环境部门、地区运输部门、众多农业联盟、肉类与牲畜委员会、欧洲委员会官员以及各种环境和动物福利团体接触，代表了这个产业的成员利益。全国养羊协会还为政府和其他部门提供可操作性强的观点和咨询文件。

（三）农村土地与经营协会

农村土地与经营协会（CLA）是英格兰和威尔士农村地区为土地所有者和财产经营需要而设立的会员制组织。CLA 成立于 1907 年，成立之时旨在促进和保护英格兰和威尔士农业和农村土地所有者的利益，而今天，CLA 已经扩大到保护土地所有者的多元化商业利益和特殊利益。CLA 虽然不是政治性组织，但它的成员和工作人员利用其广泛的专业经验影响决策者，以确保农村经济得到积极发展。为此，CLA 除了具有专业性、针对性和前瞻性，在地方事务中向当局发出自己的声音外，还努力接受各种外部专家的建议，并使自身成为具有广泛影响力的网络以影响整个农村经济。CLA 内部的专家咨询团队包括律师、税务专家、规划专家和测量员，它也通过电话和邮件获取外部专家独立客观的信息。在通过各种资料搜集分析的基础上，CLA 把这些信息和决策制作成一些指南性质的文件，给各个成员提供实施建议和广泛援助。

（四）零售与集市协会

全国农民零售与集市协会是一家会员制组织，既从事直销给消费者的农场商店、自助采摘、送货上门和整箱销售等农业交易，也从事农场餐饮、农产品当地销售和作为实体的农民集市等组织服务活动。是目前为止英国最全面的全国性农业直销组织。全国农民零售与集市协会是一家非营利性的合作性团体。它目前在全英国已有 700 个会员，超过 800 个零售点。

农民零售与集市协会的存在是为了提高农民和食品作坊主向消费者销售产品的能力和技巧。一方面它要创造机会帮助农民和食品作坊主在当地将产品销售出去，另一方面它要确保农民销售的产品以及销售地点都要达到较高标准。农民零售与集市协会的宗旨是希望通过直销的方式来保护小农户的生存，从而达到增强农村发展能力、发展农村经济以及保持传统农村景观的目的。

英国还有各种各样以性别特征、年龄特征成立的农民协会。如成立于1979年的妇女食品与农业联盟（WFU）是沟通农业生产者与消费者的妇女组织，其成员大多与农业、食品和农村事务存在联系。WFU的目标是促进人们对英国农产品的需求，鼓励农场主和耕作者提高市场销售能力，确保英国农产品数量和质量的提高，游说反对不公平的竞争环境。青年农民俱乐部拥有年龄从10岁到26岁的2 300个成员，它为农村青年提供发展自身技能、从事社区工作、海外旅游、参与各种竞争项目以及社交生活。联邦青年农民俱乐部（NFYFC）是英国最大的农村青年组织之一，它目前有662个成员，致力于支持从事农业和生活于农村的青年人。NFYFC为个人发展和获得成就而提供诸多体验和机会，比如为会员提供急需的社会和教育网络。

组织企业进行反倾销应诉是近年来农产品行业协会逐渐增多的活动内容。针对农产品的进出口，这些农产品进出口贸易协会，主要职能是组织企业进行反倾销应诉，代表企业提起反倾销、反补贴诉讼，或向政府提出贸易壁垒调查等。在英国此类性质的协会还有英国谷物出口协会、英国农民供应贸易协会、谷物和饲料贸易协会等。

五、农民协会的主要功能

英国农协有六个方面的功能：

第一，作为农民集团利益的代表，同英国政府及欧盟进行有关农场和农业发展的谈判并讨价还价（诸如对农业生产进行补贴等），说服政府是否实施某项政策。他们一般会同英国政府一起与欧盟进行农场方面的磋商，但如果一些事务与农协密切相关，而当与英国政府存在不同意见时，他们也会同欧盟进行直接磋商。由于考虑的角度不同，代表的利益也不同，农协的很多意见与英国政府背道而驰。如在农业预算方面，政府希望在农场主方面尽可能少花费一些，但农协则希望能对农场主加大预算。在具体的预算制订过程中，农协一般不会直接参与，但农协会给英国政府或欧盟提出具体建议，然后让英国政府或欧盟做出决策。有时农协给英国政府或欧盟提出的预算建议，并不为决策者所喜欢，因为他们直接代表英国农民的利益。

第二，为农民提供诸如法律、税务等方面的系列服务。如在种植制度、转产、土地补偿等方面。一般而言，补贴标准的制定同样不是农协的事，但他们为决策者提供直接的咨询。比如根据法律，一些疫病如口蹄疫、疯牛病等，感染的牲畜将被屠宰，这时就面临着以什么标准补偿被屠宰牲畜的问题。农协会建议英国政府及欧盟直接用市场价值作为补偿标牌，一般地讲，这类建议是不需要谈判或讨价还价的。大多情况下，政府也会做出正确的决策，如制订适当的补贴标准等。但如果政府在少数情况下做出不当决策，农协也会采取行动，以法律为基础和手段同政府进行谈判。

第三，代表农民进行市场方面的讨价还价，改进单个农民在市场交易中的不利和被动地位，增强农民谈判和竞争的地位与能力。

第四，为农场主提供商业服务。农协有自己的专家，可以进行有效的预测，同时农协还与很多超级市场保持良好合作关系，他们可以给农场主提供非常有效的信息或建议，如每周一次为农场主收集价格、数量、质量方面的统计数据等。对于他们自己没有的数据，则可能以农协的名义购买，然后与全体会员或部分会员共享这些信息。有时还针对具体案例提供信息服务。

第五，保护本土农业。英国农协近年来着力推动"英国农场标准标签"，"红拖拉机"等标识的认证，强调了农产品的原产地标识认证，其目的是为了强调获得这些标识的农产品具有质量优良、环境友好的特性。另一层目的，是希望通过这种质量和产地的认证体系，抵制外国农产品，以达到保护会员利益的目的。

第六，宣传农业。一方面强调农业对于经济、社会、文化、环境等方面的独特功能，一方面也呼吁社会各界重视英国本土农业的发展，如重视本国农产品供应总量，以及农产品的质量安全、动物福利。同时它们也重视加强青少年对农业的了解，如全国农民协会就成立了青年农民俱乐部，免费吸纳青少年学生成为农协会员。

在经济全球化背景下的农业发展中，农民协会的利益诉求可以上升为一个国家的利益诉求，并成为与外国谈判的筹码。英国的三大农协组织在欧盟总部布鲁塞尔设立办公室，代表英国农民的利益提出农产品贸易的主张，影响欧盟共同农业政策的制定和执行。在某种程度上，它的利益诉求是与英国政府的利益一致的。由于有了农民协会的呼声，甚至抗议、示威，为英国政府增加了国家贸易谈判的筹码。此外，像一些农产品行业协会的存在，则可以作为英国某一个农产品行业的民间代表，向世贸组织提出反倾销诉讼，以抵制国外进口农产品的大肆进入。

第七章 CHAPTER 7
农业与农村公共管理机制与政策体系 ▶▶▶

农业农村发展公共政策是公共部门为解决农业农村有关公共问题，依照决策程序选择、公共政策目标和解决方法的政治方案，包括国家、中央和地方政府以及国际机构、区域机构等制定的有关农业农村的法律、法规、规划和行政性规定。

第一节 农业与农村公共管理机制与框架

一、现行农业农村行政管理体制

经过多年发展演变，英国农业行政管理体制形成了以环境、食品和农村事务部为行政核心，以部属执行机构为行业施政手段，以其他非部属机构为合作伙伴，以区域办公室和地方政府为辅助的基本管理模式。

（一）环境、食品和农村事务部

2001年，英国成立环境、食品和农村事务部，除延续原农渔食品部的全部职能、资源与业务外，还接管了原环境、交通及区域部和内政部的部分相关职能。英国农业行政管理体制的这一改革最突出的特点是强调环境和乡村事务的统一协调管理，以乡村可持续发展为核心，要求政府各部门采取整合思路的方式，共同推动可持续发展和确保食物供应链的安全。

英国的基本宗旨是通过实现农业和乡村的可持续发展，努力提高现阶段和未来的生活品质。具体包括有效保护环境、合理利用自然资源、稳定发展农业生产和经济、促进就业和建立符合消费者要求的高效食物供应链机制等。

（二）部属执行机构

英国环境、食品和农村事务部的许多行政职能是由部属执行机构在其领导下负责完成的。执行机构的设立或撤销可不经立法程序，在具体组织和管理上独立于环境、食品和农村事务部，包括非部级部门、执行机构、执行性非部级公共机构、咨询性非部级公共机构和法庭。从法律角度看，它们代表环境、食品和农村事务部部长履行职责，因此又与环境、食品和农村事务部密不可分，其工作人员属公务员编制。

1. 非部级部门（Non-ministerial department）

（1）林业委员会。林业委员会是政府部门，负责保护、扩展和促进林地的可持续管理。它包括两个机构，一是英国林业，负责管理公共森林庄园。二是森林研究，是英国林业和树木相关研究的主要组织。

（2）水务管理局。水务管理局是非政府部门，是英格兰和威尔士自来水和污水处理部门的经济监管者。其负责监管公司确保以合理的价格为消费者提供优质和高效的服务。

2. 执行机构

（1）动植物卫生局。该部门致力于维护动植物健康以造福人类、环境和经济。主要职责包括识别和控制动植物的地方性和外来病虫害，并监测新出现的病虫害；在细菌、病毒、寄生虫疾病和疫苗以及食品安全等领域开展科学研究；促进动物、动物来源产品和植物的国际贸易；通过许可和注册保护濒临灭绝的野生动植物；管理养蜂（蜜蜂）检查、诊断、研究与开发以及培训和建议计划；监管动物副产品的安全处置以降低潜在危险物质进入食物链的风险。

（2）环境、渔业和水产养殖科学中心。环境、渔业和水产养殖科学中心是海洋科学和技术领域的世界领先者，负责收集、管理和解释有关水生环境、生物多样性和渔业数据。该中心提供范围最广的海洋和淡水应用科学，为环境、食品和农村事务部以及其他公共和私营部门客户提供与海洋和水生环境有关问题的建议，包括海洋规划与环境许可、气候变化影响及英国的适应能力、可持续渔业管理、海洋生物多样性和栖息地、鱼和贝类的健康与卫生和应对因英国及其周围水域发展引发的紧急情况等。

（3）农村支付机构。作为欧盟在英国共同农业政策计划的付款机构，向农民、贸易商和土地所有者付款。此机构还代表自然英格兰付款，并管理40多个计划以确保英国拥有健康的农村经济和强大的农村社区。英国每年为支持蓬勃发展的农业和食品行业支付超过 20 亿英镑。农村支付机构主要职责包括采取措施提高农业生产力；通过监测牛的活动以及对屠宰场和切肉厂的检查，确保英国食品的来源，并有助于控制牲畜的疾病；提供补贴和其他付款以支持英国的农业和食品业；提供农业食品部门的进出口许可证；提供补贴以鼓励学生饮用牛奶；提供免费销售证明支持自由贸易；规范乳制品和农产品市场；通过农村发展计划和各种资金计划的管理（例如推出超快农村宽带）促进农村经济等。

（4）兽医管理局。兽医管理局旨在保护动物健康、公众健康和环境、公共卫生并使动物福利达到高标准，帮助食品标准局保护和改善人们食物安全性。管理局是由科技工作者和行政人员共同组成的约 160 人的机构。管理局的主要职责包括监视并采取行动应对兽药不良事件；测试动物和动物产品中的兽药残留或非法物质；评估申请并授权公司销售兽药；控制兽药的制造和分配方式；就制定兽药政策向政府部长提供建议，并将其付诸实施；制定、更新和执行英国兽药法规。

3. 执行性非部级公共机构

（1）农业和园艺发展委员会。农业和园艺发展委员会提供市场信息以提高供应链的透明度以及刺激国内外市场需求。

（2）邱园皇家植物园董事会。邱园皇家植物园董事会是由环境、食品和农村事务部发起的非部级执行公共机构，负责确保邱园在政府规定的指导范围内运作，并确保最大的物有所值。

（3）水消费者委员会。水消费者委员会代表英格兰和威尔士水利用和处理污水的消费者，并处理未解决的投诉。

（4）环境署。环境署成立于 1996 年，旨在保护和改善环境，致力于为人类和野生动植物创造更好的场所，并支持可持续发展。该机构总部位于布里斯托尔，在伦敦设有另一个办事处。其主要职责：规范主要行业和产生的废物、污染土地的处理；保护水资源、渔业和生态；管理主要河流、水库、河口和海洋的洪水风险。

（5）联合自然保护委员会。联合自然保护委员会是政府和权力下放的行政机构在英国和国际自然保护方面的法定顾问。它的工作有助于维护和丰富生物多样性，保护地质特征和维持自然系统。

（6）海洋管理组织。海洋管理组织旨在对英格兰周围海洋中的海洋活动进行许可、监管和计划，便于以可持续的方式进行海洋活动。该组织是由 2009 年《海洋和沿海通道法》创建的，现在已经有将近 300 人的团队。主要职责包括管理和监测捕鱼船队的规模和捕捞配额，例如渔船许可证、海上捕鱼时间以及鱼类和海鲜配额；海洋建设、海洋自然保护法制定、海洋污染紧急事件处置以及全球范围内海洋活动的海洋计划；野生动物立法并颁发野生动物许可证。

（7）国家森林公司。主要职责是领导国家森林的创建。国家森林横跨英格兰中部 200 平方英里*，该创建促使森林覆盖率（森林和其他栖息地）增加了两倍，达到近 20%，并且随着环境的转变，该地区的经济和社会福祉继续增长。

（8）自然英格兰。自然英格兰是根据 2006 年的《议会法》成立的。其宗旨是帮助保护、改善和管理自然环境，造福子孙后代，从而为可持续发展做出贡献。

（9）海水鱼产业管理局。海水鱼产业管理局支持海鲜产业的可持续发展。它为海产品行业的各个部门提供监管指导和服务，是由苏格兰政府、威尔士议会和北爱尔兰农业与农村发展部以及环境、食品和农村事务部赞助。

4. 咨询性非部级公共机构

（1）排放问题咨询委员会。排放问题咨询委员会就释放转基因生物对人类健康和环境带来的风险向部长们提供法律建议。如销售转基因生物；发布同意书及所发布同意书的限制；评估新的研究结果和任何基于科学的转基因问题；转基因生物的发布和营销法规。

（2）独立农业上诉小组。独立农业上诉小组负责如下工作：针对农村支付机构的决定提出上诉；举行小组听证会；向农业、粮食和海洋环境大臣就个人农业上诉提出建议。

（3）科学顾问委员会。科学顾问委员会向环境、食品和农村事务部提供有关科学政策和策略的专家独立建议。主要负责：向首席科学顾问和部长提供独立的专家意见，指导环境、食品和农村事务部的科学重点和计划。

（4）兽医产品委员会。兽医产品委员会向环境、食品和农村事务部提供有关兽药和动物饲料添加剂的建议。具体负责：为与兽药和动物检验证书的销售许可有关的特定科学问题提供独立建议；提供有关兽药疑似不良事件的报告，并向兽医管理局提供建议。

---

* 英里为非法定计量单位，1 英里＝1 609.344 米。

5. 法庭

植物新品种和种子审裁处。该审裁处就植物新品种的国家清单、英国植物新品种权和某些林业事项做出具有法律约束力的决定。

二、后脱欧时代的英国环境、食品和农村事务部发展战略框架

英国的《弱势群体平等、多样性和包容性战略（2020—2024年）》报告强调环境、食品和农村事务部未来将会成为一个公平、多样化和包容性组织。在网络、社区、支持者、人力资源团队所做的工作基础上，加强环境、食品和农村事务部建设，以应对英国未来可能面临的挑战。

（一）战略

该战略适用环境、食品和农村事务部集团的所有级别员工，是在2017—2020年环境、食品和农村事务部平等、多样性及包容性战略的基础上，扩展了对平等与多样性的关注。

（二）愿景

环境、食品和农村事务部努力成为一个多元化和包容性组织，而机会均等是促使英国朝着更加多样化和包容性的愿望迈进的关键因素。它将员工队伍中的平等、多样性和包容性战略与实现更广泛的业务愿景的能力联系在一起。

（三）战略目标

第一，将平等和多样性行动扩展到发展环境中，创建更具包容性文化。第二，建立和维持一支多样化的员工队伍。第三，利用来自不同利益相关者、客户和员工的见解，为外部政策制定、服务和计划提供信息。第四，提高主动应对平等、多样性和包容性战略机会和挑战的能力和信心。第五，加强交流以提高认识和分享进步。

第二节　农业与农村政策体系

自加入欧盟以来，英国采用的农业农村政策是欧盟共同农业政策。英国是

这一政策的重要制定国之一，也是这一政策历次改革的主要推动者之一。

一、加入欧洲共同体（欧盟前身）后农业政策体系变化

以英国 1973 年加入欧洲经济共同体为起点，开始执行"共同农业政策"，由此引起一系列政策变化。

（一）农产品价格管理制度

农产品价格管理制度由过去实行国内的保证价格改为采用三种价格形式的统一管理制度。这三种价格均由该类产品共同市场组织的理事会（或执委会）每年核定一次。

1. 目标价格

目标价格是欧共体成员国的农业生产者在该生产年度内渴望得到的价格，主要被用于确定其他统一管理价格，如干预价格比目标价格一般要低 10％～20％。该价格在欧共体范围内是统一的，在每个生产年度前公布。

2. 干预价格（亦称保证价格）

干预价格是生产者每年出售农产品可以得到的最低价格。当市场成交价低于干预价格时，生产者可以从欧共体设在英国的干预中心领取价差补贴，或直接以干预价格把产品卖给该干预中心，但享受干预价格产品的品种、规格和生产限额由欧共体统一规定和审核执行。

3. 门槛价格

门槛价格是欧共体以外国家的农产品进入欧共体港口时的最低进口价格，如果到岸价格低于门槛价格，欧共体的管理机构就征收差额税。欧共体成员国均不能生产的农产品，不规定门槛价格。

（二）参加农产品贸易的共同市场组织

欧共体的农业政策规定，各成员国的农产品都要建立共同市场组织进行管理，包括执行统一的价格、对价格按货币汇率向各成员国换算、对市场活动进行干预、建立共同的对外关税壁垒、规定某些产品的出口补贴制度和对国内生产者的奖励办法等。市场组织的管理机构由各成员国代表组成，凡是纳入共同市场管理的产品都要接受共同体设在该国的干预中心（和分中心）的管理，本

国不得另成立垄断性的市场组织。

（三）继续推行调整结构政策

这类政策包括扩大农场经营规模、提高农场生产的现代化水平、改善农产品加工和销售条件等。欧共体这方面的规定有较大灵活性，如生产补助只规定政策界限，具体办法各国可以不同。欧共体规定对山区等困难地区的农业生产可以提供补贴，补贴可以按亩，也可以按牲畜头数发放。

（四）接受 "欧洲农业指导和保证基金" 提供的资金保证

1985—1986 年度，英国向该基金提供了 9.06 亿英镑，而该基金向英国的拨付总额达 13.09 亿英镑，英国净得益 4.03 亿英镑。英国加入欧洲经济共同体以后，农业生产有了更快发展，但农产品生产成本过高，许多农产品的过剩问题并没有解决，而且继续发展，与共同市场的过剩共生共长。

二、欧盟共同农业政策

欧盟共同农业政策是欧盟实施的第一项共同政策，与关税同盟政策共同构成欧共体的两大支柱政策，它提供了多种政策选项，各个国家可以根据本国国情选择合适的政策选项。因此，尽管欧盟各成员国的农业政策目标和方向是一致的，但其具体实施计划有区别。随着农业发展及内外部环境变化，欧盟共同农业政策经历了几次改革和调整，日益强调农业的多功能性和可持续性，致力于农村全面发展和农业环境保护等。

（一）欧盟共同农业政策目标

欧盟共同农业政策是所有欧盟国家的共同政策，它由欧盟预算中的资金在欧洲进行管理和资助，它是农业与社会之间以及欧洲与其农民之间的一种伙伴关系。共同农业政策目的如下：①支持农民并提高农业生产率，确保稳定供应可负担的食品；②保障欧盟农民过上公平合理的生活；③帮助应对气候变化和自然资源可持续管理；④维护整个欧盟的农村地区和景观；⑤通过促进农业、农业食品行业和相关部门的就业来保持农村经济的活力。

欧盟委员会建议在 2021—2027 年间，围绕九个关键目标建立共同农业政策。这些目标分别是确保向农民提供公平的收入，提高竞争力，重新平衡食物链中的力量，气候变化行动，环境保护，保护景观和生物多样性支持世代相传，充满活力的农村地区和保护食品和健康质量。这些目标侧重于社会、环境和经济目标，将成为欧盟国家设计其欧盟共同农业政策战略计划的基础。

（二）欧盟共同农业政策框架

欧盟共同农业政策涵盖对农民和市场收入支持的干预措施和贸易以及为农村发展提供资金两个支柱（图7-1）。

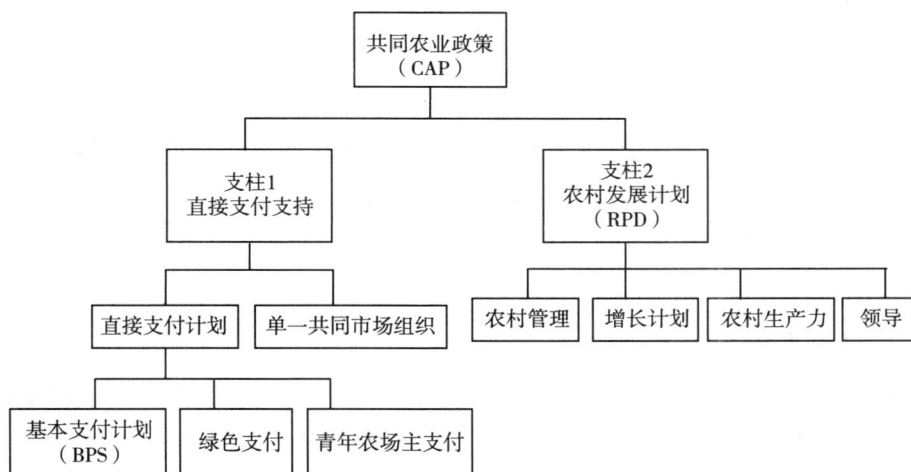

图7-1 欧盟共同农业政策框架

（三）欧盟共同农业政策的实施

1. 直接支付的收入支持

通过直接支付的收入支持确保收入的稳定，为农民提供有利于环境友好型农业的酬劳，并为农民提供通常不是由市场所支付的公共物品。

2. 市场措施

为应对困难的市场情况而采取的市场措施，例如由于健康恐慌导致需求突然下降，或由于市场暂时供过于求导致价格下跌。

3. 农村发展措施

农村发展措施是解决农村地区面临的具体需求和挑战的国家和区域方案。

（四）欧盟共同农业政策的功能

1. 生产食物

欧盟的农场提供了丰富、价格适中、安全和优质的产品。欧盟以其食品和烹饪传统而闻名于世，是世界领先的农业食品生产国和净出口国之一。由于其特殊的农业资源，欧盟可以而且应该在确保全世界粮食安全方面发挥关键作用。

2. 农村社区发展

（1）在英国的乡村极其宝贵的自然资源中，有许多与农业相关的工作。农民需要为他们的"上游"行业提供机械、建筑物、燃料、化肥和医疗保健。

（2）其他人忙于"下游"操作，如食品的准备、加工和包装以及食品的存储、运输和零售。农业和粮食部门共同为欧盟提供了近 4 000 万个就业机会。

（3）为了有效运作并保持现代化和生产力，农民、上游和下游部门需要随时获得有关农业问题、耕作方法和市场发展的最新信息。在 2014—2020 年间，预计共同农业政策将为 1 800 万农村人口提供高速技术、改善的互联网服务和基础设施，相当于欧盟农村人口的 6.4%。

3. 环境可持续农业

农民面临双重挑战——生产食物，同时保护自然和生物多样性。谨慎使用自然资源对于英国的食品生产和所有英国人的生活质量至关重要。

（五）英国 2014—2019 年共同农业政策改革

1. 直接支付给农民

表 7-1 统计描述了英国的共同农业政策改革情况。总体来看，农业环境计划、基本/单一付款计划的额度在持续增加，而其他支付计划仅是微调。

表 7-1　直接支付计划

单位：百万英镑

类别 \ 年份	2016	2017	2018	2019
	耦合支付（与生产挂钩）			
苏格兰高地羊支持计划	7	7	7	7
苏格兰烤乳牛支持计划	38	39	39	40
耦合支付总额	44	46	46	47

（续）

年份 类别	2016	2017	2018	2019
	脱钩和其他支付（与生产无关）			
基本/单一付款计划[a]	2 593	2 745	2 743	2 766
农业环境计划	435	399	441	449
欠优惠地区支持计划	83	83	72	52
动物疾病补偿[b]	21	24	25	24
其他[c]	31	4	—	4
解耦合其他付款合计	3 163	3 255	3 281	3 296
直接支付总额减去征税	3 208	3 302	3 327	3 343
资本转移和其他支付[b]	29	34	34	34

注：a. 基本支付计划于 2015 年推出，在此单一支付计划实施之前；b. 为根据疾病控制措施强制屠宰的牲畜支付的补偿，为在建工程支付的补偿，这些付款不包括在农业总收入中；c. 包括一次性付款或应急基金付款。

数据来源：英国环境、食品和农村事务部，Agriculture in the United Kingdom 2019。

2. 2019 年按地区对农民的直接付款

表 7-2 统计描述了英国不同地区 2019 年度农民直接支付计划情况。

表 7-2 英国不同区域农民直接支付计划对比

单位：百万英镑

地区	英格兰	威尔士	苏格兰	北爱尔兰
耦合支付（与产品挂钩）	—	—	—	—
苏格兰高地羊支持计划	—	—	7	—
苏格兰烤乳牛支持计划	—	—	40	—
耦合支付总额	—	—	47	—
脱钩支付（与生产无关）				
基本支付计划	1 819	236	426	286
欠优惠地区支持计划[a]	—	—	52	—
农业环境计划	—	—	—	—
环境管理计划	386	—	—	—
新农村管理计划[b]	—	—	—	—
农村优先事项/土地管理选项[c]	—	—	4	—
格拉斯提尔[d]	—	52	—	—
乡村管理计划	—	—	—	1
环境农业计划[e]	—	—	—	3
具有特殊科学意义的地点和地区	—	3	—	—
其他农业恢复基金[f]	4	—	—	—

（续）

地区	英格兰	威尔士	苏格兰	北爱尔兰
动物疾病补偿（收入）	13	5	—	6
脱钩付款总额	2 222	296	482	296
支付总额	2 222	296	529	296

注：a. 北爱尔兰的自然限制区、苏格兰的欠优惠区支持计划；b. 环境管理（ES）现已结束，但付款仍在继续，新农村管理（CS）——第一批协议于 2016 年 1 月 1 日开始；c. 自 2014 年起，土地管理人选项对新申请人关闭，农村优先项目于 2013 年底结束，付款继续得到兑现；d. 2013 年推出；e. 该计划始于 2017 年 7 月；f. 一次性紧急付款，部分于 2019 年支付，延期至 2020 年。

数据来源：英国环境、食品和农村事务部，Agriculture in the United Kingdom 2019。

3. 农村发展方案关键措施对直接支付影响

表 7-3 统计描述了英格兰、威尔士、苏格兰和北爱尔兰四个地区受农村发展方案关键措施影响的直接支付变化情况。

表 7-3　英国不同地区农村发展方案

单位：百万英镑

年份 类别	2016	2017	2018	2019
	英格兰			
新农村管理计划[a]	369	324	366	386
环境管理计划[b]	—	—	—	—
	威尔士			
环境敏感地区计划	2	1	2	3
格拉斯提尔	36	56	57	52
	苏格兰			
欠优惠地区支持计划（LFA）	65	64	63	52
土地管理者选项[c]	14	13	9	4
农村优先事项[d]	2	2	1	—
	北爱尔兰			
自然限制区（LFA）	19	19	9	—
乡村管理计划[e]	7	3	3	1
环境敏感地区计划[f]	4	—	—	—
环境农业计划[g]	—	—	3	3

注：a. 新农村管理计划于 2015 年启动，首批协议将于 2016 年生效；b. 环境管理计划包括入门级试点计划，OELS，ELS 和合肥光源，计划于 2014 年 12 月结束，但仍继续支付款项；c. 自 2014 年起对新申请人关闭，付款继续支付；d. 计划于 2013 年 12 月结束，现有协议继续履行；e. 包括 2013 年之前开始的协议；f. 所有协议均于 2016 年到期；g. 该计划始于 2017 年 7 月。

数据来源：英国环境、食品和农村事务部，Agriculture in the United Kingdom 2019。

4. 按资金流分列的所有共同农业政策付款

表7-4统计描述了按照资金流分列的英国以及英格兰、苏格兰、威尔士和北爱尔兰农业共同政策付款情况。

表7-4 按照资金流的英国不同区域农业共同支付情况

单位：百万欧元（欧盟财政年度）a

类别 \ 年份	2016	2017	2018	2019
英国上限付款总额	3 927	3 974	3 934	4 229
支柱1合计	3 121	3 171	3 174	3 228
其中：直接援助	3 035	3 080	3 126	3 186
市场价格支持b	86	91	48	42
支柱2合计c	806	803	760	1001
其中：欧洲财务报告准则d	641	542	581	776
共同筹资	165	261	179	225
英格兰联合呼吁程序付款总额	2 626	2 525	2 474	2 672
支柱1合计	2 018	2 069	2 084	2 100
其中：直接援助	1 932	1 988	2 036	2 058
市场价格支持b	86	81	48	42
支柱2合计c	608	456	390	572
其中：欧洲财务报告准则d	529	374	341	502
共同筹资	79	82	49	70
威尔士联合呼吁程序付款总额	338	356	397	397
支柱1合计	260	268	263	265
其中：直接援助	321	324	324	324
市场价格支持	——	——	——	——
支柱2合计c	78	88	134	132
其中：欧洲财务报告准则d	52	63	95	93
共同筹资	26	25	39	39
苏格兰联合呼吁程序付款总额	584	732	698	784
支柱1合计	522	507	503	539
其中：直接援助	522	504	503	539
市场价格支持	——	——	——	——
支柱2合计c	62	225	195	245
其中：欧洲财务报告准则d	26	89	127	159
共同筹资	36	136	68	86

（续）

类别＼年份	2016	2017	2018	2019
北爱尔兰联合呼吁程序付款总额	379	361	365	376
支柱 1 合计	321	327	324	324
其中：直接援助	321	324	324	324
市场价格支持	—	—	—	—
支柱 2 合计c	58	34	41	52
其中：欧洲财务报告准则d	34	16	18	22
共同筹资	24	18	23	30

注：a. 信息基于欧盟财政年度 10 月 16 日至 10 月 15 日，数字不包括财务更正/罚款；b. 市场价格支持包括对农业市场的干预，例如公共干预和私人储存援助，这些计划大多由农村支付机构代表英国进行管理；c. 支柱 2 资助农村发展，例如农业环境计划、农业竞争力和农村地区的经济多样化和生活质量；d. 欧洲农村发展基金会是欧洲农村发展农业基金，成员国需要用其国库的捐款来共同资助这些收入，数字是基于年度季度回报，而不是年度账户（以便在《财务报告准则》和共同融资之间提供分割）。

数据来源：英国环境、食品和农村事务部，Agriculture in the United Kingdom 2019。

三、后脱欧时期政策体系变化趋势

英国计划从 2021 年 1 月 1 日起，用 7 年时间制定与实施英国农业农村发展政策，并逐步过渡到新系统。

（一）目标

1. 与农民、土地管理人员及其他农业相关人员合作，设计和开发先进的系统，从而使协作变得更加高效。

2. 减少官僚主义，并在决策和不确定时期内就政策和运营问题与农业社区进行有效沟通。

3. 充分发挥农业社区的重要作用及提升对英国环境和食品部门的积极贡献。

（二）未来政策主要变化

1. 直接支付

（1）逐步淘汰直接支付。计划从 2021 年到 2027 年逐步淘汰英格兰的直接支付（表 7 - 5）。

表7-5　直接支付范围

直接付款范围（英镑）	最大减少（%）
≤30 000	5
30 000～50 000	10
50 000～150 000	20
≥150 000	25

注：对于价值40 000英镑的索赔，英国将对首笔30 000英镑降低5%的赔偿，对接下来的10 000英镑降低10%的赔偿。

数据来源：英国环境、食品和农村事务部，Farming for the future Policy and progress update February 2020。

（2）解除链接。英国计划将"直接付款"与"耕种土地要求"脱钩，并就如何更改这些细节与农民和利益相关者充分沟通，计划在取消链接开始之前及时与农民分享。英国最早将取消付款链接的时间设定在2022年。脱钩付款可以任何方式使用，例如用于提高生产力的投资、使业务多元化或从农业中退休，这将为新进入者以及希望扩大或购买或租用土地的现有农民提供更多机会。

（3）总额。英国也正在考虑向农民提供一次性付款，以代替他们有权获得的任何其他直接付款。英国最早提供的一次性付款是2021年。

2. 监管与执法

英国计划到2021年改进目前的监管格局。从长远来看，英国计划在设计未来的监管系统时采用基于伙伴关系的方法。这意味着英国政府将与农民合作，共同开发监控未来法规的方法，英国新的法规和执法方法将更具针对性。英国将通过适当的监控、检查和执行活动来平衡维护强大的法规要求（这些标准可以保护英国的标准和声誉）。英国希望创建一种新的监管文化，鼓励在环境、食品和农村事务部各机构之间进行更好地沟通和数据共享，并为那些被监管的人提供更流畅、更轻松的体验。

3. 农村发展计划

英国政府认识到农村地区的特殊情况以及他们将需要的支持。政府已承诺为所有从2020年底开始的农村发展计划项目提供资金，这些项目将在协议期限内运行。

4. 乡村管理

英国将从乡村管理过渡到新的环境土地管理计划。但是，根据目前的计划，新的《乡村管理协议》将在农业过渡期的头几年继续提供。新旧系统将在一段时间内同时运行，以确保有时间计划和为未来做准备。当英国过渡到环境土地管理计划的新安排时，《乡村管理协议》中的任何人都不会受到不公平的不利影响。在此之前，签署《乡村管理协议》可为环境效益提供可行的长期收入来源。

5. 供应链透明度

英国希望为农业生产者提供更高效的数据访问权限，帮助其能够做出以市场为导向的、更明智的决策，提高其与加工者和零售商之间的谈判能力。英国还计划发布、维护和执行法定的行为准则，这将有助于农民确信自己在交易中得到公平的对待。根据目前的计划，英国还将以适合农民需求的系统替换欧洲生产者组织系统，使初级生产者之间的协作更加井然有序。

6. 树木和植物健康

因认识到树木、林地和森林所带来的宝贵环境效益，英国正着手修订现有树木健康补助计划，旨在保护树木免受不断增加的病虫害威胁。英国将提供更多的信息，例如生物安全培训材料、快速警报以及有关当前病虫害等信息。树木健康计划将与环境土地管理计划共同实施，树木砍伐和放牧健康补助金预计在 2024 年启动并运行，而在 2020—2021 年对补助金计划进行测试和试验，并与环境土地管理计划试点项目一起启动。信息、协作和弹性存量等其他要素预计从 2022 年开始实施，英国将制定资格标准以确保能够真正改善树木健康状况。

7. 动物健康与福利政策

该政策旨在实现以下目标：促进更健康、更高福利动物的生产以达到高生产标准；巩固英国在健康和福利方面的国际声誉；展示一种现代高效的动物饲养方法。英国将实施一揽子改革计划，具体包括改善监管基准、增强动物福利消费者透明度、动物福利公共资助计划、动物健康和动物保健计划。

8. 资金支持

（1）环境土地管理。英国要向农民和土地管理者支付提供环境利益的费用，英国计划在 2024 年启动新的环境土地管理计划。这种新方法不是补贴，而是授予环境土地管理协议者的公共款项，以换取其提供的环境利益。资助的收益包括：干净的空气和水、减少环境危害和污染等，以最大程度地减少对气候变化的影响。

（2）动物福利。英国旨在建立世界领先的动物福利标准，为此，英国政府将为农民制定由公共资助的计划、动物福利提高计划等。作为这些计划的一部分，英国正在探索动物福利赠款计划，通过提供一次性付款来建立更高动物福利标准，赠款可用于设备、基础设施、技术或培训和创新方面的投资。英国还正在探索一种按结果付款的方案，如果农民签署并实现高于基准的动物福利，将持续给予奖励。同时，英国正在试图寻找一些方法，以确保消费者对动物福利标准有清晰的了解，并可以在购买产品时轻松识别这些标准。

（3）投资支持。英国希望通过支持生产力的显著提高促进未来农业的可持续发展。在农业转型期间，计划为那些希望在设备、技术和基础设施上的投资者提供财政援助，这将帮助他们提高生产率、可持续管理环境并提供其他公益物品。英国政府将与农民和代表组织合作，以确保支持投资能够发挥积极作用。

（4）研究与开发。英国计划支持旨在提高生产率并促进更有效和可持续的粮食生产研发项目。当前正在准备实施一揽子计划，以解决农业面临的各种挑战。实施农场创新研发方案，促使农民与研究组织合作开展项目研究，该计划将以 9 000 万英镑的"转变食品生产计划"为基础，支持英国以技术和数据为导向的农业转型。

（三）政策变更时间表

随着英国脱离共同农业政策，英国将开始逐步制定新政策（表 7-6）。到 2024 年及以后，英国将引入新计划，并有望全面实施新的农业政策。

表 7-6　农业政策变更时间表

内容 ＼ 年份	2020	2021—2023	2023—2027
直接付款	将继续运作	直接付款·开始逐步淘汰直接付款·在过渡期内将继续减少付款·直接付款最早将在 2022 年取消关联	直接付款·在过渡期内将继续减少付款；在此期间，百分比将增加，直到为 2027 计划年度支付最后一笔款项为止
农村管理	计划将继续可用·新一轮开放（2020 年 2 月）	农村管理·计划将继续可用·新计划将于 2021 年 1 月开始·对于简化的农村管理的申请最后年限为 2023 年	

（续）

内容 ＼ 年份	2020	2021—2023	2023—2027
基本付款	绿化和青年农民付款将在 2020 年继续·减少青年农民的文书工作		
环境土地管理	正在进行测试和试验	环境土地管理·国家试点将于 2021 年开始·第一个试点模块将于 2021 年下半年开始	环境土地管理·环境土地管理计划正式启动
监管和执行	处罚比例更大·维持当前的监管标准·交叉合规性将继续	监管和执行·2021 年开始简化交叉合规性·计划于 2022 年提供临时交付模式	监管与执行·到 2024 年的新监管模式
动植物健康和动物福利	树木健康补助金计划将于 2020/2021 年试用	动植物健康和动物福利·2022 年 4 月开始实施动物健康计划·2021 年与环境土地管理计划一起启动树木健康补助金	动植物健康和动物福利·树木健康补助金到 2024 年取代乡村管理
供应链公平	引入新能力以提高数据透明度	供应链公平·从 2021 年起引入并实施法定行为准则（适用于合格的卖方和商业购买者之间的合同）·从 2021 年起为生产者组织引入新的国内制度	
		简化基本付款·进一步简化 2021 BPS	
		生产力·可在 2021 年申请的生产力补助金	生产力·生产力补助金继续
		创新、研究与发展·计划于 2021 年至 2022 年间推出	

数据来源：英国环境、食品和农村事务部，Farming for the future Policy and progress update February 2020。

第八章 CHAPTER 8
农业发展政策 ▶▶▶

为了促进农业发展、提高农民收入、繁荣农村及推进整体经济发展等目标，英国政府采取了多种措施。本章内容包括农地制度与政策、农业劳动力就业政策、农业生产政策、农产品价格政策、农民组织政策以及农业贸易政策，重点探究各项政策现状及脱欧后农业政策走向。

第一节　农地制度与政策

一、土地资源管理

英国是典型的土地私有制国家，自 1066 年以来，英国的土地在法律上都归英王（国家）所有，90％的土地被 10％的私人或法人所掌控，土地所有者拥有对土地的永久所有权。在长期的历史发展变化过程中形成了规划管理、开发许可、用途管制等具有英国土地管理的鲜明特点。

（一）土地登记

英国土地产权登记具有完备的法律体系和保障实施制度，土地登记法律始于 1535 年国会制定的《用益法》。2002 年颁布的《土地登记法》及依据该法于 2003 年制定的《土地登记规则》架构了英国产权登记的法定基础。土地的买卖交易过程中涉及的土地用途、年限等均须到土地登记局予以备案登记，否则不受法律保护，涉及土地租赁期 7 年以上的，还须向土地登记局提供相应文档资料，所有权人和使用权人房产租约进行详细约定并签订后，新的权利人须在 2 个月内到土地登记局办理登记。英国土地登记强调对占有权的保护，使用权人也可将土地出租给其他经营者使用，到期前土地所有权人无权干涉，依照协议限定条件产生相应的权利和义务。对土地上承载建筑物，本着"房从属于地、房随地走"的原则给予登记，没办理登记的土地买卖、抵押行为不受有关法律的保护。土地登记除涉及保密或个人隐私的宗地信息内容外，其他的土地所有权人、宗地图等信息完全公开。按照与房屋关系的密切程度，划分不同的查询权限，例如，交易关系中的相对人可查询房屋土地权属、土地（及地上房屋）的情况、产权人的情况、交易情况和限制条款、抵押等利益相关方、勘测定界图等信息。普通人则仅能查询房屋面积等基本信息，较好地把公民的知情权与保护隐私有机结合起来。

（二）土地规划

英国是世界上最早通过规划立法限制土地开发的国家。1909 年英国制定的《住房与城镇规划诸法》是英国城市规划法规体系建立的标志，首次通过立法方式对土地发展进行法定限制。英国规划制度追溯于 20 世纪中期，1947 年颁布的《城乡规划法》把乡村和城市进行了界定并从概念上确切地加以剥离，成为后来英国城镇和乡村规划体系的重要基础，此后该法进行了多次补充修订，规划立法体系日趋健全完善。英国在中央层面没有设置专门统一的土地管理机构，采取土地分级分类的监管方式，土地规划体系分为国家级、区域性、郡级和地方（区级）等组成的四级规划体系，中央和区域的规划时限为 20 年，郡级和地方规划一般为 5 年。在规划制定过程中，下级规划服从上级规划，下级规划与上级规划相悖时则必须修改。但在实际操作中，按照"谁编制、谁实施"原则，上级规划仅从战略宏观角度间接影响下级规划的制定，原则上或者发展方向上分工明确、边界清晰，下级规划即郡、市级规划由当地社区、开发者、所有者及其他利益攸关方协同编制，土地利用方针、政策及发展框架的作用更趋明显。土地利用规划将土地用途分为 16 大类、若干小类，不同大类之间的土地用途改变都视为开发，土地资源开发必须遵守相关条例和规划制度，部分小类之间或同类型不同功能的改变也同样需取得规划许可。英国的土地用途管制是通过获有开发权来实施管控的，在进行建设用地开发前，必须先向政府购买发展权，取得项目许可用地规划。1922 年制定的《城市规划法令》构建了发展许可制度。1947 年的《城乡规划法》强调了土地发展权的利益国有化制度，实行所谓的"土地发展权国有化"，变更原使用类别之权为国家独占，必须得到规划许可。开发者获得原则上的许可需事先做出经济发展、就业、结构及生态是否符合发展方向和总体要求的详细设计，同时通过新闻媒介、通知单等形式将开发活动计划予以公告，征得当地居民和周围公众的意见建议并邀请相关机构和专业人士讨论商议，充分考虑土地利用效率和可持续性问题，最终方可与开发商达成协议。

为了保护农地环境，促进农村地区的可持续发展，1987年开始，英国政府制定了一系列以土地为基础的农业环境规划，通过各种补贴方式促使农民在农地上采取对环境友善的经营方式。

1. 环境敏感区规划

高地、拥有特种野生生物物种的地区和历史遗迹所在地在英国被看作是环境敏感区域。为了引导这些区域的农场在农业生产中更加注意对环境的保护，政府专门针对这些地区设置了保护计划。该计划类似于某些国家和地区设立专门的国家公园或者生态保护区，不仅有效地保护了野生动植物，而且还为英国农村增添了许多风景，这也是英国乡村风光闻名于世的原因之一。目前该项规划申请已经停止办理，取而代之的是环境管理人规划。

2. 守护田庄规划

鉴于农业生产对于乡村景观以及地景的改变，1991年在英格兰的环境敏感区之外作为一项小规模实验计划引入该项规划。从1996年开始，环境敏感区域以外区域的土地拥有者和管理人都可以申请守护田庄规划项目。此规划最重要的功效就是提升了乡村景观的自然美，保护了生物多样性，为大众提供了乡村景观和休憩环境。2006年12月，共有超过32.2万公顷的土地在守护田庄规划的协议下运作。目前该项规划申请已经停止办理，取而代之的是环境管理人规划。

3. 有机农业生产规划

为了推广有机耕作和有机养殖的生产模式，英国对有意采用有机种植或养殖的农场给予一定的经济援助。该规划的直接目的在于避免农业化学品的使用，同时设法将环境及野生动物所受损害减至最低程度。该规划鼓励参与者回收粪便与堆肥并采用轮种方式，力求在农田积聚天然的肥沃性，野草主要是以品种的选择或利用机械的方式来控制，家畜饲养方面的重点是大规模的制度和不使用大部分的家畜药物（但为避免患病而有其必要者仍须使用）。有机农业生产是以欧洲共同体相关规定为依据，产品除非是由已向得到认可的有机管理机构办理登记，并接受该机构年度检查的农民或其他个人依照规定所生产的，否则若以有机名义销售，即为犯法，此举的目的在于建立一套稽核制度，以便能向消费者保证所销售的有机食品的生产方式符合标准，另外可以保护真正生产者免于遭受冒牌货的竞争[①]。

4. 农地造林奖励规划

该规划的目的在于经由农地造林而改善环境、增进景观、提供新的栖息地和增加生物多样化。它对产生农地造林的支持方式是按年度支付来补偿以往的农业收入，据以鼓励农民将生产性的农用地转换成林地。给付期为 10 年（主要是对针叶林地）或 15 年（主要是对阔叶林地）。

5. 能源作物规划

该规划鼓励在农地推广种植能源作物，包括白杨属植物、柳树、生长期较短的灌木等木本植物以及芒草属植物等。该规划的实施也取得了一定效果，能源作物种植面积得到增加，其制成的新能源对化石能源形成部分替代，减少了常规能源的消耗并减少了温室效应气体排放。

6. 绿化带系统规划

英国是首次把绿化带政策纳入近代城市规划理论的国家，有专门的国家立法进行强制性约束。绿化带概念提出最早可追溯到 1920 年，用公园、农田等绿化带将城市公共活动区和住宅区隔开，1938 年英国制定了专门的《绿化带法》，用法律保护以规避伦敦和附近各郡因人口迁移以及其他地方城镇的融成一体而带来的土地和城市环境之间的矛盾。1947 年《城乡规划法》制订了英国城乡发展的规划管控政策原则，明确的土地开发权包括如何开发、何时开发以及开发到何种程度，在城乡建设过程中严格土地授予，始终把环境建设和自然生态保护作为优先考虑的重点，禁止为开发建设某个项目而破坏环境。《国家公园和乡村进入法》成为英国依法建立保护区的阶段标志性法律，目的是保护文化遗产和自然景观。英国国家公园土地是私有的，英国国土约 10％ 的土地被纳入国家公园体系，尽管国家公园管理以当地社区居民管理为基础，实施国家引导、政府牵头和非政府主体共同参与的多元共治模式，但对管理要求标准不降低，按保护性名目清单标准管理。法律严格规定绿化带系统内不容侵

---

① 资料来源于中国农村土地网（http：//www.nctudi.com/news/detail-9413.html）：英国农地利用保护管理。

占，也不容变更用途。

（三）农业用地质量评价

为保护农业用地，对农业用地分等定级并保护优质农业用地，英国实施了农业用地分类和评价方法。1966 年，英国农业管理部门牵头建立了农业土地分类系统，并在部分地区，例如英格兰和威尔士开展农地勘测调查，以便为土地规划提供土地质量方面的参考和指导。1967 年到 1974 年，出版了一系列文件，1976 年和 1988 年又对农地评价标准进行了两次修订。随着地理信息系统技术的出现以及气候和土壤数据的可获取，农地评价的精度不断提高。1999年以后，英国农地调查评价工作从以往的由政府主导向私人咨询为主转变。英国在决定农地是否可以利用时，不仅考虑农地质量，还考虑环境或遗产属性、地块大小、经济效益等因素。

土地长期的化学和物理属性、限制性因素、影响因素是英国在农业土地评价中主要考虑的因素。其中，限制性因素包括作物适宜范围、成本、产量水平和持续性等。影响因素则包括气候、土地和土壤特点等因素。英国将农用地划分为 5 个等级，最好和高产的农用地是 1 等、2 等以及 3 等中的 A 级，较差的是 3 等中的 B 级和 4 等、5 等地。农地规划政策中规定的优质多样性农地指的是 1 等、2 等以及 3 等中的 A 级。这类土地具有弹性和生产力，可作为未来食物或者非食物如纤维、药品等的生产基地。农用土地分类系统既可以为环境部和相关部门提供服务，也可用于商业咨询。

二、耕地保护政策

英国在乡村耕地保护中的政策体现出阶段性，具有明显的问题导向，从严格保护耕地逐步转向耕地保护与休闲娱乐并举。

（一）强化对耕地的保护

为了避免城市蔓延对农村土地的侵占，从而对粮食安全产生威胁，英国政府建立了一系列制度。例如，通过颁布"绿化带"政策保护农业用地和农村土地，设置了"国家公园"来保护农村地区的景观，并保持农村土地的性质。《国家公园与乡村进入法》要求英国政府设置"国家公园"及其管理机构，以保护乡村土地和自然景观。此外，英国政府还通过设立"杰出的自然景观地区"保护具有特色的、国家级的自然景观地区。为了应对国内农产品储备不足，1947 年英国颁布了《农业法案》，确立了农业补贴政策。这种以生产为核心的态度确定了乡村地区的首要功能是保证粮食供应安全，乡村规划政策主要是强化对耕地的保护。

（二）聚焦如何缓解休闲娱乐开发与自然资源保护之间的矛盾

加入欧共体后，英国的农业政策和农村经济逐步发生了变化。乡村经济已经不再被"以土地为基础的生产部门"所主导，乡村地区开始转变为综合生产和消费型地区。人们对生活质量的追求和对自然美景的向往使乡村的消费价值开始显现。随着英国乡村向"消费主导型经济"转型，政府开始关注乡村地区休闲娱乐开发与自然资源保护之间的平衡。由于实施"共同农业政策"的成员国之间仍存在粮食价格的竞争，英国在确保粮食安全和恢复国力的同时，也受到本国农业劣势的影响，农产品价格开始下滑，农业补助逐渐减少。为了应对收入下降，农民开始挖掘乡村多样化的价值。20 世纪 80 年代后期，58％的农场主的收入不再局限于单一的粮食作物种植，收入的多样化开始出现。乡村产业的多样化促使人们反思乡村的含义，提出"农业生产不再构成乡村经济的基础，……乡村地区能够支持一系列更为广泛的经济活动"。同时，人们对于乡村价值的理解也发生了重大的变化。随着乡村旅游、休闲产业的迅速发展，乡村田园风光成为人们希望在乡村进行多种方式消费的基础，乡村更具"消费性价值"。英国乡村开始从"生产主导型经济"向"消费主导型经济"转变。因此，对乡村风光和自然环境的保护成为英国乡村发展政策的核心。1986 年农业法案修编要求注意"保护自然风景和提升乡村舒适度，促进公众对乡村地区的喜爱"。1987 年英国环境部颁布的文件明确指出，乡村政策的目标已经从"保护农业经济和耕地"转变成"平衡乡村地区的自然环境质量与乡村社区的生活质量"。在这个阶段，政策逐步聚焦如何缓解休闲娱乐开发与自然资源保护之间的矛盾。

三、乡村建设用地政策

英国对于城市建设用地的管制极为严格，但在乡村建设用地的管制上赋予了地方政府相对多的自由裁量权。1947 年的《城乡规划法》严格控制对乡村地区的开发建设，阻止了乡村的无序发展。《国家公园与乡村进入法》设立国家公园委员会以保护乡村历史和景观。随后，英国在 1968 年颁布的《城乡规划法》中赋予地方政府在乡村保护方面更多的权力，使地方政府可以更好地为乡村建设提供基础设施。同期，英国开始推行"中心居民点规划"，对选定为中心居民点的乡村地区实施填充式开发，建设完善的基础设施和公共服务设施。以 1966—1982 年间英国的沃里克郡为例，可以看到"中心居民点规划"赋予了地方政府更多的自由裁量权，并从单纯的基础设施投资转变为有序的中心居民点引导，积极推进乡村地区发展。此外，政府还认为，乡村多数主要用于农业生产的土地不属于规划控制管理的范围。对于已建成的建筑，按照《城乡规划（用途类别）条例》规定，在同一类别中的建筑用途变化不构成开发活动，在说明建设方案符合公共利益的情况下，开发主体可以提出开发建议，改变现有农业用地的用途。所以，英国乡村政策的实施能够巩固或增加乡村建设用地，在保护环境的前提下逐渐将乡村发展升级成为小城镇，实现人口、公共服务的集中，产生规模效益。

面对新时代的乡村定位和社会需求，英国政府开始注重乡村地区新功能的营建。政府积极促进村庄持续、深度、多样化的经济发展，保护乡村当地的特色和高质量的环境，通过对自然、景观和有休憩价值地区的保护，挖掘村庄的景观价值、自然保护价值、绿色空间价值和农业产业发展价值。

第二节　农业劳动力就业政策

一、农业最低工资制度

（一）农业最低工资制度的建立

现代工业国家大多都有某些形式的综合性最低工资确定机制，英国在 1998 年通过立法确定了全国性的法定最低工资标准，其目的为防止剥削低收入工人现象的发生以保证工作场所最大限度公平性的实现。英格兰和威尔士农业工资董事会是一个在 1948 年农业工资法案下成立的法定机构。它主要负责为农业雇佣工人建立最低支付比例和假期制度。它在 1967 年的《农业法》下有权利固定农业工人在他们生病或者受伤时的最低支付比例，必须能够确保不低于国家最低工资。该机构在 1975 年的就业保护法案包含的权利下决定就业其他方面的项目和条件。

最低工资率在农业工资顺序中被设定，适用于英格兰和威尔士所有从事农业的工人。根据劳动力年龄、参与农业工作年限、取得技能证书等条件将农业劳动力划分了 6 个等级，并设定了这 6 个等级农业劳动力的最低工资率。

（二）不同等级农业工人最低工资制度

农业工人的最低工资以及其他应享权利取决于其等级和类别。而农业工人的等级取决于他们的技能和责任。

1. 1 至 6 级农业工人最低工资制度

等级 1——初级工人。初级农业工人通常会在监督下从事诸如收割或包装之类的简单工作。但如果该工人连续为同一雇主工作 30 周，他们有权接受培训并成为 2 级工人。等级 2——标准工人。标准条件：至少具有 2 级新型国家职业资格证书的职业资格——从事农业部门的能力证书。等级 3——领头工人。在过去 5 年中至少有 2 年从事农业工作。等级 4——工艺等级工人。符合以下条件：新型国家职业资格证书 3 级职业资格、8 个工作所在的农业部门的能力证书，还应具有：自获得此资格以来，连续为同一雇主工作了 12 个月，过去 5 年中至少有 2 年从事农业工作。等级 5——监督等级。职责包括：农场的工作指导、监督和训练员工。等级 6——农场管理级工人。对整个农场的管理或对作为单独运营或业务运营的同一农场的一部分的管理。雇佣、纪律处分和解雇员工等。表 8-1 统计描述了 2012 年各等级农业工人的最低工资。

表 8-1　农业工资董事会 2012 年最低工资（英格兰和威尔士）

单位：英镑/小时

类别	每周最低工资	每小时最低工资
等级 1 农业工人（入学适龄）	—	3.11
等级 1 农业工人（超过入学适龄）	242.19	6.21
等级 2 农业工人	271.44	6.96
等级 3 农业工人	298.74	7.66
等级 4 农业工人	320.19	8.21
等级 5 农业工人	339.30	8.70
等级 6 农业工人	366.60	9.40

数据来源：Agricultural Wages Board for England and Wales；The Agricultural Wages Order 2012。

2013 年，监管最低工资标准和加班时间的英格兰和威尔士农业工资委员会被废除，机构的职能被分流至农村支付署、农业可持续发展司等部门。2013 年 10 月 1 日前在英格兰就业的农业工人仍然遵守《2012 年农业工资（英格兰和威尔士）法令》中规定的条款和条件。2013 年 10 月 1 日或以后开始工作的农业工人一般按照国家最低工资和其他法定最低雇佣条款进行支付（当然，2013 年 10 月 1 日之前在英格兰就业的农业工人的工资仍然要高于国家最低工资）。表 8-2 展示了近几年英国农业工人最低工资。

表 8-2　2016—2020 年英国农业工人最低工资标准

单位：英镑/小时

类别	25 岁以上	21~24 岁	18~20 岁	18 岁以下	学徒
2020 年 4 月以后（现行）	8.72	8.20	6.45	4.55	4.15
2019 年 4 月至 2020 年 3 月	8.21	7.70	6.15	4.35	3.90
2018 年 4 月至 2019 年 3 月	7.83	7.38	5.90	4.20	3.70
2017 年 4 月至 2018 年 3 月	7.50	7.05	5.60	4.05	3.50
2016 年 10 月至 2017 年 3 月	7.20	6.95	5.55	4.00	3.40
2016 年 4 月至 2016 年 9 月	7.20	6.70	5.30	3.87	3.30

数据来源：https://www.gov.uk/national-minimum-wage。

2. 全职和兼职弹性工作者

如果是全职员工，则必须为其每周至少支付一次工资，如果是非全职员工，则至少应每月支付一次工次，具体见表 8-3。

表 8-3　全职或兼职弹性工作者工资制度

单位：英镑

等级	天数	周薪	时薪	每小时加班费
等级 1	6 天/周	6.64	258.96	9.32
等级 1	4~5 天/周	6.52	254.28	9.32
等级 2	6 天/周	7.45	290.55	10.44
等级 2	4~5 天/周	7.31	285.09	10.44
等级 3	6 天/周	8.20	319.80	11.49
等级 3	4~5 天/周	8.04	313.56	11.49
等级 4	6 天/周	8.78	342.42	12.32
等级 4	4~5 天/周	8.62	336.18	12.32
等级 5	6 天/周	9.31	363.09	13.05
等级 5	4~5 天/周	9.14	356.46	13.05
等级 6	6 天/周	10.06	392.34	14.10
等级 6	4~5 天/周	9.87	384.93	14.10

数据来源：https://www.gov.uk/agricultural-workers-rights/pay-and-overtime。

3. 学徒

学徒 3 年级及以上的必须至少获得 2 级工人的工资，具体见表 8-4。

表 8-4 学徒工资制度

单位：英镑

年级	年龄	周薪	时薪	每小时加班费
1 年	任何年龄	139.23	3.57	5.36
2 年	16~17 岁	145.08	3.72	5.52
2 年	18~20 岁	196.17	5.03	7.47
2 年	21 岁及以上	246.09	6.31	9.29

数据来源：https://www.gov.uk/agricultural-workers-rights/pay-and-overtime。

（三）农业工人其他权利

英国农业的最低工资制度有其他一些规定，额外为农业劳动力提供了一些权利。这些规定包括但不限于带薪假期、农业病假工资、坏天气补偿、夜班工资、随叫随到津贴、强制休息时间（所有的年龄在 18 岁及以上在工人日常工作时间多于 5 个半小时有权利休息不少于 30 分钟）等。

第一，计件工作。为完成一项任务而获得报酬，例如为装满每盒水果的工人支付报酬也必须根据工作时间向工人支付农业最低工资。

第二，夜班。在晚上 7 点至早晨 6 点工作的工人，其每小时工资应比基本工资高 1.36 英镑。

第三，狗津贴。如果工人养一只狗来做工作，那么每只狗每周必须赚 7.63 英镑。

第四，捆绑住宿。如果工人在工作中得到房屋或"自给自足的住宿"，则他们的薪水将比正常的每周工资低 1.50 英镑。如果住宿不是房屋，而是例如大篷车，则他们每天在此住宿的费用可以少付 4.82 英镑。住所必须安全、温暖、有保障，并配有洗手间和洗衣机以及新鲜的饮用水。

第五，待命津贴。工人的待命津贴是其职业等级的 2 小时加班费，如果他们不在工作时间，但雇主有工作安排，则按时间支付，即通过商定的方法联系，能够在约定的时间内到达工作场所，如果要求他们上班，则必须在其上班时间或两个小时内（以较高者为准）支付加班费。

第六，病假工资。农业工人有权领取病假工资，这意味着他们下班后至少会获得农业最低工资。

二、农业劳动力就业政策

（一）重视吸引青年从事农业生产

英国政府通过补贴吸引青年从事农业生产，优化农业劳动人口结构。英国农业人口老龄化问题突出，为此，政府设立了"青年农民补贴""伟大农场挑战奖"等补贴，以鼓励青年从事农业生产。2015 年以后，英国政府尤其加大了对青年农民支持的力度。如英格兰地区基本支付计划预算约 3% 被用于设定"国家储备"项目，以支持青年农户。同时规定，作为申请条件，青年农民须持有或联合持有至少 5 公顷农地，在首次申请补贴之前，应从事农业生产或创办农业企业至少 5 年，青年农户通常可申请所拥有农地权益的 25% 补贴额度，并可申请 90 项农地权益。

（二）职业培训扶持政策

为应对经济危机，提高就业率，英国政府出台一系列政策帮助从业人员提高专业技能水平。一是现代学徒制。政府出台规定，对 16～19 岁的从业人员，可根据工作岗位的需要选择参加专业技能培训，由政府承担全部培训费用，每周培训一天；同时，允许雇主以较低的工资雇佣这些学徒工。这不仅减轻了经济危机时期的企业运行成本，还为今后相关产业发展培训了大量的技能人才。二是培训经费补贴政策。英国 15 岁以下青少年义务教育费用、16～19 岁继续教育费用全部由政府承担，19 岁以上继续教育由政府承担部分费用，高等教育费用全部由学生个人承担，但可申请免息助学贷款。三是失业人员再就业培训计划。针对由于经济危机导致的失业人员，由政府拿出部分费用，安排相关专业的培训教育机构对其进行技能培训，帮助他们重新踏上工作岗位。

兰特拉是英国环境和陆基行业的技能部门理事会。人们可以在兰特拉网站上搜索农业培训课程。国家能力测试委员会是农业部门的奖励机构。他们提供职业资格培训，例如新型国家职业资格证书，涉及各种主题，包括正确的人工操作和使用危险的工具（如链锯），人们可以在网站上找到课程列表。

（三）英国在线公共就业服务

随着电子政务建设的深入推进，英国在网上公共就业服务机构建设方面取得了显著成效。其中，英国工作中心是一个由政府资助的、提供公共就业服务的代表性机构，该机构所支持的在线公共就业服务网站一直是英国提供公共就业服务的重要载体。Gov. uk 是英国政府集中提供服务和信息的网站，政府部门和许多公共机构的网站都被收录到了这里（https：//www. gov. uk/）。2000年起，英国政府推动将一些公共信息和服务逐步转移到线上。2005 年，英国各政府公共服务部门建有约 2 500 多个网站，经历了多次合并和迁移。2011年，英国政府要求所有独立政府网站的服务数据和信息全部统一到 Gov. uk上。2012 年，英国工作中心推出了名为"Universal Jobmatch"的政府网站系统，该系统主要承担了英国工作中心的公共就业服务功能。现已被整合到Gov. uk 中。该在线系统还提供职业技能与培训，例如职前培训、学徒申请、英语、数学和 IT 技能、农耕训练等。

（四）农业生产安全指南

农业是危险性的职业，该行业的从业人员约占英国劳动力的 1.8%，但每年报告的致命伤害约占 19%。农场上最常见的四种事故类型是车辆和机械事故、高空坠落事故、起吊和搬运事故以及有害物质事故。农业行业中自我报告的疾病发病率也大大高于所有行业的平均水平。英国颁布了农业风险、公共安全潜在问题以及如何避免事故的指南，重点介绍了农业中的主要健康和安全风险。它提供的建议可帮助从业人员避免在建筑物、危险化学品、搬运牲畜、车辆和机械内发生事故。指南还探讨了应该注意的公共安全潜在问题。《1999 年工作场所健康与安全管理条例》要求所有雇主或个体经营者评估自己的风险，以及为他们工作的任何人有关其工作环境的风险。这并不意味着完全消除农场中的所有健康和安全风险，而是要采取所有合理可行的措施来确保员工在安全的环境中工作。这意味着要进行明智的风险管理，并引入与风险成比例的控制措施。例如牛处理工作，只允许 13 岁以上且 65 岁以下的人进行牛处理工作，且每个饲养牛的农场都应拥有适当的饲养设施，这些设施应得到良好维护并处于良好的工作状态。

（五）农业生产训练

有关如何安全操作设备，使用个人防护设备以及安全工作所需程序的培训至关重要，这也是法律要求。使用电锯、树木作业、施用杀虫剂、骑越野车、操作叉车和伸缩式物料搬运机通常需要公认的正规培训，达到能力标准。对典型农场的危害、风险和控制措施的良好基础知识，以及对如何正确进行风险评估的理解，只是农业和园艺特定的健康和安全职业资格所涵盖的一些主题。这些国家认可的资格证书分为三个学术级别，并有一系列培训课程和学习资料提供支持。

第三节　农业生产政策

一、生产支持性政策

英国计划将采取多种支持措施以确保农业生产者专业化水平、生产效率、环境保护以及公平报酬。同时，英国还将为农业生产者提供新产品研发与技术推广。

（一）支持投资计划

该计划将于 2021 年开始，与当前的"农村生产力计划"相似，农业生产者将有机会在较低和更大层面上的申请投资。

1. 较低层面的投资

此资金将用于设备、技术和小型基础设施投资，这些投资将对农场绩效产生直接影响，包括帮助农民减少投入、排放和浪费，同时也将起到保护生态环境的作用。此项投资计划将提供资金的预定项目列表，这些项目清单源于英国政府与行业组织的合作。

2. 更大层面的投资

该资金将用于具有更高价值或更复杂、有可能带来变革性改善的农业投资。此项资金不会提供预定的项目清单，取而代之的是投资申请与优先权制度，主要目的是耕地的高效利用、农业现代化水平的提升、农产品附加值的增加等。

（二）创新与研发

英国专注于提高农业生产力、可持续性和复原力。农业研发的目的是发展低碳农业以实现零净排放。在 2013 年农业技术战略和 9 000 万英镑"转变食品生产的工业战略挑战基金"的基础上，英国计划从 2022 年开始实施新的创新研发计划，即变革性技术和新方法的突破性研究，一揽子计划包括如下：

1. 行业主导的 R&D 辛迪加

英国将资助以农业或农业食品行业组织为主导的辛迪加。这些组织将与科学家合作开发新技术或新方法，以应对各种挑战。例如，确定一种特定的农业挑战（例如检测可耕作物中有害生物和疾病的有效方法），并与研究人员一起寻找解决方案（例如在早期，利用人工智能开发远程传感器识别病虫害），这将有助于农民提高生产力并降低成本。

2. 旨在加速创新并鼓励采用新方法和新技术项目

英国将资助较短的、敏捷的（可以试用新技术）实用项目以展示新方法或新技术。政府通过承担一些财务风险，提高农业生产者或企业使用新方法或新技术的积极性。例如政府可以提供资金以支持动物饲料企业试用新饲料添加剂，此项目能够用来评估添加剂在农业生产效率、肉牛和奶牛群甲烷排放能力等指标的功效。

3. 主题合作研发

英国鼓励农业生产者、农业食品企业与研发人员针对战略性、优先的社会挑战等方面进行紧密合作，并将提供财政支持。目前，英国已经确定了一些合作研发主题，如气候变化适应、农场综合管理（如可持续农艺和病虫害综合管理）、可持续蛋白质和均衡营养（如植物性蛋白质和可持续牲畜生产）、旨在提高生产力的遗传学和基因组学（如先进的育种技术）、生物经济的可再生材料（如生物量农作物或农林业）以及先进的传感器技术和数据驱动的方法等。

4. 技能与能力

针对环境土地管理、生产力和动植物健康等计划，英国将鼓励在知识交流、技能交流和持续发展等专业文化方面的深入推进，旨在为农民和土地管理者提供学习机会以及努力将其打造成为世界一流的农业生产者和土地管理者。

二、农业保险政策

（一）英国农业保险概述

英国农业保险发展较早，现在的农业保险组织结构以大型相互合作保险组织为主，还有小型相互合作保险组织及合股保险公司。经营牲畜保险业务的一般是一些小型合作保险组织。这些组织联合在一起成为全国农业联合相互保险协会和牲畜保险协会，并以这些协会作为平台形成再保险网络，政府对其业务经营进行管理和监督、扶植。

英国农业保险费率实行统一标准。全国联合协会的成员定期向协会的管理机构提供每年保费收入及赔款分类的详细资料，由协会成员对其利润进行审核，按各成员机构的综合成绩计算费率。这样制定的费率比按单个成员赔付记录制定的费率更能反映实际情况。

为避免和减少道德风险的发生，农业保险的承保与赔付有各种严格规定的限制条件，包括被保险人的品格以及牲畜的饲养和防疫医疗等。由于畜牧病害造成的牲畜死亡只赔付保额的75％，被保险人要自负一定比例的损失。有些保险组织也按市价承保和赔付，但会对超龄牲畜的保额进行限制，一般为市价的2/3。农业保险都是自愿的，由于农业的资本主义经营方式，完全实现商品生产，农户保险意识强烈，相互合作的体制就为这种要求提供了可能。

（二）英国农业巨灾险

英国的农业巨灾险是一种非强制性巨灾保险体系，即市场上销售的商业保险的保险责任中已经涵盖了巨灾风险责任，投保人可自行选择时机购买。

英国作为发达的市场经济国家，巨灾险由私营保险公司按照市场机制进行商业化运行，保险公司承担客户的全部风险，并将其列入标准保单的承保范围，自己寻找客户并为其提供服务，政府以市场监管者的角色帮助私人保险公司开展业务。商业主导模式可用图8-1表示。

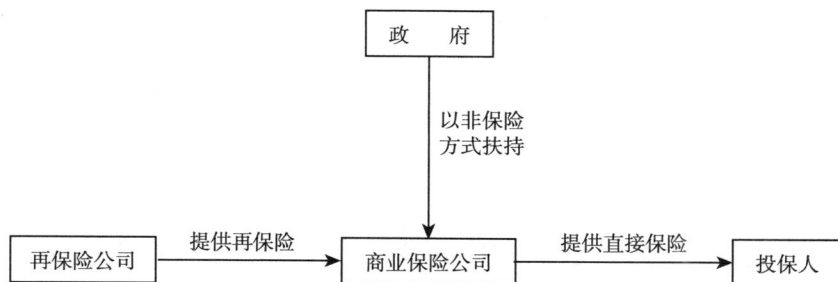

图8-1　商业主导模式

以巨灾险中的洪水保险为例。虽然其承保风险巨大，私人保险公司还是愿意承担，其原因是英国政府答应给农场主修建服务于农业的洪水防御设施，并且有专门的管理机构从事洪灾风险的评估、灾害的预警、气象资料的收集，而且其资料可以供保险公司使用，使得洪水灾害的风险大大减小，并且保险的赔付更加具有操作性。

由于英国保险市场的完善，各类保险机构都很健全，以至于私人保险公司能将巨灾险划归到一般的标准单的承保范围，并在再保险市场上对相关的产品进行转卖和分销。以洪水保险为例，其采用的是一种捆绑式的"强制"保险模式。捆绑的意思是将自然灾害的风险集中在一个保单之中，"强制"的意思是一旦投保人购买保险，其必须购买捆绑在一起的各种保险产品。这种形式相当于投资中的组合投资，有效降低了保险投资的各种风险，同时也使单个家庭的保险费用大大降低，避免了洪水频发地区保险费用太高，客户无法承受而不敢参与保险的情形。另外，在销售和服务中的洪水保险采用的是完全商业化的运作模式，通过高素质的销售人员和畅通的分销网络，大大促进了农场主对保险的认知，增进了市场透明度，也吸引了更多的农户参与，良好的客户源也稳定了保险公司的资金来源。虽然没有政府提供的任何帮助，但是在这个完善的市场中，保险公司依靠其稳定的保费收入、投资所得以及在保险中的赔付，并且能根据市场形式的变化与时俱进，农业保险公司在激烈竞争的市场中位于不败之地，极大地促进了农业的发展（表8-5）。

表8-5　商业主导模式

模式	组织结构	承保主体	保险公司职能	政府职能	资金来源	再保险承担者	投保方式
商业主导模式	业主在市场上自愿选择商业保险公司投保，国内外保险公司进行分保	商业保险公司	承担全部风险、提供保险销售、理赔等服务	与私人保险公司保持建设性伙伴关系	保费、投资所得及再保险赔付	保险公司	自愿

（三）英国的牲畜保险

英国是世界上畜牧业非常发达的国家之一，针对畜牧业的保险也十分发达。在英国，牲畜保险分为一般牲畜保险和特殊牲畜保险。

1. 一般牲畜保险

这种保险主要承保牲畜普通的内外科疾病、意外事故伤残贬值的损失。牲畜保险所保的是活牲畜的价值，其死亡、报废也和人的行为有关，即有可能发生饲养照顾不周以及蓄意虐杀等情况。每一头牲畜都有不同的具体情况，也会引起投保人的逆向选择。因此，在投保时要检查牲畜的健康状况，了解畜主的资信情况，了解牲畜饲养条件与环境，并规定适保牲畜要全部投保。对于公牛等高价的良种畜可单独承保。

牲畜的死亡率是和畜龄相关的，幼畜和老龄畜死亡率高，成壮龄畜死亡率低。根据死亡概率制定费率，限制牲畜的承保年龄，并且根据不同畜龄适用不同的差级费率。差级费率不仅表现在畜龄的差别上，也表现在不同畜种和用途的差别上。

一般牲畜保险期为 12 个月，对打猎、赛马、马球和产驹生犊的马也可签发季节性或短期保险单。

保险契约一般都严格规定被保险人负有对被保牲畜精心照料、及时防治等义务，以及拒赔的规定。

2. 特殊的牲畜保险

英国的牲畜保险对于传染病危险、产驹期间、运输期间或展出期间的危险，都适用特殊的牲畜保险条款办法。

（1）牲畜炭疽病保险。所有种类适龄的牛、马、猪、羊都可投保炭疽病保险。这种牲畜保险承保特定的牲畜因患有杆菌炭疽病引起死亡的损失赔偿。如果政府或地方当局命令销毁被保险牲畜，由政府给予补偿，保险人则不负赔偿责任。

（2）口蹄疫后果损失保险。由于牲畜因患口蹄疫死亡时，政府已给予损失补偿，所以保险人只负责后果损失。畜场主或农户在发生牲畜口蹄疫时，至少要被封锁一两个月，在这期间所造成的损失就是后果损失。为使这些损失得到补偿，可以投保这种保险。这种损失一般包括：饲养、挤奶、机手的费用，销售损失，对轮作和农场经济的损失，重建畜群及管理费用损失等。这种保险的保险额按各类牲畜价值十足承保，赔款时以不超过政府补偿额的 25％ 为限，被保险人可以在 5％ 至 25％ 幅度内选择投保。

（3）产驹保险。马的产驹保险是包括母马和幼驹在内的母子保险。对于母马是承保其因产驹引起的死亡，对于幼驹是承保其因疾病、意外事故（火灾、闪电、运输、展出）引起的死亡，但属于外科手术除外，产驹的育龄母畜保险期为 1 年。未出生胎畜最高保险额为母畜的 20％，出生后 30 天加倍，满

100天加两倍，直至保险期满均按规定期间成长月份自动增加保额，并适用于不同的费率。保额与费率、母畜与幼驹分别计算。

（四）英国农场主联合会

英国农场主联合会于1910年由七个农民成立，作为中部农民的相互保险公司，英国农场主联合会总部设在瓦立克夏郡的队埃文河畔。成立之初的总资产仅为190英镑，成立后，其为成员提供优质廉价的保险促进了公司本身和全国农民联盟的发展。经过100多年的发展，现在全英国有300多家分支机构和5 000多员工。该公司是英国最有影响力的农业保险机构，与其他保险公司不同的是，该公司的股份为投保人所有，公司没有固定的股东，大部分利润都以保费折扣的形式返回给投保人，折扣根据每年政策的不同而不同，一般在6%～10%。公司很多分支机构的代理人同时也是其工会代表。公司保险产品采取的是一种直销方式，这种销售方式既为公司的产品做了很好的宣传，也为当地的农户提供了优质的服务。

第四节 农产品价格政策

一、加入欧盟后的英国农产品价格政策

1973年加入欧盟是自1947年第二次世界大战结束以来对英国农业发展影响最大的事件之一，当时英国和欧盟在农产品价格方面选择的是两种不同的政策道路。英国农产品价格政策的主要特征是一种低价政策，1947年的英国农业法确定了英国农产品价格政策的两个基本原则，即国家保证价格和亏损支付原则，仅在农产品市场价格低于规定的保证价格时，由政府对其差额进行补贴。这种价格政策能有效地缓解政府的财政压力，但却难以保证粮食安全。而欧盟的共同农产品价格政策则不同，它是通过高价出售农产品来提高农业生产者的积极性，以保证粮食的安全供给。政策道路上的不同，使得英国与欧盟在农产品价格上存在着很大的分歧。英国认为欧盟的高价政策不利于农产品市场的发展，而欧盟则对英国的低价政策能否保证欧洲的粮食安全提出了很大的疑问。

因此，在很长一段时间，关于农产品价格政策的谈判是英国能否加入欧盟

的关键。经过长时间的协商，英国最终接受了欧盟共同农业政策中所规定的价格政策，即对个别农产品实施价格支持，同时对欧盟以外的粮食实施高额关税。自此，英国的农产品价格政策进入了第三个发展阶段。

在这一阶段中，英国的农产品价格政策就开始向欧盟共同农业政策中的价格政策转变。农产品价格体系是共同农业政策的核心，也被认为是当时共同农业政策中最为成功的部分，它不仅使欧盟形成了统一的农产品价格，建立了统一的关税壁垒，还实现了欧盟市场的统一管理，保障了各成员国的利益，在经济和政治两方面都发挥了积极的作用。具体的共同价格政策可分为以下三类。

（一）目标价格政策

该政策又称指标价格政策，是国家为了保护消费者的利益，防止农业生产者获得过多的超额利润而设立的农产品市场价格的最高限制。当某种农产品的市场价格低于目标价格时，政府不对其市场进行干预，只在农产品的市场价格超过目标价格的情况出现后，政府才开始采取市场干预政策。这时候，政府的干预手段主要是通过抛售农产品储备增加农产品进口量，从而增加农产品市场供给量，以保证其市场价格维持在目标价格之下。各种农产品的目标价格每年调整一次，调整幅度由欧盟部长理事会来决定，但在调整范围的农产品主要包括谷物、牛奶、油菜籽、向日葵籽、食糖和橄榄油。

（二）门槛价格和闸门价格政策

这两个价格都是为了防止欧盟以外的廉价农产品对欧盟市场产生冲击而设立的。有些农产品在欧盟内部的生产率很低，而生产费用又很高，导致其内部价格要远高于国际市场价格，而且欧盟内部各成员国之间的价格差异也很大。

门槛价格主要针对谷物、食糖、奶制品和橄榄油等进口产品，其制定的依据如下：首先确定某种农产品的目标价格，以及一个欧盟中最缺这种农产品的地区，再将目标价格减去将农产品运往该地区的运输费和贮藏费作为门槛价格的确定依据。以谷物为例，德国的杜伊斯堡市是欧盟最缺粮的地区，门槛价格以这一地区的价格为基础，即门槛价格＝目标价格－（运输费＋贮藏费）。如果非欧盟国家的农产品的抵岸价格低于门槛价格，则要对其征收差额税，使其价格上升到门槛价格的水平。闸门价格主要针对猪肉、蛋和家禽等农产品，该价格也有一个基础，即以该农产品生产效率最高非欧盟国家的生产成本为基础。当非欧盟国家农产品抵岸价格低于认定的生产成本，则征收的差额税还应该包括生产成本与抵岸价格之间的差额，以防止这些农产品以较低的价格进入欧盟。这两种价格都带有明显的歧视性，使得外部农产品只能以目标价格销售，这样有效保护了欧盟农业生产者的利益。

（三）干预价格政策

干预价格政策即针对农产品生产者的最低保障价格，其目的是为了保障农产品生产者不会因为市场波动而无法收回其生产成本。干预价格是欧盟对各成员国所共同设立的一个价格临界点，当受到干预价格政策保护的农产品市场价格跌破这个临界点时，欧盟在各成员国设立的干预中心就会按干预价格对生产者所供应的部分或全部的农产品进行收购，以保障农产品生产者的利益。干预价格的制定有一定的规律性，如粮食干预价格是以其内部最大的粮食产区法国奥尔姆的粮食生产成本为基础制定的，一般农产品的干预价格比目标价格低10%～30%。干预价格政策是欧盟共同农业政策的根基，是支持农业生产者的生产活动和稳定农产品市场的重要手段。

加入欧盟后，英国主要通过收购、储备和控制农产品进出口量等手段来实现其共同农产品价格政策，使其内部的农产品价格稳定在目标价格和干预价格之间。英国加入欧盟后的农产品价格政策实施过程如图8-2所示。

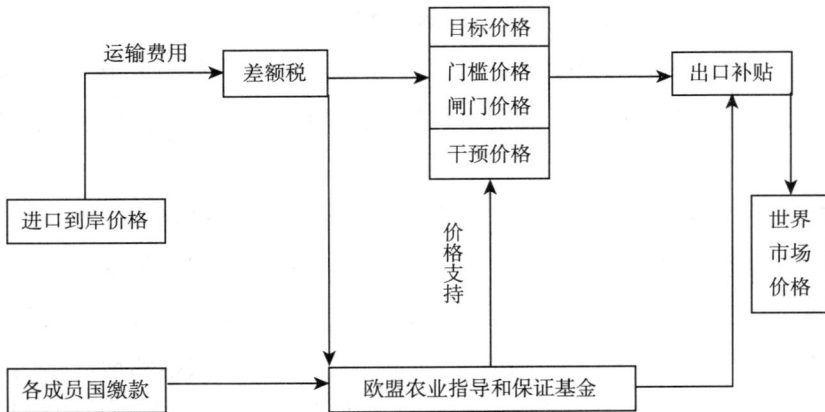

图 8-2　英国加入欧盟后的农产品价格政策图解

二、当前的农产品价格政策

（一）农产品价格支持政策

目前英国的农产品价格主要有三种不同的价格形式：第一，对主要的两类农产品实行保证价格，其中一类是欧盟规定的包括谷物、牛肉、奶制品等在内的产品，另外一类则是英国根据自身农业生产的特点单独规定的羊肉、酒、橄榄油等。第二，对蔬菜、水果等部分农产品实行保证价格和自由价格。首先让这部分农产品实行自由交易，价格水平完全由市场决定。但如果市价过低的话，政府也会介入，按照保证价格来进行收购，将收购的农产品降价处理作为牲畜饲料。这类农产品在英国自给率较低，而欧盟又在进口上给予了某些限制，以防止廉价同类农产品对欧盟市场的冲击。第三，完全的自由价格，政府对其价格不进行任何干预，完全由市场来进行调控，如猪肉。这样做的好处是可以减少库存，保证农产品及时销售。

（二）农民收入支持政策

对农民的收入支持是欧盟共同农业政策的一个主要目标，英国加入欧盟以后为了实现这一目标，同样也实施了许多政策措施。

在调节粮食供应时间方面，英国为鼓励农业生产者均衡出售粮食，会对农户为储藏粮食而产生的费用给予一定的补贴，从而避免因收获季节粮食过于集中导致粮食市场价格的剧烈波动。

在降低农户生产水平方面，英国在1988年实施了休耕计划，希望农户能将多余的农地退出农业生产，由政府对其因放弃生产而带来的损失给予休耕补贴。如果农场主每年将其20%的土地作为永久性休耕地，其所享受的补贴最高可达200美元/公顷。若将20%的耕地进行轮耕，其所享受的补贴最高可达180美元/公顷，如果只是作为临时性非农用途，其所享受的补贴为150美元/公顷。同时英国还实行"退休年金"制，鼓励农民放弃农业生产。以酪农为例，如果酪农退休，减少鲜乳产量或者将土地转作生产欧盟生产不足的其他农作物，均可获得直接补贴。

在农业资源和环境保护方面，由欧盟与英国共同出资，维护该地区的生态平衡。假如英国有5%的农地被规划为"环境敏感地带"，那这一地区的产销活动就由欧盟和英国政府共同掌控,这种特定的与环境相关的支付都不被认为可能导致贸易扭曲。另外,农民因在田间减少化肥和农药的使用而带来的减产损失,英国政府也会以环保的名义对这部分损失进行补贴。

实际上,英国的农民收入支持政策的推行,是在欧盟的主导下完成的,与"欧洲农业保证和指导基金"有着密切的联系。这个基金由保证基金和指导基金两部分构成,其主要来源是差额税和各国依据国民生产总值的分摊。保证基金主要是对农产品进行价格支持,与农民收入支持政策的推行并无密切的联系,而指导基金则是为农民收入支持提供间接帮助,如改善农业生产结构,提高农业生产率等,使农产品的价格稳定在目标价格和干预价格之间。

三、农产品价格管理制度

农产品最低保证价格制度(简称保证价格)是英国政府为了开放农产品自由市场,实现价格的市场调节,同时防止市场竞争导致的农产品价格剧烈波动对农业生产者利益的损害而实施的一项价格保护政策。这项政策从 1954 年开始实施至今,经过了多年的发展,为英国农产品市场的稳定发挥了重要的作用,已经成为英国农产品价格管理制度的核心。

在第二次世界大战结束以后,英国面临的农产品市场情况发生了改变。首先,在农产品供应短缺的问题解决以后,又面临着农产品生产过剩、需求不足的问题。生产者固定价格政策已经无法解决这一供给与需求之间的矛盾,因此必须引入市场机制,发挥市场竞争的作用以刺激农业的发展,保证市场的正常供应。其次,又不能完全放任市场竞争来决定农产品价格,必须对市场价格进行调控,以防止市场价格的剧烈波动,确保农场主有利可图。另外,由于农产品对国家安全的战略意义,必须增加农产品的产量,以提高农产品的自给率。在这种背景之下,农产品最低价格保证制度作为在政府干预下的自由价格制度便应运而生。

从欧盟农产品价格形成的决策过程可以看出,保证价格的形成充分考虑了农产品的供求状况和当前的市场价格,形成保证价格依据的目标价格就是根据市场价格制定的。在保证价格制度下,允许农产品进行自由交易,允许市场价格随供求而上下浮动。政府通过调节供求来稳定农产品市场,从而让保证价格与市场竞争并行不悖。通过供求调控,英国和欧盟的共同农业政策有效地缓解了市场价格的剧烈波动。近年来，英国农产品价格在平稳中逐渐上升。

保证价格制度的实施离不开强有力的机构支持和坚实的财政支持。英国和欧盟设有执行干预职能的专门组织，设立在各地的干预中心专门负责实施干预工作，这些工作包括支付补贴、检查产品质量、组织吞吐、收集和发布市场价格水平、分配生产额度等。而连接生产者和干预中心的则是各种联合销售组织，它们承担着干预业务的中转环节，例如牛奶销售局就专门负责把牛奶生产限额分配给各个农场并执行保证价格。欧盟保证每项干预措施都要落实到生产者身上，干预政策的实施还有雄厚财政资金作为保障，英国对农业的补贴资金一部分来自欧盟农业基金，另一部分则来自国内财政。

第五节　农业贸易政策

一、现行主要农业贸易政策

（一）进出口许可证

欧盟几乎对所有农产品均实行进出口许可证政策，除了粮油糖、肉蛋奶、果菜酒之外，还包含麻类等。2014—2020 年，欧盟实行进出口许可证政策的农产品包括谷物、糖、种子、橄榄油、亚麻和大麻、新鲜果蔬、加工果蔬、香蕉、红酒、活植物、牛肉、牛奶和奶制品、猪肉、羊肉、禽蛋、禽肉和农业原料的生物乙醇等。欧盟企业可以在欧盟境内向任意成员国申请进出口许可，无论该企业是否在该国运营或是否有实体存在。

（二）进口程序

1. 船运货物报关

英国海关法规定，所有进出口的船只、飞机等运输工具必须在海关指定的口岸、机场进出国境，并向海关报关。外籍船只进入沿海 12 英里领海时，必须遵守英国法律，不得任意开舱倒装货物，倾倒杂物。船只入港后，应驶往指定地点，由海关缉私关员登船查询，接受船只和旅客的申报。船长应在船只进入后 24 小时内向本港海关申报，送交进口货物情况报告（即进口舱单）。进口商或其代理人应在船长报告送交海关的 14 天内向海关报关。报关时应用海关规定的报单格式，详细填报进口货物的收发货人、起运港、标记、件数、货名、税率、价格和应纳关税等，随同其他应交的单证送海关审核，办理纳税和放物手续。报单正本应由码头值班关员核对放行。进口报单格式有以下三种：免税报单、从量税报单、从价税报单（须附发票）。英国海关规定，进口货物必须在船只抵港后 21 天内卸清，否则海关将船只扣留直至所载货物全部纳税和放行后方能发给结关证作为装运出口货物的凭证。现行办法是，进口货物准许卸入经海关特许设立的卸货关道，并由码头负责保管。货物逾期未向海关报关将由海关扣留，移交官方仓库，所有费用和损失由货主承担。

2. 空运货物的报关

空运货物的报关手续同船运相似，报关期限为 7 天。凡向海关预交常年押金的进口商，在货物运到后即可向海关查验关员直接交送临时申报单，使货物可以提前放行，纳税手续随后办理。低税货物可在任何税货棚登记册上登记放行。英国伦敦希思罗航空港拥有连接各海关的办事处、航空公司和货运公司的电子数据处理系统。这套系统能用于接受申报、审核报单、复核关税和增值税，并在大量报单中选出应予重点查验的货物，根据查验结果计算税款，在各航空公司的终端打印出关税缴款书。每份报单不论运算如何复杂，都能在 5 秒钟内计算完毕，在 1 小时内办完一切报关手续。

3. 关栈货物的报关

关栈货物必须填写专用报单向海关报关。所有关栈，不论是公有或私有关栈，均须由海关实地查看，认为适于储存关栈货物，并有适当保证方准设立。货物存栈期一般为 3 年，货物在存栈时间，不许进行加工，只许进行改换包装、挑选分档，进行与货物的保管或出售有关的操作。关栈货物如货主决定进口内销，应向海关呈送出栈报单，申请进口。由海关审核之后，交申请人纳税出栈，申请人纳税出栈后，申请进口的关栈货物应同时填写栈报单，由特派或驻栈关员查验押送、运往码头。

4. 关税缴纳

英国海关对外税则是采用《布鲁塞尔税则分类目录》制定的，共有 21 部 99 类和 1 097 个税则号列，用小数点后两位数字表明项和目。税率有自主税率和协定税率，适用优惠关税和差价税。税则中的征税标准既有从价税也有从量税，农产品均征从量税。

5. 关于暂准进口货物的监管

英国是 1960 年海关合作理事会《关于暂准进口货物公约》的签字国。该公约保证货运车辆和集装箱经过成员国国境时，无须在边境关卡查验。因此，不论所装货物是运来英国或过境往另一成员国，可凭司机交验的暂准进口货物报关手册《ATA Gamet》通过，无须另办报关手续。英国海关发布的《关于暂准进口和复出口货物的范围和免税手续的通令》规定，进口商需缴纳押金或出具保证金，为货物的应缴税款提供担保。当上述货物复出口时，保单可以撤销，押金可以返还。复出口的期限定为 12 个月，可申请延长，享受暂准进口权利的货物一般为用于工业生产、修理或技术检验的机器、工厂设备、器具等。

（三）关税政策

虽然英国公投结果是退出欧盟，但目前还没有退出欧盟的关税同盟，在启动脱欧谈判前，英国仍然执行原有的关税制度。农产品进入欧盟依然面临复杂的关税结构，不同农产品关税差异巨大，根据保护程度不同，关税的形式也不同。其特点主要有：一是采用高关税，税率 100% 以上的产品几乎都是农产品。二是大量使用非从价税，非从价税包括从量税和复合关税（从量税加从价税）。英国的大部分农产品都使用从价税，针对部分农产品使用从量税、复合税、差额税、季节性关税或者其他技术性关税等，如针对水果和蔬菜等农产品在不同季节除按从量税或复合税征收关税外，还征收季节性关税。

（四）关税配额

关税配额是保证农产品最低的市场准入水平，是一种国家限制进口货物数量的措施。对于在限额内进口的货物可享有较低的税率或免税，但是进口量受到严格控制。对于配额外的进口货物，关税税率较高，但进口量较为宽松。欧盟大量使用关税配额，是全球使用关税配额最多的 WTO 成员之一。欧盟农产品关税配额分为欧盟以配额内关税从第三国进口、出口关税配额和第三国以配额内关税从欧盟进口。不同产品的关税配额管理不一样，有的全部由欧盟管理，有的部分由欧盟管理。欧盟鼓励尽可能地用足出口关税配额，关税配额的分配有先到先得法、比例分配法和兼顾传统与新增贸易商法。关税配额的有效期从几周到 1 年不等。

（五）市场准入制度

英国对于农产品进口拥有一套完备的共同关税制度，对于区域外进口商品执行内部相关关税政策。20 世纪 80 年代开始，随着欧洲科技的复兴与高速发展，农业科技发展迅速，农产品产量在机械化运作与科学化管理下大幅度提升，产品供大于求。为了解决农产品的销路问题，英国不惜成本与"第三国"竞争农产品市场，使用出口补贴来支持其农产品的出口。为了缓解这种国际争端，在多方谈判下，欧共体决定扩大市场准入，降低国内出口补贴，并且削减对国内农产品的支持。英国的农产品关税普遍偏高，达 16.5％，一些农产品还实行关税配额，如木薯、甘薯、玉米等。英国还制定了农产品的质量安全管理体系，规定进口农产品必须带有由出口国国家级保护机构签发的植物检疫证书，以此证明进口农产品的可靠性与安全性。除此之外，还规定了粮食、水果、蔬菜等农产品中农药残留限量，制定了农药残留限量的检测方式和监控手段，禁止进口农药残留超标的农产品。欧盟农产品贸易市场准入政策影响着英国的市场准入政策。欧盟通过复杂的关税结构、关税升级以及关税高峰对农产品进口进行限制，如对番茄等农产品以从价税、复合税和混合税等方式征收季节性进口关税。由于欧盟范围内农产品生产成本高，为了保护本区域的农业贸易，对于农产品的关税保护水平普遍较高，而且对农产品保护具有严重的偏向性。按照欧盟规定，针对一些特殊的农产品提供了关税配额保护，如针对稻米、奶制品、食糖等农产品的配额使用率比较高。除此之外，还通过各种技术性贸易壁垒限制进口，如严格把关食品安全问题，制定高标准食品安全法。这些标准具有较大的不可预见性，使得很多发展中国家的产品出口欧盟的难度加大。

（六）暂停来料和出料加工

如果成员国或欧盟认为加工或者来料加工扰乱或容易扰乱欧盟农产品市场，则可完全或者部分暂停谷物、糖、橄榄油、新鲜果蔬及加工果蔬、红酒、牛肉、牛奶和奶制品、猪肉、羊肉、禽蛋、禽肉和农业原料的生物乙醇等产品的加工和来料加工。如果成员国或欧盟认为出料加工扰乱或容易扰乱欧盟农产品市场，则可完全或者部分暂停谷物、新鲜果蔬及加工果蔬、红酒、牛肉、猪肉、羊肉和禽肉等产品的出料加工。

（七）出口补贴

1992 年以来，欧盟的农产品出口补贴大幅下降，根据欧盟向 WTO 的通报，1996 年出口补贴高达 55.65 亿欧元，之后波动走低，2013 年只有禽肉享受了 3.6 万欧元的出口补贴。近年来，享受出口补贴的农产品越来越少，实际享受出口补贴的农产品主要是禽肉、牛肉、猪肉和禽蛋等产品。但根据欧盟农业保障基金各年的财务报告来看，除 1998 年外，其余各年的出口补贴数均大于欧盟向 WTO 通报的数额，2013 年的出口补贴为 6 240 万欧元，2014 年预算为 448 万欧元。虽然两个来源的金额不一致，但趋势一致，都呈下降趋势，实际享受出口补贴的产品类别在不断减少。根据 2013 年改革的法律文件（EU）No1308/2013，2014—2020 年，谷物、糖、牛肉、牛奶和奶制品、猪肉、禽蛋和禽肉将继续享受出口补贴。根据 2015 年 12 月 WTO 第十届部长级会议通过的《内罗毕部长宣言》，发达经济体承诺将立即取消其大部分农产品出口补贴，但部分重要农产品将保留到 2020 年。从欧盟共同农业政策 2013 年的改革来看，可能会将在 2013 年确定的禽肉、牛肉、猪肉和禽蛋等产品的出口补贴延续到 2020 年。

（八）非关税措施

非关税措施包括数量限制措施和其他非关税性措施。数量限制措施主要为配额限制、进口许可证、自动出口限制和数量型外汇管制，除此之外，还包括技术性贸易壁垒、动植物检验检疫措施等。英国的非关税措施主要是制定农产品质量安全管理体系，在这方面主要遵循欧盟的食品安全标准，规定从他国进口的农产品必须带有第三方国家级植物保护机构签发的植物检疫证书，严格控制外来食品的质量安全，较高的食品安全标准构成了实质性的进入限制。

（九）向英国出口植物、水果、蔬菜、切花和其他受管制物品的指导

从第三国进入英国的几乎所有植物和植物活体，包括所有播种种子，都必须具有植物检疫证书。需要注册为进口商品，并预先通知植物健康部门，以从欧盟以外地区进口某些受管制的植物、水果、蔬菜、切花和其他物品。需要预先通知的受管制材料是：（1）所有用于种植的植物；（2）根茎类蔬菜；（3）一些常见的水果，而不是冷冻保存的水果；（4）一些切花；（5）除深冻保存的蔬菜外的一些种子，谷物和多叶蔬菜；（6）一些国家的马铃薯；（7）用于农业或林业目的的机械或车辆。有 5 种热带水果不需要植物检疫证书即可进口到英国：菠萝、椰子、榴梿、香蕉和车前草。对于经过加工和包装的水果和蔬菜等

产品，包括包装的沙拉、三明治和冷冻材料，不需要植物检疫证书。包含加工过的水果或蔬菜的坚果和种子黄油之类的复合产品不在植物健康进口控制范围内或需要植物检疫证书。

二、脱欧后英国未来贸易政策战略方向

（一）发展思路

当英国准备离开欧盟时，英国正在开发自己的方法，以提供英国自己的贸易政策，以恰当地反映整个英国的需求和潜力。英国在拥护欧盟内部的自由贸易方面拥有建立良好且受人尊敬的记录。随着英国退出欧盟，英国将以此为基础，在基于规则的全球多边贸易体系中发挥积极作用，并建立和扩大现有的双边贸易关系，并有机会酌情采取单方面行动。为了确保与英国在全球范围内贸易有关的连续性，并避免对企业和其他利益相关者的干扰，英国需要在退出欧盟之前做好一切可能谈判结果的准备，并确保英国拥有必要的法律权力和结构使英国能够在退出欧盟后实施全面运作的贸易政策。

（二）未来贸易政策原则

英国新贸易政策的总体目标是通过制定和实施一项英国贸易政策来增强英国的经济繁荣，该贸易政策将为整个英国的企业、工人和消费者带来利益。为此，政府承诺遵守以下基本原则。第一，追求英国的经济繁荣，并通过英国的自由经济和追求自由贸易树立榜样。第二，支持和执行公平。第三，建立一个贸易框架，以支持外交和国内政策，实现可持续性、安全、环境和发展目标。第四，制定具有包容性和透明性的贸易议程。

（三）透明和包容的贸易

英国制定未来贸易政策的方法必须透明和包容。英国各地的议会，权力下放的政府机构，权力下放的立法机关、地方政府、企业、工会、公民社会和公众必须有机会参与并为英国的贸易政策做出贡献。英国还将考虑包括直布罗陀在内的王室成员和海外领土的意见。政府正在实施一项全面的利益相关方参与计划，作为英国退出欧盟做准备的一部分。

（四）支持基于规则的全球贸易环境

长期以来，英国一直是基于规则的国际贸易体系的坚定支持者。这样的系统可以创造远远超过在英国经历的收益。它使经济一体化和安全合作成为可能，并鼓励各国采取可预见的行为并和平解决争端。它可以导致国家在国内制定有利于开放市场、法治、参与和问责制的政治和经济安排。英国是世界贸易组织的正式成员之一，并一贯支持其开放贸易和执行国际贸易规则的努力。英国已经是强大的支持贸易的倡导者和多边体系的拥护者。当英国离开欧盟时，英国将重新获得世贸组织的独立席位。作为一个独立成员，也是世界上最大的经济体之一，英国将有能力加强对适用于所有人的稳健、自由和开放的国际贸易规则的支持，并帮助重建全球发展势头。贸易自由化作为英国对基于规则的全球体系及其带来的好处的承诺的一部分，英国在离开欧盟时将采取具体步骤，以确保英国仍然是 WTO 政府采购协议的一部分。

（五）增进英国的贸易关系

在英国离开欧盟并制定自己的贸易政策时，政府致力于确保英国和欧盟的企业和消费者能够继续彼此自由贸易，这是新的深度和特殊伙伴关系的一部分。英国还将增进与老朋友和新盟友的贸易关系。正如欧盟委员会"人人享有贸易战略"所建议的那样，未来二十年的全球经济增长将来自欧盟以外的国家，因此英国与非欧盟国家之间的贸易将继续有较大比例。英国将寻求确保更多的英国商品出口进入海外市场，并推动全球服务，投资和采购市场的进一步开放。英国还将寻求雄心勃勃的数字贸易方案，包括以适当的国内数据保护框架为基础的支持跨境数据流的条款。任何新的贸易安排和贸易协议将确保市场在边界后面保持开放和公平。英国将对知识产权、消费者、环境和员工保持高度的保护。英国将确保有关公共服务的决策，包括英国医疗体系（NHS）是由英国政府或权力下放的政府部门为英国公民提供的。正如首相在佛罗伦萨的讲话中所指出的那样，英国将寻求与欧盟达成一个有期限的实施期，在此期间应继续按照当前条件进入彼此的市场。这将有助于英国和欧盟最大限度地减少不必要的干扰，并在英国走向与欧盟未来的深厚特殊合作伙伴关系时为企业和个人提供确定性。英国打算在此期间与其他国家进行新的贸易谈判，在退出欧盟实施阶段，英国不会做出任何与欧盟实施阶段达成的协议条款不一致的新安排。在英国准备离开欧盟时，英国将寻求过渡所有现有的欧盟贸易协定和其他欧盟优惠安排。这将确保英国保持最大程度的与英国对企业、公民和贸易伙伴的贸易和投资关系的确定性、连续性和稳定性。

（六）支持发展中国家减少贫困

英国政府长期致力于通过贸易支持发展中国家减少贫困。将来，政府将通过帮助那些发展中国家打破贸易壁垒，继续提供更好的支持。这将帮助他们通过发展经济，增加收入和减少贫困，而继续从贸易中受益。帮助发展中国家发展繁荣创造条件，使商业能够蓬勃发展，从而为英国在未来市场的业务创造机会。贸易可以支持发展中国家的一种重要方式是在普遍适用的关税已经到位的情况下为其提供优惠待遇。较容易进入发达国家的市场为世界上最贫穷的国家提供重要的机会，以帮助他们发展经济并减少贫困，而英国的企业和消费者则依靠这些关系来获得成本更低的产品和更多的产品选择。当英国离开欧盟时，英国认识到不仅英国而且发展中国家也需要平稳过渡。因此，重要的是英国准备进行贸易优惠计划，至少将提供与当前欧盟贸易优惠计划相同的待遇。这将确保世界上最贫穷的国家仍然可以从英国市场的免税准入中受益，并且全球其他发展中国家的产品也可以继续出口到英国。

（七）确保公平的竞争环境——英国采用贸易救济和贸易争端的方法

自由贸易并不意味着没有规则的贸易。为了实施独立的贸易政策，英国将需要建立贸易救济框架。作为全面贸易政策的重要组成部分，贸易救济框架旨在通过允许采取措施（通常是关税）来保护国内工业免受不公平和有害的贸易惯例或意外的进口激增。根据英国的 WTO 义务，英国的框架将通过一种新的机制来实施，以调查案件并提出措施，为英国的生产者提供相应的保护。为此，英国还需要确定现有的欧盟对英国业务至关重要的措施将需要继续执行。英国将很快发出证据呼吁，作为确定哪些现有的贸易救济措施对英国有利的第一步。此外，世贸组织现有的贸易争端解决机制旨在解决国家之间的贸易冲突，并通过强调法治，使国际贸易体系更具可预测性和安全性。欧盟委员会目前代表英国和其他成员国处理贸易争端。当英国离开欧盟时，如果英国的贸易伙伴未能履行其国际义务并捍卫对英国提出的任何争议，英国将准备独立采取行动，以保护英国的利益。

第九章 CHAPTER 9

农村发展政策 ▶▶▶

农村发展问题关系到一个国家的国民素质、经济发展、社会稳定和生态环境保护。发展和实现农村现代化能够保障城乡居民共享经济社会发展成果。本章从三个方面阐述英国农村发展政策特征：一是农村公共服务与保障政策，阐述农村公共服务体系的建立、农村公共服务标准、当前农村公共服务项目、农村医疗、农村社会保障、解决农村贫困与社会隔离新框架等。二是乡村规划与管理，包括城乡规划体系的建立、城乡规划特点以及农村规划管理及保护。三是农业与农村环境保护政策，如政策背景及措施。

第一节　农村公共服务与保障政策

一、农村公共服务体系的建立

良好的农村公共服务与保障是农村居民能够享有高质量生活的基础。2000年，英国政府公布了《农村白皮书：我们的乡村未来》（以下简称农村白皮书），确立了公共服务均等化的基本原则，建立了农村公共服务体系。农村白皮书是第一份关于农村政策的纲领性文件，它首次概括了政府所有的农村事务，提出了建立农村公共服务体系和相应标准，确立了服务均等化这一关键性原则，强调不管是居住在城市还是农村，都可以享受同等的公共服务，表明了政府职责并不只限于城镇居民，同样要保障居住在农村的居民享受乡村生活。这份文件还说明了农村地区面临的问题，阐述了政府相应的计划，并以可持续发展为基础，提出了激励人心的四大愿景和一系列目标，最终帮助农村地区重获活力。

农村白皮书公布了四大愿景：一是提升农村居民所需核心服务的质量和所获服务的渠道，使其拥有富有活力的农村社区和高质量公共服务；二是以小城镇的需求、禀赋为基础，形成能够应对农村缺乏规模和分散特点的经济结构和包括不发达的农村地区在内与整个区域保持一致的就业水平，保持高且稳定的就业水平和多样化经济的勤劳农村；三是维持生物多样性，保护绿色植被不受到威胁，促进农村地方社区蓬勃发展，鼓励社区积极参与和影响地方所需的公共服务供给，共谋未来发展，拥有可持续并不断得到加强的环境和居民能够乐居其中的受到保护的农村；四是构建能够自主未来，得到各级政府充分关注的灵活的农村。

农村白皮书中的规划切实关注了农村居民的切身利益以及影响农村居民切身利益的事项。其结论中明确指出：对于在农村生活和工作的居民、享受农村所创造的价值的居民、将农村视为国家财富的人而言，农村是极为重要的。农村每天都在发生日新月异的变化，尽管大多数情况下，农村居民对于这些变化能够积极回应，但政府仍然有责任为农村的生存和蓬勃发展构建最好的环境。为此，对于农村和城市地区实施不同的发展战略是必要的，两者之间面临不同的发展难题，但同时也是互相影响的。促进农村广大地区发展的策略同样也会造福城镇。

二、农村公共服务标准

农村公共服务标准是为了满足农村居民的需求而制定的政策。农村公共服务标准同样由英国环境、食品和农村事务部主导。标准囊括了教育、儿童看护、交通、社会保障、医疗等各方面，提出了各个方面的服务标准、服务提供者以及相应的目标。

自 2000 年农村白皮书首次提出农村服务标准以来，英国会定期公布农村服务标准回顾，2001—2004 年的农村服务标准都是由环境、食品和农村事务部进行主导，2005—2006 年首次由农村社区独立委员会主导。环境、食品和农村事务部农村服务标准回顾作为农村战略的一部分，回溯了影响农村地区居民生活和工作的关键公共服务标准、标准所造成的影响和当年公共服务焦点。定时回顾的目的是为了给居住在农村地区的居民提供公平、高质量的服务，使服务能够做到满足包括低收入和移动性差群体在内的农村绝大部分居民的需要。同时对过往公共服务标准进行回顾、重新总结，并根据农村社会、经济和环境的不断发展和变化，适时推出新的农村服务标准。

在农村白皮书的推动下，英国农村公共服务于 2005 年实现了网上服务。这对农村地区帮助很大，促使居民熟练使用互联网，更好地获取公共服务，如网上公共图书馆、邮局等，地方政府也可以通过这一途径发布公共服务信息。

三、提高农村网络服务计划

2018 年，英国政府调研发现，10％的农村和偏远地区在 2033 年之前不可能通过商业模式获得千兆位宽带。为扭转农村在全光纤宽带竞争中的不利地位，英国政府推出了农村千兆连接计划。该计划是一项为期两年、斥资 2 亿英镑、专注于农村地区网络服务的项目。

该项目优先考虑康沃尔郡、坎布里亚郡、诺森伯兰郡、彭布罗克郡等地区，计划建立以小学为中心、连接农村地区的中心网络模型。英国文化、媒体和体育部与教育部合作，确定了有资格建立连接的前 31 所学校。高速网络将允许整个班级的学生同时使用平板电脑，学生更容易获得在线培训并开展学习。访问云服务可以使学校退出本地服务器，从而降低购买硬件、维持信息技术设施的成本。除学校外，其他公共建筑（如健康场所、社区会堂等）也是项目的服务对象。该项目的资金来自国家基础设施生产力基金，该基金旨在提高英国生产力，提升人民生活水平。

四、提高农村地区生产率计划

1. 广泛、快速、可靠的宽带服务
政府致力于提供超高速宽带，覆盖英国 95％的家庭和企业。
2. 高质量、广泛可用的移动通信
政府将与业界紧密合作，以支持进一步改善移动覆盖。
3. 现代运输连接
政府将通过 150 亿英镑的道路投资策略和 380 亿英镑的铁路投资计划，改善农村地区的交通连接。支持政府为英国范围内的较小机场提供新的公共服务及客运航线的建议。

4. 高技能的农村劳动力

政府将确保为学校，包括农村地区的学校提供更公平的资金，获得高质量的教育和培训。

5. 在农村地区扩大学徒制

政府将增加农村地区的学徒制计划，并帮助小型旅游企业提供更多、高质量的学徒计划。

6. 农村企业园区

在企业园区招标中，优先考虑涉及较小城镇、地区和农村的提案。农村地区所有企业区内的企业将能够访问高速宽带。

7. 加强对农村企业的监管和改进计划

除了减轻监管负担和改善计划的广泛措施外，政府将审查农村企业面临的规划和监管限制以及可以解决这些问题的措施。

8. 更多住房

通过适当的措施组合，政府希望确保英格兰的村庄可以自由扩展，但要视当地情况而制定协议。政府将使村庄更容易制定邻里计划和分配土地用于新房屋。

9. 增加负担得起的托儿服务

政府将与地方当局和提供者合作，以确保有足够的高质量托儿服务，以满足农村地区父母的需求。

10. 权力下放

政府将决定赋予那些已经建立强有力且负责任的地方治理地区更大的权力和自由来最大化程度地实现经济增长。

五、农村医疗

（一）英国国家医疗体系

英国实行的是全民医疗保障制度，也称国家医疗卫生服务体系，该体系始于1948年。其经费主要来自国家税收，少部分来自私营医疗保险和个人自付。英国国家医疗体系的核心原则是使每个国民享有标准的医疗服务。

英国的卫生行政管理机构由卫生部、战略卫生局和初级保健机构联网组成。卫生部主要负责英格兰地区的卫生服务，威尔士、苏格兰和北爱尔兰地区的卫生服务由当地政府负责。卫生部负责全面管理国家卫生服务体系，具体职责包括：制定卫生和改革政策以及卫生服务制度，通过独立机构对卫生服务进行监管，对出现在卫生服务系统内的问题进行干预。

国家医疗体系分为初级卫生保健、二级医疗服务以及三级医疗服务。初级卫生保健主要指全科医师的服务，全科医师不隶属政府部门，政府卫生部门从全科医师那里为大众购买初级保健服务，全科诊所以团队形式为大众提供健康服务，一般由全科医师、护士、接待员、诊所经理等组成。全科医师是诊所的经营者，他们可以单独经营，也可以合伙经营，按照政府规定的全科诊所人员配备要求聘用诊所中的其他人员。政府部门为社区诊所配备辅助支持人员，如健康咨询者、社区护士等，辅助支持人员由政府付工资，政府管理。英国国家医疗体系规定每个居民需指定一位全科医师作为自己的家庭医师。二级医疗服务由医院提供，患者持有全科医师的转诊单，到二级医疗机构就诊。三级医疗服务主要是专科医院提供的服务。

除了国家医疗体系外，英国同样也存在着私营医疗服务，私营医疗服务是公立医疗服务的补充，服务对象是收入较高、对医疗服务要求也较高的人。

（二）农村医疗服务反馈机制

如果对于国家医疗体系的服务不满意，农村地区居民可以告知该项服务的直接提供者解决该事件，或者与医院的意见负责人、医疗卫生机构的申诉机构或是地方社区卫生理事会进行接触。

除此以外，可以写信给医院的主要负责人，通常四星期内负责人会针对意见进行全面的回复。个人家庭医生、药剂师、牙医或是眼科医生都有相应的意见申诉程序。在针对地方的解决方案中，不同医疗服务都有工作人员对申诉程序进行详细解释，在十天之内对意见做出答复。如对地方解决方案不满意，可以要求独立回复。经过特殊训练的医院或是卫生部门委员会成员（即会议召集人）将会考虑此类请求，在独立人员的帮助下，来决定是否成立一个独立调查小组对意见做出调查。调查小组只有在认为对解决事件有帮助时才会组建，会议召集人没有必要一定要建立调查小组。

如对于国家医疗体系的申诉程序不满意，可以向医疗卫生服务委员（调查官）报告，重新调查该事件，医疗卫生服务委员独立于政府和国家医疗卫生服务体系。不管申诉事件的内容是什么，都可以与地方议员联系。作为最后步骤，申诉不满意，可以向法庭提诉，但是打官司费时费力，在决定付诸法律前，应该向市民咨询机构或法官进行咨询。

六、农村社会保障

英国作为典型的高福利国家，推行的是全面的社会保障。社会保障主要形式有保险、津贴等，主要包括五个部分。

（一）社会保险

社会保险是英国现行社会保障制度的主体部分，英国社会保险始于1912年实施的惠民健康保险和失业保险，1925年又实施了共同年金保险，即养老保险。第二次世界大战后，英国将所有上述保险统一起来称为国民保险，构成了英国的社会保障制度的法律体系：1945年的《家庭津贴法》、1946年的《国民产业伤害保险法》和《国民扶助法》等，有了上述法律做后盾，就保证了社会保险的强制性，包括退休年金、失业津贴、疾病津贴、工伤津贴等。基金来源由雇员缴费、雇主缴费和政府财政补贴三部分构成，其中英国财政承担的社会保险责任较重。享受社会保险的前提是要交纳社会保险费，政府在居民因失业、退休、病残等使收入蒙受损失时给予津贴。社会保险支付项目与受益人的交纳水平和需求相关，不受现有经济状况的影响，其主要支付项目有失业保险金、退休金、疾病补贴和支付。

（二）国民保健服务

国民健康保健服务是英国社会保障制度的重要组成部分，始于1948年，是一种国家经办、由中央政府直接控制的医疗服务体系。除个别项目外，向全体公民提供近乎免费的医疗服务和药品，连技术最精湛、最有名的外科医生手术费用也免费。由于建立统一的国民保健制度，居民的医疗服务得到改善。

（三）社会救济

社会救济直接取代了原来《济贫法》的济贫职能，构成其现代社会保障制度的重要组成部分。与社会保险不同，受益人无须缴纳费用，但是受益数额也不高，主要用来满足特殊阶层居民的特殊困难要求。救济金发放额有限，受益人必须经过苛刻、严格的审查，才能领取到救济金。

（四）个人社会服务

个人社会服务指政府有关部门和社会志愿者对具有特殊困难的居民提供的各种福利设施和各类服务。这类人群包括被抛弃的儿童、老人、精神失常者等有特殊需要的人，通过为他们提供养老院、康复中心等，使其能得到社会福利的关心，解决其基本生存问题。这类人群在农村公共服务体系中也是关注的重点。

（五）专项津贴

专项津贴是英国社会保障制度的一个重要补充，包括儿童津贴、住房津贴、工伤津贴、家庭津贴等项目。各阶层居民均可享受专项津贴。

七、解决农村贫困与社会隔离新框架

解决农村贫困与社会隔离框架是由北爱尔兰农业和农村发展部旨在通过组织合作，针对农村地区弱势群体解决贫困和社会孤立问题的措施。解决农村贫困与社会隔离框架是北爱尔兰农业和农村发展部领导的一系列补充计划之一，旨在帮助确保满足农村社区的需求。这个新的解决农村贫困与社会隔离的框架是一系列反贫困倡议中的第三项，在北爱尔兰农业和农村发展部的推动下取得成功，并以社会融合框架（2008—2011）和解决农村贫困与社会隔离框架（2011—2015）为基础。

尽管城市地区和农村地区都存在贫困和社会隔离，但人们认识到那些生活在农村地区的人往往因贫困和社会隔离而有所不同，许多居民点的性质是人口密度较低。生活在农村地区也可能加剧某些群体的贫困和社会孤立。例如，农村地区额外的生活费用以及更高的燃料或运输成本可能对低收入人群产生更大的影响，而某些群体（例如年轻人或残疾人）可能在农村地区比在城市中获得交通服务遇到更大的困难。行政部门认识到，没有任何一个部门对农村问题负责，所有部门均具有有助于某些群体减轻贫穷和社会孤立的职能。解决农村贫困与社会隔离框架的开发旨在提供各部门、其他公共部门组织以及农村部门可以合作开发新的创新方式来减轻贫困和社会孤立对农村地区的影响，特别是在弱势群体中。

北爱尔兰农业和农村发展部认识到其他部门有责任考虑到农村社区的特殊需求制定和实施政策。解决农村贫困与社会隔离框架为其他部门确定和解决农村需求，以及北爱尔兰农业和农村发展部和其他组织合作、建立更有效的伙伴关系提供了一种机制。解决农村贫困与社会隔离框架的独特之处在于它关注农村地区最弱势群体的需求。它还允许北爱尔兰农业和农村发展部结合可用的工具来帮助解决农村地区的贫困和社会隔离（例如财务资源、员工资源、法规、经验等，其他公共部门机构的资源和专门知识以及农村社区部门提供的当地知识和技能）。通过协作方法可以获得收益，可以利用更多资源为农村社区谋福利。它还提供了灵活性，以帮助解决广泛的贫困和社会隔离问题，并针对农村地区的特定人群，如被确定为处于贫穷和（或）社会孤立的风险中的人群。新的解决农村贫困与社会隔离框架还寻求促进开发新的创新方法，它还寻求支持干预措施，这些措施利用额外的资金和其他资源来满足弱势群体的需求。它还可以促进对新项目或创新项目的试点，以测试新方法，如果被公共管理机构证明成功的话，这些方法可以被政府纳入主流。

新的框架从 2016 年起实施，并将制定支持旨在解决农村地区脆弱人群的贫困和社会孤立的一揽子措施。该行动计划将在确保资源的前提下，以年度为基础，制定包括未来几年要支持的措施的详细信息。

第二节　乡村规划与管理

一、城乡规划体系的建立

英国乡村规划与管理以《城乡规划法》为基本法律。早在 1932 年，英国政府颁布了第一部《城乡规划法》，该法首次将乡村纳入规划保护范畴，从空间规划层面上促进了城乡的融合。此后，《城乡规划法》进行了不断修改，城乡规划体系逐渐完善。其中，1947 年版的《城乡规划法》被认为是最重要的，因为该部法律明确提出要对乡村进行规划保护，遏制城市向农村的不断蔓延。同时，该法提出了在英国城乡规划体系中十分重要的 4 项原则，包括定期修编土地利用规划、将土地的所有权与开发权分开、地方政府拥有开发规划控制权、地方政府拥有强制购买土地权力。从此以后，英国大多数的城乡开发建设必须事先得到地方规划部门的许可；地方规划部门必须编制发展规划，并以此作为规划管理的依据。20世纪70年代以来，英国城乡规划体系发生了一系列重要变革，规划从物质（土地利用）规划转向社会和空间规划，注重从政治、经济、社会等层面研究影响城市与乡村发展的动力和机制，进而提出政策设计并将其应用在空间规划布局上，使规划结果更加科学。

二、城乡规划特点

（一）形成 "区域空间战略" 和 "地方发展框架" 两级规划结构

首先是区域空间战略，内容主要包括明确区域或次区域的发展政策纲要、解决重点大型开发建设的区位、根据国家的政策确定该区域的目标和指标。其次是地方发展框架，主要内容包括该地区发展的目标和战略，为城乡规划管理提供依据；重点地段编制行动规划；制定规划图，说明需要编制行动规划的地段以及当前一些重要地段，例如保护区等、城市设计导则、社区参与文件、年度调控报告。

（二）从详细具体的土地利用规划转向指导性规划

英国现行的城乡规划是指导性规划，规划仅提供了政策框架，明确了发展的目标和战略，强调政策的指导性框架作用，而不是详细、具体的土地利用规划，把具体的决策留给了规划官员和政治家。城乡规划体系用于指导开发意向，具体的管理工作通过开发控制来进行。英国实施指导性的规划体系，给予了地方政府和规划部门很大的自由裁量权。同时，为制约地方政府和规划部门的自由裁量权，英国制定了规划的上诉和督察制度，以纠正规划申请和实施中的错误。一项规划申请未得到批准，申请人可以直接上诉主管规划的国务大臣。规划督察署根据规划法规、住宅法规和环境法规，处理有关开发与建设项目规划许可申请的上诉案件；代主管规划的国务大臣和国家议会"介入"城市开发与建设项目规划许可审批。1992年以来，英国规划督察署已逐渐成为一个半独立的执行机构，根据有关"框架协议"规划，督察署对主管规划的国务大臣和国家议会负责。

（三） 规划明确要求社会公众参与， 给予第三方以很大的知情权和参与权

英国城乡规划的过程是公开的、透明的。其显著特点是明确要求社会公众

参与。例如英国规定，在区域规划部门将"区域空间战略"提交国务大臣之前，需要进行公众审查。公众审查由规划督察署负责指导，同时英国还规定，在编制"地方发展框架"过程中，地方规划机构需要咨询当地社区的意见，并通过"地方战略合作伙伴"机制编制"可持续社区战略"，该战略确定了与区域空间战略相符合的当地发展目标。英国城乡规划的公众参与虽然在一定程度上牺牲了规划的效率，导致规划过程往往耗时较长，难以出台，但对保证规划实施的可持续性具有十分重要的意义。

三、农村规划管理及保护

1947 年的《城乡规划法》首次明确提出，确保农业和林业用地不受影响，并对农村地区历史建筑进行保护。1991 年颁布的《规划与补偿法》以及2004 年颁布的《规划与强制性购买法》也从不同方面规范了农村规划管理，为农村的土地利用和建设管理等提供了保障。此外，针对农村地区的规划管理，2004 年英国政府还专门出台了《第 7 号规划政策文件：乡村地区的可持续发展》。该文件要求在编制"地方发展规划"过程中涉及农村地区时要有明确的规划管理和保护政策。英国农业发展和农村规划保护主要的原则是：规划政策应当能够在促进农村地区经济发展的同时，保护农村当地特色和高质量的环境，应当避免农村地区遭受不适宜开发的破坏，应尽可能提升农村土地的利用价值。其规划和保护突出体现在以下两个方面。

（一）农村土地和景观的规划管理及保护

目前英国主要采用设置绿化带、建立国家公园和划定"杰出的自然景观地区"三种政策机制来实现对农村土地和自然资源的保护。英国绿化带政策建议是 1935 年大伦敦区域规划委员会首次提出的，1947 年《城乡规划法》允许地方政府将绿化带政策纳入地方发展规划中，1955 年进一步明确了绿化带政策的法律地位。《国家公园与乡村进入法》提出设置国家公园以保护农村地区美丽的土地和自然景色。同时，有关政策明确规定严格控制国家公园内的土地开发和土地性质变更，除非开发是为了满足当地居民必要的基础设施需求，是不可避免的、具有十分重要的公众意义，且对公园内景观和环境破坏在较小范围，否则项目不被允许。而且，划定"杰出的自然景观地区"也来自《国家公园与乡村进入法》。"杰出的自然景观地区"是指具有很重要的保护价值，非常杰出的、具有特色的、国家级的自然景观地区。

（二）农村地区小城镇的规划管理和保护

英国政府认为，农村地区多样化发展是保持农村活力和可持续性的前提，因此在乡村规划及控制管理中，应当鼓励乡村采取多样化的发展模式。英国地方规划部门在制定城乡发展政策时，十分重视对农村地区小城镇的保护，避免其遭受不适宜开发的破坏，主要包括明确"嵌入式发展"的开发原则，即规划政策要求，小城镇新的开发建设需求首先考虑将选址安置在当地中心地区，并在地方规划文件中明确并得到标注。"嵌入式发展"项目面积不宜过大，且对周边的休憩土地功能和环境特征不产生破坏性的影响，特别是不能因为嵌入式建设造成公共空间的丧失；注重对历史建筑的保护；推动小城镇服务业及相关产业发展；加强垃圾的分类处置和管理。

第三节　农业与农村环境保护政策

一、农业与农村环境保护政策的提出背景

英国农业与农村环境保护政策源于两个方面，即农业环境破坏与城市病。

首先，在 20 世纪 80 年代之前，为了应对第二次世界大战后的人口增长以及经济恢复的需求，英国农业发展的目标只有增加产量。其间，英国农民为了增长盲目地滥用化肥和农药，造成了一系列环境问题，导致了水体和土壤的污染。据统计，农业造成了英格兰水体中的 1/4 的磷、接近 1/2 的病原菌和 3/4 的沉积物污染，杀虫剂、除草剂等化学制剂随着径流进入水体，对河流湖泊也造成了污染。与此同时，随着科技的发展，农业生产效率不断提高，而欧洲国家人口长时期保持零增长甚至负增长，普遍出现农业生产过剩，增加的粮食供应不仅不能带来收益反而加重了资源环境的负担，随着农业生态环境问题越来越受到社会关注，在政府和社会各界的努力下制定了一系列有利于保护农业生态环境的法律法规和政策。为配合欧盟新的共同农业政策，英国也开始调整农业政策，不再以增加粮食产量作为农业发展的唯一标准。英国政府对农民除了按照欧盟共同农业政策进行补助外，还通过财政拨款引导农民选择更加科学、

环保的耕种模式，以保护农业环境实现可持续发展。

其次，第二次世界大战之前英国的大城市就出现城市拥挤以及城市蔓延的现象。随着英国经济的恢复和发展，城市居民手中也有了更多可以处置的闲钱，在享受城市更多现代生活和文明成果的同时，人们也更向往回归自然的乡村美景，越来越多的人开始关注对乡村地区自然景观的保护以及乡村地区的通达性。这种萌芽于 20 世纪 50 年代的思潮到了 20 世纪 70 年代已成为人们的共识。公共资源均等化使得大城市与乡村居民在享受公共服务上不存在很大的差距，逐渐出现了"逆城市化"现象。然而，城市居民迁入乡村小城镇对乡村社区生活产生了很大的影响，加速了传统乡村社区的消失，也产生了乡村社区内部的冲突和矛盾，更为严重的是，乡村优美、宁静的环境遭到了威胁。与此同时，由于经济和产业的转型，作为世界第一个工业革命的国家，成本的增长使得之前坐落于城市中心的工厂大量关闭，转移到新型工业化国家，城市中心开始萧条。另外，新城的建设也加速了老城区的衰落。在城市发展政策方面，70 年代末 80 年代初英国停止了新城的建设，转向对城市中心区的复兴改造，最为著名的是伦敦道格兰区的改造。欧洲共同体的成立，使得战争的风险下降，为了防范战争而对农业和粮食生产进行保护的重要性衰减了。20 世纪 70 年代以后，英国农村发展政策主要聚焦在如何缓解大众日益增长的休闲娱乐活动需求与乡村自然景色保护之间的矛盾，英国开始重视并加大对自然景观地区保护的力度。英国农业发展和乡村保护政策的总原则要求所有的发展必须有利于农村经济的发展，能够维护或强化生态自然环境的质量。

二、农业环境保护政策与措施

英国政府一直在环境保护、气候变化、土地利用、可持续食品供应和海洋健康方面扮演着重要角色。在可持续利用和管理土地、恢复自然和美化景观、人与环境结合的健康与福利的改善、资源利用率提升、确保海洋清洁、健康和生物多样性、保护和改善全球环境等方面不断提出政策和改革措施。

（一）农村发展计划

农村发展计划旨在实现农业可持续发展目标，控制农业污染，尤其是农业生产过程中的化肥、农药消耗，加强对污水、牲畜粪便等的科学处理，降低农业环境成本。当前，英国农村发展计划覆盖英格兰、威尔士、苏格兰和北爱尔兰地区，主要包含"不肥沃地区及自然条件受限地区支持计划"以及"农业环境及动物福利措施"两大选项，各地区在此框架下实施不同的政策措施。从补贴趋势上看，这些年，英国"农村发展计划"支出总额呈现出逐渐下降趋势，2010 年至 2018 年，由 6.46 亿英镑降至 5.11 亿英镑，占脱钩支付的比重由 18.97％降至 15.57％。其中，作为主要补贴项目，"农业环境计划"支持额度也呈现下降趋势，由 5.15 亿英镑逐渐下降到 4.26 亿英镑。

（二）国家公园制度

《国家公园与乡村进入法》是英国乡村治理发展的里程碑，为英国的乡村带来除了农业和林业以外的"第三种发展力量"，在历史上第一次将乡村的可持续发展和民众的休闲娱乐需求纳入法律，从立法上确定了乡村环境可以被所有人共享。

《国家公园与乡村进入法》规定了三种乡村环境保护与管理的政策，包括国家公园、自然保护区和乡村进入权。国家公园强调了保护优美的风景及为公众提供娱乐机会，自然保护区则强调对乡村地区自然环境的保护，两者注重乡村价值的不同方面，也有相应不同的政府管理结构和政策措施，而乡村进入权赋予了民众享有进入乡村地区的权利，并建立了遍布乡村的步道网络系统。

英国国家公园的管理体系是由分散多元的主体构成的，由国家公园管理局主导，组织其他政府部门、非政府组织、社区和土地所有者共同管理。根据 1995 年《环境法》的规定，国家公园由各自独立于地方政府的国家公园委员会管理，委员会中包括地方机构、教区和国家环境食物与乡村部任命的成员，分别代表地方和国家的利益。国家公园管理局由中央财政拨款，其任务包括制定地方层次的管理规划，限制土地利用发展，满足休憩娱乐需求，与地方政府、旅游局、环保局、非政府组织、企业和土地所有者等合作协调，筹集其他来源的资金等。其中，由于国家公园的大部分土地是私有的，与社区和私有土地者合作显得尤为重要。国家公园管理局制定规划必须征求当地社区的意见，同时鼓励社区制定邻里规划，与社区机构共同参加自然环境提升区域合作计划等项目，与企业合作运营环境教育中心，支持土地所有者参加农业环境计划，通过环境补贴，鼓励农民采取适宜的耕作方式以保护自然景观。国家公园的规划必须兼顾生态环境保护和居民生活生产的需求，其土地性质变更和开发行为受到严格的控制。

国家公园的开发建设计划经过比其他乡村地区更严格的考量，确定具有较大的需求和公众意义的，首先考虑布局在就业岗位、住宅和公共服务设施集中的现有村庄或其外围。由于自然景观质量较高，附近城镇的居民在国家公园地区购置第二套住房的需求强烈，但只有极少数的住宅建设项目被批准。此外，国家公园管理局根据自然景观特征评估制定建筑设计导则，新建的建筑必须满足导则的要求，与公园的景观协调一致。

（三）农村环境补贴政策

按照欧盟共同农业政策，英国环境、食品和农村事务部通过单一支付计划向农场主支付来自欧盟的补贴，为此每年向约 10 万个农场提供 15 亿英镑的补贴，这些补贴只需要农场满足两个条件：一是农场必须是以农业生产为主，二是农场的生产过程必须满足欧盟交互标准的环境保护、植物健康和动物福利的要求。

但是由于单一支付补贴中环境保护的要求低，只能达到减少污染的目的，为了更好地保护农业生态环境，英国在国内率先放弃了单纯与产量挂钩的农业补贴政策，制定了本国内执行的农业环境政策。其主要目的是保护农田生物多样性、保护并改善农田质量、保护自然资源和提高公众的农业环保认知。英国农业部门委托自然英格兰、环境署按照农业环境政策在英格兰和威尔士地区开展多项环保项目，包括：初级补贴项目、高级补贴项目、针对有机农场开展的有机补贴项目和针对高原牧场的牧场补贴项目等。这些项目都是以保护生态环境为目的，项目的实施主要适宜生态补偿，促使农民接受有利于生态环境的农业管理模式和技术。英国农业补贴强调环境保护，将农户获得的补贴资金与其是否达到政府规定的农业生产标准相挂钩。如，若申请基本支付计划补贴，农户必须遵守"绿化规则"和"交叉承诺"。其中，根据"绿化规则"，农户必须种植至少 3 种不同作物，划出农地的 5％专门用作种植环境友好型作物的种植，保障作物多元化，永久草地减幅不得高于 5％；拥有超过 15 公顷农地的农民必须保有"生态集中区"，这些区域相当于农地总面积的至少 5％等。根据"交叉承诺"规则，农户应注重保护土壤、水和农村景观，符合环境、气候变化等要求；保障动物、植物健康。若农户未遵守以上规则，则该计划项下的补贴将被削减或取消。

为了保证农业生态补偿的开展，英国政府除了利用欧盟共同农业政策相关资金外，还定向拨款开展农业环境保护相关的项目。这些项目主要关注不同耕种方式对环境带来的影响，主要保护的是土壤的质量和农产品安全，而随着社会对环境保护的关注度日益提高，英国政府专门制定了针对农业环境保护的政策，并开展了一系列以保护环境为目的的项目。英国的农业环境保护政策主要是通过开展项目来进行的，这些项目大多数是以生态补偿的形式开展，促使农民选择最佳耕种模式以达到环境保护的目的。每个项目有各自的针对性，但每个项目获得生态补偿的条件都不是单一的，如初级补贴项目，其中包含上百种保护生态环境的措施，参加项目的农民可以根据自身条件和需求选择这些措施，而每种措施都有预设的分数，当农民通过开展某种或某些生态环境保护措施达到其农场平均每公顷 30 分时，英国食品、环境和农村事务部将会与其签订协议并按照每年每公顷 30 英镑给予补贴。

（四）英国绿化带政策

英国绿化带政策建议是 1935 年大伦敦区域规划委员会首次提出，1947 年《城乡规划法》允许地方政府将绿化带政策纳入地方发展规划中，1955 年进一步明确了绿化带政策的法律地位。绿化带政策是指对农业用地和农村土地的保护，控制城市的无限制蔓延对农村土地的侵占，绿化带内严格禁止新项目的开发和建设。如果开发项目是在农村现有建筑或建成区内进行，规划部门则需要对这些开发项目进行规划审批和管理，并确保其不会对农村地区现有特征、景观和环境带来不利影响。

（五）乡村自然景观保护与人文资源并重治理

人文环境的治理指各种文化现象所形成的人们生活特有的文化氛围和环境，涉及邻里关系、文化艺术、饮食文化、历史发展等。英国乡村治理目标将环境治理上升到民族精神的维护，内容中涵盖了自然与人文环境治理相结合的治理范围，使乡村成为英国人的精神寄托。鉴于此，英格兰乡村保护委员会在进行乡村治理之初定了三个目标：一是组织具体行动确保乡村景色、乡村村舍、乡村城镇免于摧毁；二是唤醒民众对乡村的情思，教育大众致力于委员会目标的提升；三是联合其他组织共同合作保护乡村风景。《城乡规划法》把保护英国乡村历史和自然景观纳入英国法律制度之内，以此维护乡村地方自然风景区的风貌和特色。

三、绿色未来发展战略

为了消除可避免的浪费，为野生动植物引入新的保护措施，让更多孩子与大自然交流，英国政府于 2018 年 1 月 11 日宣布了一项具有里程碑意义的 25 年环境计划——《绿色未来：改善环境 25 年规划》。该计划阐述了英国政府在未来 25 年改善自然环境的行动举措，提出英国的农业、林业、土地利用和渔业等领域将环境置于首位的发展模式。为实施 25 年规划，英国政府将成立一个新的独立机构，并制定一套新的环境原则来支持政策的制定，同时开发一套评估未来 25 年目标进展情况的指标，并且定期更新 25 年规划，此外还筹划建立绿色商业委员会，在未来一年与各方利益相关者密切合作。英国政府希望通过执行 25 年计划实现清洁的空气、纯净和丰沛的水资源、繁荣的植物和野生动物、减少洪水和干旱等自然灾害造成的损害风险、更加可持续高效地利用自然资源、美化自然环境、增强遗产保护传统的传承和激励公众参与。

（一）清洁的空气

到 2040 年，停止销售新的常规汽油、柴油汽车和货车。在现有良好实践和成功的监管框架的基础上，保持工业排放的不断改善。

（二）清洁充足的水

英国规定，在切实可行的范围内尽快改善至少四分之三的水源，使其接近自然状态：减少对河流和地下水的不当抽取，确保到 2021 年有足够水量以支持环境标准的水体从地表水体的 82％增加到 90％，而地下水水体的比例从 72％增加到 77％。达到或超过特别保护的河流、湖泊、沿海和地下水的目标，无论是否用于生物多样性或饮用水的流域管理计划。最大限度地减少每年因漏水而流失的水量，自来水公司预计到 2025 年将平均减少至少 15％的漏水。到 2030 年将英国指定沐浴水中的有害细菌降至最低，并继续改善水质。如有短期污染风险，确保向潜在的沐浴者发出警告。

（三）兴旺的植物和野生动植物

英国将在陆地、水域和海洋上建立起一个不断发展且富有弹性的网络，其中植物和野生生物更加丰富。在海洋中,英国将通过以下方式做到这一点:扭转海洋生物多样性的丧失,并在可行的情况下予以恢复。增加受保护和管理良好的海洋的比例,并更好地管理现有的保护区。确保关键物种种群的年龄结构是可持续的。确保海底生态环境具有生产力并足够广泛以支持健康、可持续的生态系统。在淡水中,英国将通过以下方式做到这一点:恢复英国 100 万公顷的陆地和 75% 的淡水保护区中的地点处于有利条件,长期确保其野生动植物价值。在受保护的地点网络外部创建或恢复 50 万公顷野生动植物丰富的栖息地,重点关注优先栖息地,将其作为更广阔土地的一部分进行管理,从而带来更广泛的收益。到 2060 年,英格兰的林地面积将达到英国要求的 12% 的覆盖率,这将涉及 2042 年底前种植 18 万公顷树木。

（四）减少环境危害带来的风险

英国将通过以下方式减少自然灾害（包括洪水、干旱和海岸侵蚀）对人、环境和经济造成伤害的风险:确保每个人都能获得他们需要的信息,以评估其生命和生计。确保包括发展在内的土地使用决策能够反映当前和未来的洪灾风险。确保在长期干旱和干旱期间最大限度地减少供水中断。增强房屋、企业和基础设施的长期弹性。

（五）更可持续、更有效地利用自然资源

英国将确保更可持续、更有效地利用自然资源,例如食物、鱼类和木材。英国将通过以下方式做到这一点:从资源中获得的价值和收益到 2050 年使资源生产率翻倍。改进土壤管理方法:到 2030 年,英国希望对英格兰的所有土壤进行可持续管理,并且将利用自然资本思想来制定适当的土壤指标和管理方法。增加木材供应。确保将所有鱼类资源恢复到并维持在可以产生最大可持续产量的水平。确保粮食以可持续和有利的方式生产。

（六）增强自然环境的美感并与自然环境互动

英国将保护并增强自然环境的美感,并确保每个人都能享受和使用它。英国将通过以下方式做到这一点:提高自然环境的价值,同时要注意其传承;确保在人们居住和工作的地方（尤其是在城市地区）附近有高质量、可到达的自然空间,并鼓励更多的人花时间享受自然;着重于采取行动改善社会各方面的环境。

（七）缓解和适应气候变化

英国将采取一切可能的措施来缓解气候变化，同时采取措施减少其影响。英国将通过以下方式做到这一点：继续减少温室气体排放，包括土地使用以及氟化气体的使用。确保所有政策、计划和投资决策都考虑到 21 世纪气候变化的可能程度。

（八）减少浪费

英国将最大限度地减少浪费，尽最大可能地重复利用材料，并在其使用寿命结束时进行管理，以最大限度地减少对环境的影响。英国将通过以下方式做到这一点：致力于到 2050 年实现零可避免废物的目标。力争在本计划的生命周期内消除废物犯罪和非法废物场所，将高风险者置于优先地位。大大减少乱抛垃圾的行为。显著减少并在可能的情况下防止各种海洋塑料污染，特别是最初来自陆地的材料的污染。

（九）管理化学品接触

英国将确保安全使用和管理化学品，并确保大幅度减少进入环境（包括通过农业）的有害化学品的水平。到 2030 年，大幅增加被破坏或不可逆转的持久性有机污染物的数量，以确保对环境的排放可忽略不计。履行英国最新《国家实施计划》中概述的《斯德哥尔摩公约》下的承诺。

（十）加强生物安全

英国将增强生物安全性，以保护英国的野生动植物和牲畜，并增强植物和树木的复原力。英国将通过以下方式做到这一点：减少现有动植物疾病的影响；降低新物种的风险并应对非本地入侵物种；利用欧盟留下的机会，确保在英国边境强有力的生物安全保护；与行业合作以减少地方病的影响。

第十章 CHAPTER 10
中英农业合作 ▶▶▶

本章主要从中英农业贸易合作与科技合作两个方面对中英农业合作进行阐述。首先，在农业贸易合作方面，总结中英农产品的贸易状况，基于贸易数量与结构的比较来分析中英农产品进出口的优劣势，分析英国脱欧给中英贸易关系带来的影响以及中国的应对策略，以期带动中国农产品的进出口发展；其次，在中英科技合作部分，对中英农业科技合作的基础与背景进行总结，并进一步以中英可持续农业创新网络（SAIN）与中英知识互助平台为例，主要介绍中英农业科技合作项目。

第一节　中英农业贸易合作

一、中英农产品贸易数量与结构现状

（一）英国向中国的农产品出口

英国向中国出口农产品结构及贸易额的数据见表 10-1。在英国出口到中国的农产品中，肉类、水生动物和乳蛋类动物产品以及饮料类占据了比较重要的地位。

表 10-1　2017—2019 年英国向中国出口农产品结构及贸易额

单位：美元，%

商品类别	2017 年		2018 年		2019 年	
	出口额	比例	出口额	比例	出口额	比例
活动物	422 054	0.077	344 471	0.064	548 589	0.157
肉及食用杂碎	208 597 370	37.932	132 834 726	24.562	91 058 597	25.984

（续）

商品类别	2017 年		2018 年		2019 年	
	出口额	比例	出口额	比例	出口额	比例
鱼、甲壳动物、软体动物及其他水生无脊椎动物	90 195 500	16.401	142 132 868	26.281	92 000 486	26.252
乳品；蛋品；天然蜂蜜；其他食用动物产品	66 102 965	12.020	58 090 328	10.741	37 356 436	10.660
其他动物产品	1 428 091	0.260	1 895 680	0.351	968 713	0.276
活树及其他活植物；鳞茎、根及类似品；插花及装饰用簇叶	40 166	0.007	1 423 316	0.263	386 185	0.110
食用蔬菜、根及块茎	1 622 415	0.295	3 349 812	0.619	2 529 637	0.722
食用水果及坚果；甜瓜或柑橘属水果的果皮	15 905	0.003	32 072	0.006	713	0.000
咖啡、茶、马黛茶及调味香料	4 889 733	0.889	10 275 446	1.900	4 909 870	1.401
谷物	138	0.000	569	0.000	7 999	0.002
制粉工业产品；麦芽；淀粉；菊粉；面筋	583 794	0.106	350 376	0.065	255 624	0.073
含油籽仁及果实；杂项籽仁及果仁；工业用或药用植物；稻草、秸秆及饲料	526 962	0.096	270 109	0.050	104 591	0.030
虫胶；树胶、树脂及其他植物液和汁	657 436	0.120	1 093 312	0.202	857 514	0.245
编结用植物材料；其他植物产品	1 731	0.000	8 657	0.002	25 680	0.007
动、植物油、脂及其分解产品；精制食用油脂；动、植物蜡	11 972 976	2.177	12 114 762	2.240	7 476 531	2.133
肉、鱼、甲壳动物、软体动物及其他水生无脊椎动物制品	1 253 324	0.228	637	0.000	187 147	0.053
糖及糖食	1 331 103	0.242	893 822	0.165	683 033	0.195
可可及可可制品	4 683 445	0.852	6 501 651	1.202	3 502 991	1.000

（续）

商品类别	2017 年		2018 年		2019 年	
	出口额	比例	出口额	比例	出口额	比例
谷物、粮食粉、淀粉或乳制品；糕饼点心	23 961 016	4.357	56 339 110	10.417	21 366 684	6.097
蔬菜、水果、坚果或植物其他部分的制品	6 754 232	1.228	13 459 128	2.489	10 106 731	2.884
杂项食品	38 645 741	7.027	34 722 459	6.420	23 456 843	6.693
饮料、酒及醋	82 418 215	14.987	61 322 303	11.339	48 705 151	13.898
食品工业的残渣及废料、配制的动物饲料	3 823 722	0.695	3 360 811	0.621	3 951 374	1.128

注：文中的贸易方式均为一般贸易。

数据来源：根据中国海关总署网站（http：//43.248.49.97/）原始数据整理汇总。

（二）中国向英国出口的农产品

中国对英国农产品出口金额及结构的数据见表 10 - 2。中国在 2019 年出口到英国的农产品中，蔬菜、水果、坚果或植物其他部分的制品食品以及工业的残渣及废料、配制的动物饲料品占据了重要的地位。

表 10 - 2　2017—2019 年中国对英国农产品出口金额及结构

单位：美元，%

商品类别	2017 年		2018 年		2019 年	
	出口额	比例	出口额	比例	出口额	比例
活动物	432	0.000	775	0.000	2 219	0.000
鱼、甲壳动物、软体动物及其他水生无脊椎动物	55 707 572	7.724	69 273 631	6.744	50 847 420	6.169
乳品；蛋品；天然蜂蜜；其他食用动物产品	54 562 504	7.566	92 559 634	9.010	57 319 952	6.954
其他动物产品	35 945 081	4.984	52 661 709	5.126	31 070 014	3.769
活树及其他活植物；鳞茎、根及类似品；插花及装饰用簇叶	696 408	0.097	1 162 017	0.113	861 999	0.105
食用蔬菜、根及块茎	65 488 171	9.081	81 648 492	7.948	81 359 967	9.871

（续）

商品类别	2017 年		2018 年		2019 年	
	出口额	比例	出口额	比例	出口额	比例
食用水果及坚果；甜瓜或柑橘属水果的果皮	23 548 530	3.265	30 911 053	3.009	32 491 699	3.942
咖啡、茶、马黛茶及调味香料	42 804 234	5.935	52 767 489	5.137	41 968 677	5.092
谷物	506 531	0.070	894 972	0.087	652 834	0.079
制粉工业产品；麦芽；淀粉；菊粉；面筋	909 593	0.126	842 507	0.082	861 748	0.105
含油籽仁及果实；杂项籽仁及果仁；工业用或药用植物；稻草、秸秆及饲料	29 768 386	4.128	38 361 460	3.734	29 753 916	3.610
虫胶；树胶、树脂及其他植物液、汁	12 634 106	1.752	18 402 641	1.791	17 013 333	2.064
编结用植物材料；其他植物产品	3 842 240	0.533	5 535 869	0.539	4 583 810	0.556
动植物油、脂及其分解产品；精制的食用油脂；动植物蜡	26 736 478	3.707	49 593 791	4.828	37 498 418	4.549
肉、鱼、甲壳动物、软体动物及其他水生无脊椎动物的制品	39 284 403	5.447	63 265 347	6.159	57 974 718	7.033
糖及糖食	15 898 103	2.204	23 801 279	2.317	18 505 556	2.245
可可及可可制品	1 089 692	0.151	2 218 456	0.216	1 972 718	0.239
谷物、粮食粉、淀粉或乳制品；糕饼点心	50 178 716	6.958	72 791 681	7.086	61 221 972	7.427
蔬菜、水果、坚果或植物其他部分的制品	98 025 761	13.592	135 025 612	13.144	89 007 708	10.798
杂项食品	55 177 835	7.651	71 053 977	6.917	68 474 684	8.307
饮料、酒及醋	14 384 539	1.995	16 261 189	1.583	19 141 683	2.322
食品工业的残渣及废料；配制的动物饲料	92 966 199	12.891	148 049 781	14.412	121 681 716	14.762
烟草、烟草及烟草代用品的制品	1 025 669	0.142	168 074	0.016	40	0.000

数据来源：根据中国海关总署网站（http：//43.248.49.97/）原始数据整理汇总。

二、脱欧对中英贸易关系的影响以及应对策略

英国脱欧为中英两国的贸易合作增加了诸多不确定因素，有机遇也有挑战。就中国而言，在继续推进中英两国贸易关系发展的过程中，要注意防范汇率波动带来的风险，密切关注英国脱欧后续的事态发展，积极调整对英战略布局，制定并实施合理的政策，与英国政府积极展开谈判加快双边贸易便利化，提升两国市场合作的潜力。

第二节　中英农业科技合作

一、中英农业科技合作背景

2016 年，中英两国共同构想科技创新合作战略，其中一个重点就是农业旗舰挑战计划，从这里就可以看出两国的关系以及双方的需求，包括形成具有竞争力的产品创新，达到与领先的国际竞争对手旗鼓相当的水平或优先他们。

2019 年初，中英双方推出并完成了试点智慧农场，即智慧农场 1.0。根据技术和分析等方面的复杂性，双方也为未来几年规划了不同级别的智慧农场。规划智慧农场的目的是为了从农场规模活动中完善食品营养素的生产，并利用技术完善这些食品的生产，以最小的环境成本创造最大化生产能力。

智慧农场在每阶段的侧重点有所不同，智慧农场 1.0 作为智慧农场的特定阶段，主要侧重于田间作物和温室蔬菜的数据收集和监测；随着智慧农业进程的推进，智慧农场 2.0 阶段以新的联合研究成果为支撑，主要侧重于水、土壤和植物的智能分析；在新的联合研究成果的支持下，智慧农场 3.0 进入农业智能化阶段，专注于人工智能的分析、决策及作物的种植规划；进入智慧农场 4.0 阶段，更多的是和其他一些科学技术进行整合，例如使用机器人、无人机合作收集一些非常精细化的数据，使用多光谱空间和卫星协作监测数据，各种技术融合应用使得农作物管理者有一个动态管理系统，该系统将会达到非常精确的状态，旨在优化每块土地的每一部分或是绿色蔬菜作物的每一部分。

在智慧农场的推进中，双方不断在农场中对新技术进行测试和展示，以获取更全面、更前沿的数据，了解农场的潜能，做最佳方案的展示，进行知识技

能交流，从而能够让别人也能更好地了解技术的益处，促进传统农业的转型升级，探索未来智慧农业发展新模式。

二、中英可持续农业创新协作网络

为支持中英在可持续农业和粮食安全方面的合作，激发对可持续农业及其与地方、国家和全球经济关系的各方面的创新思维和研究，传播关于环境可持续农业问题和变革机遇的信息，并向主要受众传播最佳实践，通过发达经济体和新兴经济体之间更广泛的专业知识共享，为全球可持续发展做出贡献，中国农业部和英国环境、食品和农村事务部于 2008 年共同成立了中英可持续农业创新协作网（China-UK Sustainable Agriculture Innovation Network，SAIN；网址：www. sainonline. org）。

中英可持续农业创新协作网（SAIN）旨在为双方在可持续农业进行合作提供统一的框架。SAIN 支持现有中英农业可持续发展对话的目标，提供灵活与持久的平台，推动中英两国在可持续农业领域的长期合作。SAIN 的工作由管理委员会监督，委员会为多个工作组和 2 个秘书处（中英两国各设一个）提供战略指导并审批其活动。秘书处为协作网的活动提供必要的行政支持。SAIN 的中国秘书处设在中国西北农林科技大学，英国秘书处设在英国东安哥拉大学。英国环境、食品和农村事务部和中国农业部为两个秘书处的运行提供资金支持。在过去的几年里，SAIN 已经实施了超过 10 个联合研究项目，下面对其主要联合研究项目进行介绍。

1. 中英可持续集约化农业养分管理和水资源保护

该项目关注中英两国的主要农业系统，通过发展和分享相关领域的创新知识、实践、政策和治理措施，以实现更可持续地管理农业生态系统中的氮元素和磷元素。

2. 生物碳：社会经济和生物物理学"适应"

该项目基于生物碳的生物物理特性，从更深层次理解与生物碳部署相关的社会经济背景，致力于解决目前发展中国家以及中国对生物炭的社会经济背景理解薄弱的问题。

3. 中国有机肥合理利用

该项目评估了中国各省份的土壤中畜禽粪便、堆肥和厌氧消化物中的养分，探讨如何实现最大限度地利用这些有机资源中的营养物质，从而减少对无机肥料的使用依赖。

4. 改进养分管理，促进低碳经济

该项目估计了中国制造和使用氮肥相关的温室气体排放量；提出了向农户和推广人员获取合理使用氮肥和粪肥信息的改进方法；并向决策者提供通过改进农业氮素管理有利于减少温室气体排放的证据以及实现这一目标的方法。

5. 未来中国农业温室气体排放评价与减排措施

项目基于差距分析和未来主要方向预测研究了温室气体排放在中国各地区不同种植制度下的特征，以及各地区气候对于缓解这一变化的潜力。通过对中国农业温室气体减排的边际减排成本进行经济评估，开展社会科学调查确定政策实施的障碍，最终提供证据基础、政策咨询和决策支持工具。

6. 通过加强保护与利用作物野生近缘种的遗传多样性，实现农业的可持续发展和减缓气候变化

该项目致力于提供共同开发新技术的平台，向中国和英国的决策者提供咨询意见，说明不充分保护作物野生近缘种的后果，包括生态系统服务的丧失和粮食安全的减少。通过中英专家的科技能力互补，发展和利用新的组学技术和生物信息学能力，提高农业可持续性，以应对气候变化的影响。

7. 中国农业发展与水资源利用的协调措施

该项目对中国未来农业用水适应气候变化反应的"碳成本"进行了初步估计。包括评估和描述气候变化对中国农业的主要影响；利用案例研究数据，将适应政策与能源使用联系起来，制定农业用水能耗的初步估算。

8. 应对脆弱性，建设中国农业适应气候变化能力

气候变化是中国农业系统变化的一个关键驱动因素，同时与贫困密切相关。该项目通过一个结构化的知识交流和双边研究项目，致力于解决两个主要利益相关者群体的知识需求——中国适应气候变化的研究人员和易受气候变化影响的农业社区。

三、中英知识共享和互助平台

中国和英国在农业和食品领域的联系正日益紧密和多样化，中英在多方面的努力促进了双方在农业食品领域的长期合作机制形成并向好发展。为促进双方沟通和参与，发挥协同作用和支持政策制定，推动跨学科协作和建立新的合作伙伴关系，繁荣基金和英国环境、食品和农村事务部推动建立了中英知识共享和互助平台，该平台的资源中心旨在为中英两国在农业、环境和粮食领域的合作项目、出版文件、组织和专家提供全面和最新的信息来源。该平台的主要目标是支持在农业、食品和环境领域内中英合作计划的实施；促进跨学科的合作；加强现有举措和利益相关者之间的沟通和参与，以最大程度地发挥协同作用并支持政策制定；建立新的合作伙伴关系。

《中英农业合作通报》（以下简称《通报》）是该平台的一部分，由中英可持续农业创新协作网编辑发行。《通报》列出了有关农业、粮食和广义的环境部门合作计划，能够有效帮助中英两国的学术与商业人士了解当前的合作计划，促进现有计划和利益相关方之间的信息共享和沟通。

第十一章　CHAPTER 11
经验与启示 ▶▶▶

以上各章对英国农业农村发展演进、现状、政策以及脱欧后时代英国农业农村发展政策改革路径进行了介绍与分析。在"双循环"新发展格局下，如何深入推进我国乡村振兴战略、农业农村高质量发展，英国农业农村现代化发展的宝贵经验与教训值得中国深入思考。

第一节　英国农业与农村发展经验

一、农业发展经验

（一）基于尖端、融合理念的农业科技创新资源配置模式的构建

英国历来高度重视以尖端技术、全球领先为目标，对农业科技进行研究与开发。特别是 20 世纪 90 年代以来，英国在农业基础理论和生物技术方面进行了大量的研究。在 2006—2020 年的战略规划中明确提出，将农业与食品安全、生物技术与生物能源、服务健康的生物科学作为优先研究领域。近年来，英国在动植物基因图谱、植物基因转座子标记、人类基因、转基因动物和植物育种、生物技术新产品、生物膜、分子生物学家畜发病机理、育种技术、生殖技术、基因编辑技术、基因组技术、数字技术等方面的农业科学领域进行了深入研究并取得了突破性进展。

基于融合理念的农业科技创新资源配置模式的构建涉及多方面要素，不仅需要将多学科团队、多主体网络、多阶段价值链进行整合，从而引导多方主体、整合多种资源开展合作创新活动，还需要完善相关制度和政策制定，实现科技与经济的有效结合。英国农业科技战略由农业技术领导委员会指导实施，

主要参与主体包括政府、企业、科研机构。领导委员会负责引导和监督资金的使用，对私人和政府部门提供的农业研究、转化和创新投资进行综合规划，政府主要负责提供资金促进国际合作，技术战略委员会和生物技术与生物科学研究委员会投资建立农业科技孵化器以促进农业创新市场化，农业科技部门负责为农户提供相关培训和建议，促进农户、技术人员和科研机构之间的充分交流。

（二）健全的农产品质量安全法律保障体系

纵观国际市场，英国农产品标准既包括英国本国制定的各类标准，也包括直接引用的欧盟或联合国组织制定的国际农产品标准，总体来看，英国农产品社会认可度高，降低了英国农产品的损耗，农产品标准更新速度快，企业认可度高。

英国农产品高质量标准源于两个方面。第一，制定严格的法律规章制度。主要包括《食品安全法》《健康与安全法》《农产品品质管理法》《畜产品加工处理法》《食品卫生法》《食品法》《甜品规定》《食品标签规定》等，在这些法律法规之下，英国专门独立成立了用来监督食品安全的机构——食品标准局，该局具体监督内容包括食品标签、食品卫生、肉类及肉产品（例如那些涉及残留物的检查以及最大残留物的限制）、食品构成成分、新颖食品、食品添加剂以及包装材料。第二，构建了食品安全认证体系。尤其是在 2000 年，在英国国家农民协会的帮助下，英国政府建立了"Red Tractor"的食品安全认证体系，这样开始逐渐将各级食品加工工序统一成为一个有序整体，并且为农业生产和加工工序制定了一系列标准，保证了所有农产品从饲养或种植到成品加工，再到货架或餐桌的整个流通过程的安全性，建立了食品来源的可追溯制度，大大提高了农产品的质量安全。英国完善的农产品质量安全法规和体制保障了农产品质量安全监督和管理的有效实施。

（三）拥有系统的乡村发展的财政投入体制与机制

英国一直重视乡村经济发展、公共社会事业和生态环境保护的投入，并有系统性的支持计划。目前，英国政府通过财政支持乡村发展的方式有：一是乡村基本支付支持计划。2017 年约有 7.1 万农户接受该项目计划支持，资助金额达 13 亿英镑。二是乡村经济发展主体资助计划。该计划是欧盟共同农业政策在英国的执行方案，也是英国乡村发展计划的一部分，按照欧盟共同农业政策的方案，2015—2020 年英国安排 1.38 亿英镑用于六个方面：支持乡村小微经营和农业多样化经营、振兴乡村旅游业、提高农业生产率、提高林业生产率、提升乡村公共服务水平、支持乡村文化和传统文物的保护开发活动。此外，从 1978 年开始，英国政府建立了农村生态服务系统，在英国国家生态系统评估基础上，深度挖掘乡村生态环境的经济价值，并强化为乡村生态系统保护提供保障。

（四）重视农民专业合作组织建设

农业合作社是在自愿互利的原则下所组成的经营性合作组织，是欧盟国家粮食流通的主体。农业合作社将比较分散的粮食生产者联合起来，为他们提供产前、产中、产后的服务，供给农业生产资料、提供种植技术和市场信息服务，实行粮食统一销售，形成规模优势，降低粮食流通成本。英国的农业合作社有一些典型的特征。首先，农业合作社并不是法律形态上的一种企业形式，相反，它能够从政府那里享受到许多优惠政策，如所得税的免除、低息贷款的获取等。其次，农业合作社代表农民会员的利益进行组织粮食营销，是一种能够自主经营、自负盈亏以及在市场中可以相互竞争的组织形式。第三，农业合作社功能比较齐全、服务完善，许多农民为了规避市场风险同时希望获得优惠价格和便利条件等，他们更加愿意将粮食销售给农业合作社，同时，农业合作社的规模比较大，粮食的品种齐全而且信誉好，粮食加工企业也愿意从合作社采购粮食。

农民协会的主要任务是听取和反映农民意见，帮助农民，替农民进行调研。农民协会有专门的出口部，并成立农产品贸易公司，公司设有董事会，主要负责小麦、水果、蔬菜等农产品的贸易，并经常和有关部门联系，交换信息，帮助农民贷款。英国有农产品协会董事会，每年有 4 次大的会议，参与的都是各地区的农协会代表，主要讨论协会事务及政策，每两年进行一次选举。农民协会的公费从公司中收取，专门为会员服务。农民协会在伦敦地区有100 名雇员，其他地区 10 多名雇员，与政府、银行、公司等有紧密关系，从而为英国农民争取了较大的利益，为农业可持续发展起到了积极作用。

（五）拥有健全的农村金融和农业保险体系

英国具有比较完善的农村金融和农业保险体系，并且在农业生产中发挥着重要的作用。英国的农村金融机构包括农业抵押公司、清算银行和土地改良公司等长期金融机构以及商业银行、农村信用合作社等短期金融机构。农业抵押公司贷款仅限于用农地和建筑物作为抵押物的一次性抵押贷款，英国政府会对农业抵押公司进行协助和监督。土地改良公司主要针对的是那些土地所有者用作融通农地及农业建筑物的改良资金等。英国的商业银行十分发达，它的网络也早已遍布农村各地。在英国农村金融机构未建立起来之前，农场主需要资金时会向商业银行申请贷款。同时，商业银行设在农村的分支机构对当地的农场主已经了如指掌，所以不需要烦琐的贷款担保等手续，这样，商业银行就成为英国农村信贷资金的主要供给者。英国的农村信用合作社是一种非营利的社团组织。该组织为农村提供金融服务，并以相当低的利率和比较优惠的条件向社员提供贷款。英国政府为了支持农村信用合作社发挥融通农业资金的作用，在1979 年通过了"信用合作社法案"，对信用合作社的业务范围做了明确的法律规定。

英国农业保险发展较早、体系比较完善，对农业生产以及农产品市场供给起到了十分重要的作用。世界上最早的种植业保险契约就是1797 年由英国克伦堡雹灾保险协会首次设计并签发的。英国农业保险大致包括农业巨灾险和牲畜保险。英国的农业巨灾险是一种非强制性巨灾保险体系，即市场上销售的商业保险的保险责任中已经涵盖了巨灾风险责任，投保人可自行选择时机购买。牲畜保险分为一般牲畜保险和特殊牲畜保险。一般牲畜保险主要承保牲畜普通的内外科疾病、意外事故伤残贬值的损失。特殊的牲畜保险主要承保牲畜具有的传染病危险，产驹期间、运输期间或展出期间的危险，都适用特殊的牲畜保险条款办法，比如牲畜炭疽病保险，口蹄疫后果损失保险以及产驹保险。

（六）重视农村人力资源的开发

英国历来高度重视农村人力资源的开发，积极培养懂科技、会管理、善经营的高素质农村技术人才和现代新型农民。采取多种措施提高农村劳动力就业率，如开展"新开始"培训计划，该计划鼓励青年农村企业家考虑从事农业事业或者与农村相关联的事业。在英格兰有24 个学院提供12 个月的课程，课程包括农场经营管理的不同领域。开通"Afuturein.com"网站。该网站包含为每一个想在农业部门开始或者发展事业的人提供各种职业信息，该网站为17 个环境和以土地为基础的产业提供了职业信息。实施季节性农业工人计划，该计划允许英国农场主和种植者招聘具有低技术者或海外工人从事短期农业工作，这在季节高峰期时特别有帮助。另外，还建立了英国农业最低工资制度以及建立农村工业区，为农业劳动力顺利转移创造环境。

（七）高度重视农业农村的多功能性

在保障农业生产为英国提供足够的粮食、蔬菜和肉类食品满足居民消费需求外，英国政府高度重视农业提供的其他更为重要的功能。农业农村的社会功能包括农村生存能力和农业就业贡献、农业景观与乡村旅游以及健康服务。生态功能体现在环境产出、保持生物多样性、保证动物福利方面。

（八）重视动物健康和福利

英国的健康与和谐咨询报告强调了保持动物健康和福祉的高标准的重要性。英国致力于保持在动物福利领域的世界领导者地位。英国希望建立一种动物健康和福利途径，促进生产更健康、更高福利的动物，巩固英国在动物健康和福利方面的国际声誉，展示出一种高效率的现代高效动物饲养方法。英国政府引导国民能够做出正确的消费选择来反映其对动物福利的偏好，同时，英国也将动物健康与福利看作是一种公共物品。

二、农村发展经验

（一）构建了完整的农村公共服务体系和保障体系

在英国 2000 年农村白皮书提出之前，并没有特别针对农村地区的公共服务体系，但农村地区特有的地形地貌、经济状况和人口结构等使之与城市区别开来，在公共服务的实施力度、覆盖范围和实施重点上也与城市存在着差别，两者面临不同的发展难题，同时也互相影响。农村地区的发展关乎整体经济的健康发展，英国农村公共服务遵循可持续发展和服务均等化原则。农村白皮书提出了四大愿景：建立活力、勤劳、环境受保护和自主的农村环境；为英国农村的发展描绘了社会、经济与环境和谐发展的蓝图，并在其中强调了服务均等化的原则；对城乡一视同仁。公共服务和保障体系完整，覆盖了农村居民生活的方方面面。农村白皮书中首次提出的农村公共服务标准涵盖了教育、医疗、交通、就业、保障等各方面，政府依然是公共服务和保障的主体。从公共服务的提供者可以看出，大部分公共服务的提供仍然是依靠对应的部门，仅少部分有私营部门和志愿者机构的参与。

（二）大力发展和繁荣乡村产业

针对英国乡村企业规模小，乡村中小企业服务推广薄弱且分布不集中、与中心城市距离较远等问题，近年来英国政府强化为乡村企业提供各类公共性支持服务，包括增建就业服务设施、乡村就业信息网站以及乡村超高速宽带业务等。从 2010 年开始，英国政府着手建立了 5 个农村经济增长试点网络，旨在减少对乡村经济增长的阻碍，如乡村企业经营场所短缺、互联网技术落后、乡村商业团体分散等问题。5 个试点地区是：坎布里亚郡、西南部的中心区域（包括德文郡和萨默塞特郡）、东北区域（覆盖达勒姆郡、盖茨黑德和诺森伯兰郡）、斯温顿和威尔特郡、沃里克。

（三）重视乡村田园景区开发

英国政府从战略高度对乡村田园景区进行科学合理的规划，完善基础设施，并对重点发展的项目通过税收、补贴等方式给予扶持，不仅为乡村田园景区的开发指明了方向，还为乡村田园景区的可持续发展提供了重要的驱动力。例如，20 世纪 90 年代，英国针对农村环境恶化成立了食品、环境和农村事务部及英格兰环境署等，政府环保机构制定相应的管理政策，并在财政方面向乡村建设倾斜，通过基础设备、教育培训等方式提高居民环境生态意识。在乡村田园景区建设中，注重法律法规和行业协会的协调作用。良好的制度环境和行业协会的协调纽带机制在乡村田园景区发展过程中相互补充、不断完善，在乡村田园景区可持续发展中发挥着不可或缺的作用。

（四）注重乡村历史文化传承

英国具有深厚的历史文化底蕴，文物古迹、古老的民俗传统等遍布乡村。在乡村田园景区开发过程中，英国历来重视对古迹的保护与修缮。例如，在历史古迹的维修过程中，为了避免建筑物缺失真实性，一般按照复原的标准进行修复，尽量保留历史原貌。经过修缮的历史古迹向公众开放，供人们缅怀古人、追忆历史，这些乡村人文景观对乡村旅游业的发展有极大的促进作用。当前英国农村仍旧保持着较为古老农村的模样或者稍加改进。

（五）重视乡村规划与管理

英国的城乡规划体制和规划法规的建立是与英国城市化进程和经济社会变化相适应的。英国的城市化经历了先大城市化、集群化，再逆城市化、郊区化的过程，与之相对的是城乡管理也经历从自发蔓延到先放任后治理再到规划先行、现代法规治理和城乡一体化的变化。

英国历来重视法律性规制在乡村规划和建设中的作用，乡村规划纳入"中央—郡级（次区域）—村镇（教区）"三级综合规划框架。第二次世界大战后英国颁布了第一个农业法，注重强化对农业耕地的保护。20世纪60—70年代，英国大城市居民开始热衷回归乡村，为此英国加大了对乡村田园景观的保护力度，颁布实施《英格兰和威尔士乡村保护法》，支持建设乡村公园。2000年，英国出台"英格兰乡村发展计划"，以创建有活力有特色的乡村社区，鼓励乡村采取多样化的特色发展模式。2011年农村政策办公室等机构的设立，提高了地方政府在规划中的地位，也增强了英国乡村发展的自我能动性。

当前，英国城乡规划管理也产生了一些突出的问题：一是规划的公众参与程序和时间过长，严重降低了规划编制的效率，例如英国希思罗机场的改扩建过程中，由于公众意见的分散和沟通时间的冗长，项目一直处于搁置状态。此外，英国的很多工业发展项目也由于规划阶段公众参与后导致停滞不前。二是英国的城乡规划某种程度上是以"牺牲城市为代价来保护乡村"，这导致一方面城市开发建设比较平庸，另一方面农村涌入大量人口带来了住房短缺和公共服务匮乏等问题。

（六）重视农业农村生态环境

随着农产品自给率不断提高，农业的快速发展，以及国民对农产品及农业更高标准的需求增加，农业可持续发展开始进入英国政府的政策议程。英国环境、食品和农村事务部的主要功能是促进英国农业可持续发展，加强农村地区环境保护，提高农产品竞争力和延伸食品链等。"未来农业与食品政策委员会"鼓励农场主注重农业生态环境的保护。强调对生态环境和历史文化的保护，既包括农田、湖泊、林木等自然资源，又包括公园、植物园、休闲场所等文化资源。从18世纪开始，英国的一部分庄园主就开始对乡村景观进行修复重建，使得乡村中自然景观、作物环境、生活要素得以保持鲜明特点，并形成壮丽的景观效果。1926年成立的英格兰乡村保护委员会在乡村环境治理和保护方面，提出了独特的"保护性治理"理念。2002年颁布的《乡村发展计划》目标是保护乡村的环境和可持续性，促使广大农村地区美丽如画、风景盎然。为了降低农药、化肥等化学品对乡村生物多样性和村民生活环境的破坏，英国政府强调将农业补贴与环境保护、减少农药使用等挂钩，从而有效降低了农业生产活动对乡村生态环境的影响。此外，英国政府还实施了新林业发展战略，强调首要任务是保护环境，尽可能多地增加绿化空间，从而满足人们对生态产品的需求，使农村生态呈现良好的局面。

（七）重视乡村产业融合化

大力推行乡村产业多样化经营，鼓励兴办乡村企业。2007年，英国执行欧盟《2007—2013乡村发展7年规划》，大力扶持乡村企业发展。根据相关统计，乡村中小企业对英国乡村经济具有积极的促进作用，2015年每万人拥有的企业数达430家，高于同期的城市数（伦敦除外）360家，同时乡村小微型企业数占比大，雇员0人的乡村企业数占18.4%，雇员1~9人的乡村企业数占70%，而雇员10~49人的乡村企业数占9.9%。英国政府特别支持乡村企业面向多样化产业领域开展经营，2015—2016年农林渔企业占英国乡村区域内注册企业数的15.30%，同样地，专业化科技服务业类企业占14.87%，批发、零售及机动车修理类占13.20%，建筑业类占11.33%。

（八）重视乡村城镇发展

一是构建立法规划与民众参与的双重制约机制，保障了城镇化科学发展。一方面，英国政府重视以法律法规的形式来规范城市化发展，依次颁布《住宅、城镇规划条例》（1909）、《城镇和乡村规划法》（1947）和《城市规划法》（1990），于2004年对《城乡规划法》重新修订，使立法体系逐渐完备。另一方面，民众参与机制和参与方式是公开透明的，在城乡发展规划的制定过程中能够保证所有公民有效参与，并在规划实施过程中通过引入独立的第三方机构进行检测和评估，以确保公民意见得以落实。二是基于政府引导和市场调节的双重作用，完善了公共服务设施建设。小城镇的发展奠定了坚实的物质基础，为小城镇居民提供了优质的服务，吸引众多居民和企业在小城镇落户和定居，保证了乡镇人口发展的稳定性。三是乡村工业化促进就地城镇化，增加了乡村地区的就业机会。乡村工业的发展带动了整个乡村的发展，将城市资本与农村劳动资本完美结合，实现了农业劳动力的就地转化，推动了农业的规模化经营。乡村工业化还促进了城乡逐渐融合。四是政策倾斜吸引企业驻镇，提升城镇化的发展质量。在小城镇建设过程中注重本土资源的挖掘，发展当地优势产业，为小城镇发展提供持续的产业支撑，促进农业人口充分就业，提升城镇化的发展质量。五是崇尚生态发展理念，注重保护文化景观。在生态保护理念的指导下，科学规划始终遵循自然规律，并且尽可能保护小城镇周边的山川河流、森林田地等自然资源，并展现地域文化特色，对当地历史文化遗产进行维护，以便延续小城镇的发展历史。

第二节　英国农业与农村发展对我国乡村振兴的启示

纵观英国农业农村的发展历程及在各个阶段针对不同经济形势所制定的农业农村发展政策的成功经验，英国农业发展经历了以农业生产为重、以生态环境为重、多样化发展的三个阶段，逐渐走入了后脱欧时代以农业科技创新推动食品产业发展及以新的生态环境标准强化土地及环境管理的新阶段。

我国发展已经进入了新时代，现阶段我国社会的主要矛盾已经转化为人民日益增长的美好生活需要和不平衡不充分发展之间的矛盾，这种发展的不平衡不充分突出反映在农业和农村发展的滞后上。乡村的生产生活是重要的国家利益，重新认识乡村的丰富内涵，促进城乡均衡发展是我国目前面临的重要议题。由于我国和英国的城市化进程、社会体制和面临问题等方面均存在较大差异，在乡村振兴战略中，应当有甄别地学习与借鉴。未来还需要通过更深入的调查，探寻因地制宜的保护与发展方式。

一、对中国农业发展的启示

当前，我国农业的主要矛盾已经由总量不足转变为结构性矛盾，质量效益和竞争力不高的问题突出。我国农业仍然是大而不强、多而不优，基础还不稳固，抵抗自然风险和市场风险的能力差，市场化组织化程度不高，产业链短，全产业链收益低，国际竞争力不强，农产品结构性供过于求和供给不足并存，质量安全风险隐患依然存在，资源环境要素约束持续加大，农业面源污染防治任务仍然艰巨。

（一）农业与农村发展中有效市场与有为政府的有机结合

党的十九届五中全会对科学把握市场与政府关系这一重大的理论和实践命题进行了深刻总结，为当前和今后一个时期深化市场经济体制改革提出了明确目标和要求，对激发市场活力、制度活力和社会创造力，尽快形成市场作用和政府作用有机统一、相互补充、相互协调、相互促进的大格局具有重要的指导意义。

英国的农产品市场、农业旅游、农业科技等方面较为成熟的市场机制发挥着资源合理配置的作用，但其农业的多功能性挖掘、田园景区开发、农业环境、农业劳动力就业、动物福利与健康、农业关键核心技术攻关等都没有离开农业政策的支持。因此，探究中国农业领域的有效市场和有为政府议题也必将成为今后学术界与各级政府关注的焦点。

首先，建立系统的乡村振兴政策体系。加强党对"三农"工作的全面领导，落实农业农村优先发展的方针，基于农业多功能性挖掘、关键核心技术突破、新型农业经营主体培育、农产品市场完善等方面构建符合国情的农业与农村支持和保护政策体系。乡村振兴政策包括价格支持政策、农业补贴政策、农业可持续发展支持政策、农业科研和推广支持政策、食品安全、基础设施建设等。

其次，创新多元化乡村振兴投入机制。与发达国家相比，中国对农业的支持水平偏低。当前中国农业的现代化发展程度仍然比较低，在农产品国际市场中的竞争力弱，农户收入低且稳定性较差，国家多方面对农业、农村和农民的支持力度仍需要继续加强。加大中央和财政资金投入，因地制宜建立和引导社会资本对农业农村的投入。同时，要充分发挥金融、保险、期货、再保险等政策工具在深度推进乡村振兴战略中的作用。

第三，坚持市场导向，按照"市场引导、政策跟进"原则，逐步摸索出一套以市场为主导的农产品目标价格形成机制体系。围绕市场持续调整优化产业结构，推进产业向园区集中，加强市场体系建设，推进信息化和现代化产业融合发展。要利用各种机制建立融合发展的平台，推动各种新产业、新业态、新模式的发展，走出一条农业高质量发展的新路子。

（二）加快推进以关键核心技术攻关为主的农业技术创新机制

英国依靠其雄厚的工业技术基础和较完善的农业科研、推广、教育以及管理体系的支撑，已经成为世界农业科技强国。英国农业注重以市场需求为导向，坚持科学研究与农业生产紧密结合，重视科技创新成果转化，加强农民职业技能培训，突出实践操作能力，强化农业科技成果的宣传和推广工作，运用第三方评价模式提高评价结果的公信度，形成了成熟且较为完备的农业科技创新体系、农业推广体系和农业教育体系。

诚然，在我国推进乡村振兴战略中科技创新至关重要。一是需要坚持农业科技自立自强，强化农业科技和装备支撑。加强农业重点领域的科技创新，聚焦生物育种、农机装备、绿色投入品等。二是突破农业关键核心技术，布局建设一批重点实验室、重大科学设施装备，培育推广优良品种，推进农作物生产全程全面机械化，加快发展数字农业、智慧农业、高效设施农业。三是建立多元农业科技投入机制。由政府部门通过政策引导或资金支持鼓励大学、科研机构与产业界建立合作关系网络或合作创新联盟等多种形式的合作关系。四是构建多元互补、高效协同的农技推广体系，加快建设现代农业产业科技创新中心，推进产学研用深度融合。进一步深入推进科技特派员制度，鼓励不同农业经营主体与科研院所、高校建立紧密合作关系，深入推动农业科技成果应用。五是强化以科技成果转化为价值导向的评价模式。强化科研院所和高校的科研成果对农业发展的支撑作用。

（三）创新乡村振兴人才培养机制

现代农业的发展离不开高素质的农民，中国在向现代农业迈进的进程中，需要一批不同于传统农民的新型农民，以适应现代农业发展的需要。要培养造就一批懂农业、爱农村、爱农民的三农工作队伍。

首先，全方位提升农村居民的人力资本水平。加强社会主义精神文明建设，加强农村思想道德建设，弘扬和践行社会主义核心价值观，普及科学知识，推进农村移风易俗，推动形成文明乡风、良好家风、淳朴民风。

其次，建立完善的终身职业技能培训体系。通过培训补贴、创业培训补贴、生活补贴、培训技能鉴定补贴等财政支持，也可以通过积分制等治理方式，提高农民参与农业教育、技术推广、新技术采纳等，构建农民专业教育制度，提高农民从业素质。

第三，坚持本地培养和引进输入相结合，推进乡村人才振兴。加强农村实用人才队伍建设，抓好农业职业教育，培育家庭农场和合作社经理人，培养现代农民和乡土人才。同时鼓励引导企业员工、大学生、返乡农民工、科技人员等到农村、农业产业园区等创新创业。

第四，把培养青年农民纳入国家使用人才培养计划，确保农业后继有人。要把加快培育新型农业经营主体作为一项重大战略，以吸引青年人务农、培育专业农民为重点，建立专门政策机制，构建职业农民队伍，为农业现代化建设和农业持续健康发展提供坚实的人力基础和保障。

（四）加强农民组织的发展和建设

英国的农业与农民组织是从事农业经营、主体为农民的人们在特定社会、政治、经济、文化环境中所构建起来的各种各样的社会关系。从总体上可以看出，英国农业与农民组织的演化，是一个从无序到有序的动态演化进程。它目前所呈现的组织形态，也是一种较有效率的制度安排。对于中国来说，近年来中国的农民组织化程度有所提高，主要表现在 2007 年《农民专业合作社法》正式实施，随后各地的农民专业合作社加快发展。从整个组织系统来看，当前中国发展农民专业合作社既缺少对合作社联社发展的制度安排，农业发展也没有类似英国一样的农民协会，这就很难保证政府的各种扶持政策能够通过农业合作社系统或者农民协会系统作用于农民，也就难以保证各种扶持政策的有效执行。

英国的政体相对稳定，农民组织得以在法律的框架内进行自发扩展秩序的构建。但在这个过程中，政府扮演的主动而有意识的"第一推动力"角色起到了重要的作用。比如，英国农业合作社历史上经历了一系列挫折，落后于法德的农业合作社发展，这显然与一直以来英国政府缺少对农业合作社的有效支持有关。但英国的农民协会系统由于利益集团的强力支持，成为英国主要的农民合作组织类型。因此，在我国重点培育壮大农民专业合作社、专业技术协会等社会化服务主体，提高农民组织化程度进程中，法律是合作社健康发展的基石，政府扶持是合作社发展的必要支撑，必须进一步明确农业合作社的税收优惠、教育培训、专项委托等政策措施，加大对农业合作社发展的支持力度。因此，政府应该把农民组织的未来发展提高到战略的高度，早日形成一种积极地促进多元化农民组织成长的政策思路。

（五）创新农村金融与农业保险制度

完善的农村金融和农业保险制度是确保农业可持续发展的坚实后盾。基于英国比较完善的农村金融和农业保险制度构建经验，我们需要结合中国农村经济发展的实际，建立适合中国的农村金融和农业保险制度。

一方面，要构建完善的农村金融制度。农村金融制度的完善可以从两个方面着手，一是需要政府的参与，重点内容包括制定一定时期内农村金融发展的优惠政策，二是还需要进一步挖掘现有的农村信用合作社、农业银行在农业生产中的潜力，同时对现有金融服务进行创新，不断满足农业生产。

另一方面，需要建立一种在政府政策大力支持下的巨灾风险保险机制和牲畜保险机制，帮助农业生产者提高风险防范意识。具体实施内容包括通过国家立法支持农业保险的发展并建立补贴和费率优惠机制，创新组建不同类型农业保险的运行模式，建立强制投保与引导投保相结合等灵活多样的农业保险投保模式，同时建立高效的农业保险监督机制。

（六）构建农业可持续发展体系与机制

农业可持续发展应该是综合性的，它应该包括与农业有关联的，如农业生产、生态环境、市场、流通、消费以及社会发展等多个方面。农业可持续发展是在满足人类粮食需求的前提下促进农业生产持续稳定以及生态环境的不断改善，增加农民收入以及不断提升农产品数量及品质来满足日益增长的人类需求。农业可持续发展构建是未来世界农业发展的重要方向。

英国的农业发展从三个方面强调可持续性。一是强调可持续发展的农产品消费；二是构建可持续发展的食品链，英国在农产品生产、运销、消费环节均强调可持续发展原则；三是构建可持续发展的农业用地，重视农业、农村生态环境。与英国等发达国家相比，中国的农业经济并不发达，在农产品生产、加工、运销等各方面都存在着可持续发展的阻碍因素。当前，这些不可持续的表象不断涌现，致使政府、农产品生产者以及最终消费者对这些问题开始产生怀疑。推动中国农业可持续发展，结合当前中国的实际，可以借鉴英国的一些做法：一是在农业生产、农产品流通等环节仍然需要政府参与决策、引导和监督，如强有力的立法、规章制度、行业规制等经济、社会措施，进而构建可持续发展的农产品生产、加工和运销体系；二是在农产品消费市场中鼓励和支持建立消费的非正式组织，同政府一同制定和实施可持续消费政策；三是加大对那些具有较强耕地、草场和林地保护意识并付诸实践的农业生产者的补贴力度。

（七）建立农业转移人口可持续生计发展机制

早期的英国农业劳动力大规模离开土地，无序流入到城镇从事非农产业，结果对英国经济、社会等方面造成了巨大的负面影响。在当前及可以预见的未来，中国仍然面临着农村剩余劳动力向外释放的压力。英国农业劳动力转移的实践警示英国，农业剩余劳动力的转移需要有序且稳步推进，不能将农民无序迁移到城镇，应该避免造成大规模农民失业，因缺乏社会保障而陷入贫困局面。近二十年来，英国采取了一些积极的政策来促进农业劳动力的转移，如建立了农村工业园区，为农业劳动力顺利转移创造条件。以英国政府采取的农业劳动力转移政策为鉴，顺应中国推进城乡一体化发展这一趋势，可以考虑从以下几个方面着手来统筹解决农业转移人口就业与城市融入问题：一是加快以县为核心、乡镇为轴的城镇化发展格局，以此推动城乡统筹发展，为吸纳农业转移人口创造条件，促进农业劳动力有序、稳定的转移；二是在发展城镇的同时，需要有产业支撑，调整产业结构，使之能够更好地吸收农业转移人口，缓解就业压力；三是农业剩余劳动力的顺利转移还需要突破城乡二元割据的种种限制，实现城乡居民在养老保障、失业保障和医疗保障等方面均等化；四是依托产业融合与产业链延伸探索农村三次产业就业机制。在推进以县为核心、乡镇为轴的区域发展格局下，吸纳农业劳动力向乡镇、县域以及大中小城市转移就业，同时，通过将城市部分劳动密集型产业向乡村地区产业园转移、发展特色县域经济等方式，拓展农民就地就近就业空间。

（八）必须提高对农产品标准化生产的程度和水平

2019 年，农业农村部、国家发改委等 7 部门联合印发了《国家质量兴农战略规划（2018—2022 年）》，其中提到的 7 项重点任务中就包括"推进农业全程标准化，加快引进转化国际先进农业标准，全面推进农业标准化生产"，力争修订强制性标准 35 项，覆盖我国主要农产品，实现中国食品安全标准与国际标准对接。对比中英农产品标准化发展发现，当前中国与英国的差距表现在四个方面：我国标准对经济贡献小，农产品标准建设相对滞后；农产品标准普及率低，导致损耗高；农产品标准交叉多，更新速度慢；农产品标准使用对象不明确，市场认可度不高。比较分析中英农产品标准差距后，能够为中国农产品标准化今后的发展提供一些启示，比如，出台农产品标准化发展的扶持政策，合理化布局农产品标准；加快农产品标准的更新速度，力争实现"一品一标"；明确农产品标准的服务对象，提高市场认可度。通过借鉴和学习英国农产品标准化的先进经验，不断丰富和促进中国农产品的标准化发展，提高中国农产品的国际市场竞争力。

（九）充分挖掘和发挥农业多功能性价值，深度推进乡村三产融合

多功能农业已经被普遍认为是未来农业的发展趋势。农业多功能性具体表现为农村活力、生物多样性、娱乐与旅游、田园景观、粮食安全、食品安全与动物福利等。多功能直接源于农业经济品与非经济品的多样性与复杂性。英国要求全面系统地考虑与协调农业的各种功能，而不是孤立地从产业角度、经济角度，更不是仅从粮食角度出发考虑农业问题。

随着我国经济高质量发展深入推进，特别是城乡居民消费结构和水平的提升，农业的多功能性偏好程度逐渐增强，但在实际生产和消费过程中重视程度仍然不够。我国的农业在保障粮食供给和提供就业方面发挥了十分重要的作用，但是在大中小城市迅速崛起和成长中，农耕文化的传承与保护、农村生态环境保护、动植物福利等方面功能的挖掘和重视程度仍显得苍白无力。农业的这种集经济、社会、生态等于一体的多功能特征，是我国在深度推进乡村振兴战略中急需重视、挖掘、培育和保护的。

首先，建立专门的法律法规，推进不同区域采用相对灵活的政策，推动功能各异、特色鲜明的多功能农业农村新发展格局。

其次，重新构建农业农村的区域经济发展贡献指标。不能简单用农业GDP来衡量，而需要客观评价农业、农村和农民对全社会在经济、社会和生态环境等多方面的贡献指标。因此，在地方政府官员政绩考核中，加大对农业多功能性挖掘的贡献指标权重，合理给予农业多功能性各要素的多方面补偿。

第三，农业多功能性的挖掘要推进农村一二三产业融合发展。农村发展新产业、新业态和实行一二三产业融合发展，是乡村振兴的客观要求。因此，开发农业多功能性，延长产业链条，提升价值链，打造供应链，发展新产业新业

态，是提高农业综合效益，推动城乡产业协同发展的重要途径，例如农业嘉年华、娱乐＋体验＋教育＋住宿＋饮食融于一体模式，结合动漫等元素，打造大型儿童主题农业公园等新型农业形态。

（十）动态掌握和调整中英农业合作领域和机制

首先，英国脱欧后的农业政策可能会发生变化，过去在欧盟共同农业政策的框架下，英国农业政策重点关注减少农业对生态环境的影响、推进农村发展、降低自然灾害对环境的损害。但是受到脱欧的可能影响，英国政府为追求更安全的农产品自给率可能会加大对农业生产能力的建设，政策目标将从重点关注环境保护和农村发展向环境目标与产量目标并重转变。因此，中国应加快研究调整中英农业合作战略，将农业作为深化双边合作的重点领域和方向。

其次，英国脱欧对中国参与区域经济合作具有很好的指导意义，由于区域贸易集团的成立具有多米诺效应，因此我国要积极加入或建立各种层面的区域贸易集团，尽可能获取加入区域贸易集团的福利，避免被边缘化。当我国要加入或建立一个区域贸易集团时，应预见到随着一体化的推进，其内部的空间不平衡性和不稳定性都将会显现或加剧，在进行区域合作时，尽可能采取差异化的开放政策来化解区域贸易集团内部的不稳定性。

二、对中国农村发展的启示

（一）重塑农村价值观

城市和乡村具有不同功能，城市具有集聚经济、人口、资金和技术等功能，能够带动地区和国家的经济发展；乡村能够提供满足社会成员所必需的农产品，并保证食品安全，同时还具有保存历史文化景观、国家和民族的优良传统和历史文化的功能。两者对于国家的发展都必不可少，且形成一种互补。

英国乡村政策体现了综合发展的治理价值观，乡村的产品是多元化的，除了粮食、木材、能源等市场产品以外，还需要重视自然风景和舒适生活环境等公共产品的提供，使公众在乡村休憩和娱乐的需求得到保证。

已延续数千年的中国乡村在经济发展情况和土地资源的限制下，乡村政策被传统的"生产主义"观念主导，乡村的功能被过度简化。自身独特的价值在经济发展进程中往往被忽视。

在农业生态环境价值日益凸显的当下，英国已经走出了重农业生产轻综合价值的阶段，乡村生态与社区文化建设成为支撑乡村可持续发展的重要内容。当前我国在乡村振兴建设过程中，特别是在"双循环"发展格局下，需要充分挖掘乡村生态、乡土文化等农业农村的更多价值，以科技手段创新乡村文化和生态发展，打造创新创意新产业。

（二）深化城乡融合理念、推进城乡融合步伐

《中共中央国务院关于建立健全城乡融合发展体制机制和政策体系的意见》提到，城乡要素流动不顺畅、公共资源配置不合理等问题依然突出，影响城乡融合发展的体制机制障碍尚未根本消除。实现城乡一体化发展新格局成为提升城乡居民生活质量的必经路径。首先，要树立城乡平等的发展理念。中国实施乡村振兴战略，并不是否定城镇化，而是要与城镇化发展相辅相成、并驾齐驱。只有坚持城乡平等发展的理念，才能推动要素的双向流动，重塑城乡关系，形成城乡融合、互补共荣的发展格局。其次，强化融合理念，实现农村公共产品的全面供给。《中共中央国务院关于建立健全城乡融合发展体制机制和政策体系的意见》提出了 2022 年、2035 年和 21 世纪中叶城乡融合的目标任务，并界定了城乡融合的主要领域，即城乡要素合理配置、城乡基本公共服务普遍共享、城乡基础设施一体化发展、乡村经济多元化发展和农民收入持续增长。

（三）全方位深度推进农村生态文明建设

中国用占世界不足 10％的耕地和 6％左右的淡水资源，养活了世界近 20％的人口，农业做出了巨大成就。但是，由于农业生产高度依赖化学投入品，对耕地进行过度使用，导致面源污染严重，土壤肥力下降，农业的可持续性遭到破坏，农业发展面临资源条件、生态环境这两个"紧箍咒"。转变农业发展方式，走资源节约、环境友好型的现代农业发展之路尤为重要。

生态问题的产生，是地理历史、生态意识、生产方式、生活习惯等多种主客观因素相互作用的结果，这就要求在生态文明建设中坚持马克思主义普遍联系的观点，科学系统地推进各项工作。

首先，要树牢"绿水青山就是金山银山"理念。加强农业生态环境保护，

统筹推进山水林田湖草系统治理，加大农业面源污染防治。持续推进化肥农药减量增效，发展节水农业，提升农膜回收、秸秆综合利用和畜禽粪污资源化利用率。加强更新土壤污染管控和修复，健全耕地轮作休耕制度。

其次，健全生态环境保护的法律制度，为乡村生态环境保护提供坚实的法律保障。英国尤其重视立法在乡村环境治理中的作用，如 1949 年的《国家公园与乡村进入法》、1981 年的《野生生物和乡村法》、1995 年的《环境法》和 2000 年的《乡村和道路通行权利法》等，对于各参与主体的职责和权利也进行了清晰的界定，为建立管理体制和细化实施政策提供有效的保障。

第三，实施乡村生态环境的地方自治和多方合作协调的综合治理方略。英国乡村环境治理政策的实施是一个"自下而上"的过程，强调地方自治和多方合作协调。英国乡村生态环境治理的参与者包括国家主管部门、其他政府部门、非政府组织、企业、社区、土地所有者以及公众。而我国在乡村生态环境治理中政府部门之外的其他主体参与机制仍然在摸索中，因此在深入推进乡村振兴战略过程中，乡村振兴法律条款、生态环境法律法规的制定和实施都应该充分考虑地方和当地居民的认知、建议和需求，强调公众参与，同时建议与有关生态学、环境学等研究机构、非政府组织加强合作，有效调动社会力量参与乡村环境治理。

（四）建立健全城乡统筹的农村社会公共服务与保障

一是公共服务与保障均等化。实现公共服务和保障均等化是英国农村公共服务体系和保障的原则之一。作为高福利国家，英国的保障社会化水平很高，覆盖了全体国民。城乡之间在保障标准和待遇上差异小，农村公共服务标准同样也是以国家标准为准绳，强调服务的均等化。中国的社会保障和公共服务体系长期以来主要集中覆盖城镇居民，农村居民无论是在享受保障还是服务范围和水平上，都和城镇居民有着较大差距。农村和城市差距的拉大并不利于社会长期的稳定发展。在公共服务方面，包括加快发展农村学前教育，加快普及高中阶段教育；全面实施城乡居民大病保险制度，建立健全农村困境儿童福利保障和未成年人社会保护制度。

二是公共服务和保障体系的针对性。英国农村公共服务体系的实践经验显示，加强国家标准在农村地区的实施固然必不可少，但也要将不同区域的差异性纳入标准制定的考虑范围。中国的农村与城市以及全国不同区域的农村地区在地貌、人口构成和分布以及社会状况等方面都存在着很大的差异，需要充分尊重这种差异性，在保证公平性的前提下，建立各类符合农村实际的公共服务和保障体系。

三是公共服务和保障的适度性。由于英国农村公共服务和保障以政府为主导，服务和保障的高水准和覆盖范围的广泛性，导致财政存在着巨大压力。我国人口众多，农村地区人口更是占大多数。农村公共服务和保障的发展需要考虑经济和社会发展水平这一前提条件，制定符合当时的财政支持能力的公共服务和保障政策，同时需要创新公共服务和保障模式，最大限度地保障农村居民。

四是公共服务的便捷性。英国便利的乡村小火车站、清晰可见的乡村徒步标识、完善的基础设施等吸引了来自全球的游客。在中国，除部分较为成熟的乡村景区外，大多数乡村道路和基础设施等公共服务供给能力比较差。目前，中国城乡基础设施和基本公共服务差距已然很大，农村交通、通信、公共教育、卫生、文化和社保等事业与城市还有一定的差距。因此，加快基础设施建设，提供更多的农村公共品是政府义不容辞的责任。推进城乡基础设施互联互通、共建共享，创新农村基础设施和公共服务设施决策、投入、建设、运行管护机制，积极引导社会资本参与农村公益性基础设施建设。

五是鼓励村民和社区参与。在英国的南彭布鲁克什尔农村社区，政府鼓励社区参与乡村旅游发展的各个阶段，其旅游形式必须以乡村当地的自然、文化、遗产为基础，而且是非侵入性的旅游形式，不然有可能成为一种新形势的"资本掠夺"，而当地社区、村民依然得不到发展，"乡村富裕"也就难实现。只有让当地村民成为乡村振兴的重要参与者，真正成为乡村的主人，他们才会发自内心愿意去保护乡村环境、文化和古建筑，实现乡村优秀文化传承，村庄生态环境保护，乡村社会有效治理，乡风文明建设的乡村振兴重要目标。

（五）大力推进农村一二三产业融合发展

英国把完善农村社区建设、发展乡村旅游作为繁荣乡村经济的重要抓手。通过发展农事教育及体验、野外射击等新模式和新业态，不仅吸引更多的城市居民来乡村享受休闲时光，体验田园生活，还拓宽农场经营范围，增加农场收入。苏格兰克雷吉农场设有专门的直升机起降坪、儿童游乐设施、观光拖拉机等设施设备，发展餐饮、住宿、采摘、农产品销售等业务。

当前中国也面临着农民增收难、农业资源约束趋紧、农产品竞争力不强等问题，单纯依靠农业产业很难实现地区繁荣和农民收入持续稳定增长，所以迫切需要延伸乡村经济，深入挖掘农业多功能性，推进农村一二三产业融合发展，培植农村经济新增长点。

（六）构建以县为核心、乡镇为轴、村为点的农村区域发展新格局

英国小城镇大多根植于乡村，城乡之间融合度较高。其利用统筹城乡思路在基础设施建设、公共服务供给、乡村工业等方面打造乡村小城镇，实现了乡村一二三产业融合与人口集聚效应。与英国具有显著差异，中国乡村具有人广地稀的特征，在村庄无法形成类似于英国的发展格局。因此，可以形成以村为点、乡镇为轴、县为核心的发展格局。实施乡村振兴战略，城镇建设的重点在县和乡镇，实施基础设施和乡村工业发展与集聚，然后辐射乡村。首先，以城乡统筹思维，加大县域和乡镇之间在基础设施和公共服务供给之间的公平配置，实现教育、社区配套与基础设施的质量都有大幅度的提高，提升对周围乡村的辐射作用。其次，构建出具有当地特色、多样化发展、功能各异的县域经济与乡镇经济发展新格局。依托县域和乡镇优势特色资源，发展具有当地特色的经济和产业，将乡镇打造成可持续的生产和生活空间。科学引导资金、人才和技术要素向农村和农业流动，提升农业生产经营效益，促进城乡统筹发展，逐步形成村镇联动的发展机制，以此推进乡村振兴战略的具体落实。吸引企业落镇，促进人才回流。发展和培育特色产业，吸引投资企业下乡驻镇，提升乡村吸纳农村劳动力就业能力。第三，县域和乡镇规划与建设必须与美丽乡村建设思想相吻合。重视对自然环境、当地特色文化和历史以及具有休憩价值地区的保护，充分挖掘农业农村的多功能性。

（七）建立以人为中心的美丽乡村

英国早期的村庄规划以自上而下的村庄布点规划为主，但这种类型的规划效果不尽如人意。针对乡村的多样化需求，英国越来越重视自下而上的规划，注重结合地方需求的弹性规划，对于具体策略、量化指标、具体选址、执行手段等具有较高的可操作性和完成度。

多元化、特色化是实现快速发展的驱动力，作为有着悠久中华文化的文明

古国，中国各地区差异明显、特色鲜明。实施美丽乡村规划应高度重视农业农村资源传承保护与多样化开发的有机结合。建设美丽乡村需要做到五个必须：必须建立起基于地方特点且满足地方多样化需求规划的政策原则；必须践行绿色发展理念，大力推行绿色农业、循环农业、生态农业；必须高度重视农村人居环境改善，加强农村人居环境综合整治；必须要实现对优秀乡土文化的守护与延续；必须打造成韧性乡村。

参考文献

References

奥威，威瑟姆，1964. 英国农业史 1846—1914 年 [M]. 伦敦：朗曼出版公司.

白阳，2018. 英国政府对乡村工业的政策研究（1440—1603 年）[D]. 天津：天津师范大学.

保罗 . 萨缪尔森，1999. 经济学 [M]. 北京：华夏出版社.

财政部农业司考察团，2003. 英意两国农业补贴政策 [J]. 农村财政与财务（2）：44 - 48.

蔡巧燕，2016. 基于英国现代学徒制的新型职业农民培育模式的构建与实践 [J]. 山西农经
（17）：10 - 11.

蔡玉梅，2008 - 07 - 23. 重生态倚政策，经济杠杆保耕地：英国保护农用地的经验 . 中国土地
整理网.

查明建，高健，李冠杰，2015. 现代职业农民培养的英国经验 [J]. 中国职业技术教育（10）：
80 - 81，86.

柴晨清，2019. 近代早期英国"土地财政"研究：以君主制为视角 [J]. 济南大学学报（社会
科学版），29（1）：135 - 139.

陈柏槐，戴雄武，2001. 世界农业发展大趋势 [M]. 武汉：湖北科学技术出版社.

陈蓓，2006. 欧盟（欧共体）共同农业政策的成就与问题 [D]. 青岛：青岛大学.

陈方，等，2018. 生物科技领域国际进展与趋势分析 [J]. 世界科技研究与发展，40（1）：
27 - 36.

陈仁安，2018. 英美农村区域规划经验及对中国乡村振兴的启示 [J]. 世界农业（6）：24 - 28.

陈胜，宋娜，2019. 意大利农业复兴对中国山区乡村振兴的启示 [J]. 世界农业（10）：25 -
30，60.

陈小卉，俞娟，2006. 英国城乡规划的学习与借鉴："农村规划建设和可持续发展研讨班"总结
[J]. 江苏城市规划（9）：4 - 5.

陈轶，等，2019. 多类型空间载体下的英国美丽乡村政策干预机制及启示 [J]. 江苏农业科学，
47（9）：79 - 84.

崔军，冯伟，2018. 城乡规划管理与乡村保护：英国的经验与启示 [J]. 中国工程咨询（5）：
14 - 18.

单胜道，2002. 农地价格评估影响因素研究 ［J］. 西安工程学院学报（2）：72－77.

刁静静，陈洪生，2008. 浅谈国外政府对于畜牧养殖业的扶持政策 ［J］，肉类研究（12）：6－10.

丁国杰，2004. 欧盟三国农民教育培训的经验及其借鉴 ［J］. 世界农业（8）：51－53.

丁士军，史俊宏，2013. 英国农业 ［M］. 北京：中国农业出版社.

丁炜，2020. 英国农产品质量安全追溯现状分析与对比 ［J］. 条码与信息系统（4）：9－13.

董宏林，2002. 英国政府对农业的保护 ［J］. 乡镇论坛（10）：47.

董宏林，2006. 英国农业补贴及农业保护政策 ［J］. 农村工作通讯（8）：62.

董宏林，P. F. RANDERSON，F. M. SLATER，R. J. HEATON，2000. 英国农业在国民经济中的地位及农业保护政策研究 ［J］. 宁夏农林科技（1）：54－60.

段治平，2003. 欧盟农产品价格补贴政策的演变及特点 ［J］. 价格与市场（4）：42－43.

恩格斯，1965、1845 年和 1885 年的英国《马克思恩格斯全集》第 21 卷 ［M］. 北京：人民出版社：225.

樊晓燕，2009. 英国人口城市化道路的再认识与启示：兼论中国农民工问题 ［J］. 经济问题探索（11）：145－150.

房启明，罗剑朝，2016. 中英农村金融制度比较研究及其经验借鉴 ［J］. 经济体制改革（6）：168－174.

冯伟等，2018. 英国城乡规划体系及农村规划管理的经验与启示 ［J］. 中国农业资源与区划，39（2）：109－113，133.

冯勇，刘志颐，吴瑞成，2019. 乡村振兴国际经验比较与启示：以日本、韩国、欧盟为例 ［J］. 世界农业（1）：80－85，98.

付彩芳，王定毅，任倩，2006. 国外农业经营与管理 ［M］. 北京：中国社会出版社.

傅晨，1997. 英国农业现状 ［J］. 世界农业（7）.

傅益东，2019. 论 19 世纪英国乡村医院的兴起 ［J］. 史学月刊（6）：80－87.

高德步，1995. 英国工业化过程中的农业劳动力转移 ［J］. 中国人民大学学报（3）：21－26.

高用深，权丽平，2002. 欧盟的农业政策及对我国的启示 ［J］. 山西财经大学学报（6）：57－59.

龚雅婷，孙立新，毛世平，2018. 英国农业科技政策及对我国的启示 ［J］. 农业现代化研究，39（4）：559－566.

谷延方，2005. 英国农业生产力进步与农村劳动力转移：兼论对我国城市化的启示 ［J］. 学术交流（9）：112－116.

谷延芳，2002. 工业革命前英国农村劳动力转移研究 ［D］. 哈尔滨：东北师范大学.

贵琳，1995. 英国农业经济状况及政策 ［J］. 国际资料信息（12）：9－12.

桂芳芳，2010. 20 世纪英国农业的复兴 ［D］. 郑州：河南大学.

郭爱民，2004. 试述英国现代农业市场的形成 [J]. 广西社会科学（2）：168 - 169.

郭紫薇，等，2019. 英国乡村分类研究及对我国的启示 [J]. 城市规划，43（3）：75 - 81.

国家工商总局研究中心赴英国、西班牙考察团，2006. 英国、西班牙食品安全监管考察报告
　　[J]. 中国经贸导刊（9）：48 - 49.

国务院发展研究中心课题组，2005. 欧盟的农业和税收政策 [J]. 财税研究（6）：90 - 95.

韩喜平，李罡，2007. 从价格支持到农村发展：欧盟共同农业政策的演变与启示 [J]. 理论探
　　讨（2）：69 - 72.

汉斯·豪斯赫尔，1987. 近代经济史 [M]. 北京：商务印书馆.

郝福庆，杨京平，2014. 英国社会公共管理政策及启示 [J]. 宏观经济管理（6）：87 - 89.

何洪涛，刘力，2007. 英国农村剩余劳动力转移及对中国的启示 [J]. 生产力研究（17）：
　　91 - 92.

贺红茹，2018. 英国乡村田园景区开发经验及对中国的启示（二）[J]. 农民科技培训（11）：
　　41 - 42.

侯守礼，2001. 农业教育需求与供给研究 [D]. 郑州：河南财经学院.

侯晓露，万钊，2010. 英国农村战略中的社区建设 [J]. 调研世界（7）：48 - 49.

胡娟，2019. 英国乡村规划的思路及启示 [J]. 城乡建设（7）：74 - 75.

扈大威，2019. 英国的财政紧缩与福利制度改革 [J]. 国际问题研究（3）：50 - 62.

黄春高，1998.14—16 世纪英国租地农场的历史考察 [J]. 历史研究（3）：3 - 5.

黄日强，黄勇明，2004. 英国的农业职业教育 [J]. 世界农业（3）：36 - 38.

黄森，2018.16—19 世纪英国家庭农场的发展 [D]. 天津：天津师范大学.

黄少安，郭艳茹，2006. 对英国谷物法变革（1815—1846）的重新解释及对现实的启示 [J].
　　中国社会科学（3）：50 - 61，205.

黄守星，王茜，2016. 英国农村城镇化的历史经验对河北欠发达地区的启示 [J]. 石家庄经济
　　学院学报，39（4）：12 - 14，92.

姬亚岚，2009. 多功能农业的产生背景、研究概况与借鉴意义 [J]. 经济社会体制比较（4）：
　　157 - 162.

季丹虎，2007. 英国工业化过程中农村劳动力产业间转移的次序及对我国的启示 [J]. 生产力
　　研究（2）：95 - 97.

贾宁，于立，陈春，2019. 英国空间规划体系改革及其对乡村发展与规划的影响 [J]. 上海城
　　市规划（4）：85 - 90.

贾瑞芬，吕世辰，2008. 英国农村发展模式对中国新农村建设的启示 [J]. 山西高等学校社会
　　科学学报，20（3）：81 - 84.

江立华，2001. 论转型期英国人口迁移模式的变化 [J]. 史学集刊（4）：37 - 42.

蒋平，吴建坤，2014. 英国职业农民培育的经验与启示 [J]. 江苏农村经济（5）：69 - 71.

蒋协新，等，2002. 英国的农业支出政策及其经验借鉴（上）[J]. 世界农业（10）：13－15.

蒋协新，等，2002. 英国的农业支出政策及其经验借鉴（下）[J]. 世界农业（11）：12－15.

焦丽荣，1997. 第二次世界大战后英国发展农业的政策和措施 [J]. 山东农业（农村经济版）（5）：10－11.

解玉军，2005. 20 世纪英国土地关系的主要变化 [J]. 广西社会科学（4）：114－117.

金赛美，2006. 现代农产品体系构建研究 [D]. 武汉：华中农业大学.

巨慧慧，2017. 俄罗斯农业政策评析 [J]. 学术交流（6）：221.

卡洛·M. 奇波拉，1988. 欧洲经济史 [M]. 北京：商务印书馆.

肯尼迪. 根，1993. 牛津英国通史（中译本）[M]. 北京：商务印书馆.

赖欣等，2012. 英国农业环境保护政策、措施及启示 [J]. 农业环境与发展（2）：16－19.

李爱年，肖和龙，2019. 英国国家公园法律制度及其对我国国家公园立法的启示 [J]. 时代法学，17（4）：27－33.

李含悦，张润清，2018. 国外农业合作组织发展经验对农业产业化联合体建设的启示 [J]. 改革与战略，34（12）：116－122.

李含悦，张润清，2018. 基于国际经验的农业产业化联合体建设研究 [J]. 世界农业（12）：162－167，188，252.

李江，2020. 十九世纪末英国农业大萧条及其影响研究 [D]. 天津：天津师范大学.

李亮，柏振忠，2017. 国外农业合作社典型模式比较及中国借鉴 [J]. 理论月刊（4）：178－182.

李璐，2011. 国内外农业推广体系发展现状 [J]. 科技信息（6）：55.

李奇泽，2017. 英国脱欧：进展与前景 [M]. 北京：人民出版社：234.

李世安，2005. 英国农村剩余劳动力转移问题的历史考察 [J]. 世界历史（2）：15－26.

李文静，等，2019. 乡村振兴背景下日本边缘村落规划及启示 [J]. 世界农业（6）：25－30.

李先德，张宏，2006. 农产品出口机遇国别报告之十·英国篇·农产品出口：需求决定攻略 [J]. WTO 经济导刊（3）：29－30.

李延平，2005. 德国、英国卫生监督管理考察与思考 [J]. 中国卫生监督杂志（3）：205－207.

李震，张萌，2014. 英国农业科技人员管理的特点及其启示 [J]. 古今农业（1）：39－46.

梁发芾，2019－09－17. 英国现代社会保障制度的建立 [N]. 深圳特区报（B07）.

梁发芾，2020－06－09. 英国谷物法的历史演变 [N]. 深圳特区报（B03）.

梁世夫，赵玉阁，2008. 国外农业政策择定模式及对我国的启示 [J]. 农业经济问题（7）：104－108.

廖立琼，肖杰夫，2019. 英国休闲农业与乡村旅游的发展对湖南省该产业发展的启示 [J]. 旅游纵览（下半月）（10）：147－148，150.

廖四顺，2019. 乡村振兴视域下英国乡村旅游发展经验及启示 [J]. 对外经贸（5）：67－70.

林凡，2009. 特立独行的英国农业金融制度 [J]. 农产品市场周刊（37）：38-39.

林巧，等，2018. 英国现代农业发展特征及现行政策规划综述 [J]. 世界农业（12）：11-15.

刘大昌，刘小龙，1989. 当代各国农业 [M]. 济南：山东人民出版社.

刘慧颖，等，2017. 英国农场践行农田生物多样性的农地利用方式 [J]. 世界农业（9）：194-198.

刘京生，2001. 中国农村保险制度论纲 [M]. 北京：中国社会科学出版社.

刘景华，廖凯，2019. 英国农村史研究三段论 [J]. 史学月刊（11）：117-126.

刘骏，冯倩，2017. 英国"脱欧"后中英贸易的影响及对策研究 [J]. 国际贸易（1）：49-53.

刘丽，2003. 农业保护：有关国家的经验及启示 [D]. 武汉：华中农业大学.

刘丽，陈丽萍，吴初国，2016. 英国自然资源综合统一管理中的水资源管理 [J]. 国土资源情报（3）：19-29，40.

刘猛，2020-05-30. 补贴政策如何使英国农业实现可持续发展 [N]. 中国财经报（6）.

刘书增，2006. 社会转型时期英国农业劳动力转移问题 [J]. 历史教学年（12）：32-37.

刘武兵，李婷，林玥含，2016. 欧盟农产品贸易政策研究 [J]. 世界农业（8）：69-74，242.

刘小南，郁士祥，孔伟娟，2005. 赴法国粮食专题考察启示录 [J]. 黑龙江粮食（1）：14-16.

刘颖，2017. 发达国家的农业科技创新模式及对我国的启示：美、英、法、德四国的比较分析 [J]. 改革与战略，33（5）：168-170.

刘宗绪，1997. 世界近代史 [M]. 北京：高等教育出版社.

龙花楼，胡智超，邹健，2010. 英国乡村发展政策演变及启示 [J]. 地理研究，29（8）：1369-1378.

龙文进，董翀，2020. 英国合作经济发展、合作社治理及其对中国的启示 [J]. 中国合作经济评论（1）：281-293.

鲁茉莉，2012. 中英非农业三方合作研究 [J]. 世界农业（12）：13-16，21.

罗伟雄，胡晓群，徐赟，2001. 发达国家农业保护制度 [M]. 北京：时事出版社.

罗伟雄，赵鲲，2001. 发达国家农业管理制度 [M]. 北京：时事出版社.

马红坤，曹原，毛世平，2019. 欧盟共同农业政策的绿色转型轨迹及其对我国政策改革的借鉴 [J]. 农村经济（3）：135-144.

马红坤，毛世平，2019. 欧盟共同农业政策的绿色生态转型：政策演变、改革趋向及启示 [J]. 农业经济问题（9）：134-144.

马洪霞，2018. 英国科技财政治理体系的研究和思考 [J]. 中国市场（30）：4-6.

曼昆，1998. 经济学原理 [M]. 上海：三联书店.

毛世平，2017. 英国农业补贴政策及对我国的启示 [J]. 黑龙江粮食（11）：49-52.

明格，1994. 英格兰的土地与社会 1750—1980 [M]. 伦敦：朗曼出版公司.

牛美丽，崔学昭，2016. 英国中期财政规划：公共政策转型下的预算改革 [J]. 公共行政评论，

9 (6)：108 - 126，198 - 199.

潘志刚，2004. 英国医疗服务体系简介及启示 [J]. 中华全科医师杂志 (7)：1.

裴幸超，2015. 敞田制对中世纪英国农业的影响 [J]. 农业考古 (1)：318 - 321.

彭英，陈楠，施小飞，2014. 基于物联网的英国智能农业进展研究 [J]. 安徽农业科学，42
(19)：6458 - 6461，6507.

蒲璐，2015. 论英国敞田制的衰败对农业发展的影响 [J]. 黑龙江史志 (11)：20.

戚亚梅，王芳，钱永忠，2010. 英国农产品质量安全监管及法律法规研究 [J]. 世界农业 (4)：
25 - 28.

齐爽，2014. 英国城市化发展研究 [D]. 长春：吉林大学.

邱谊萌，2009. 英国家庭农场的早期实践对我国的启示 [J]. 沈阳航空工业学院学报，26 (6)：
45 - 47.

邱谊萌，2010. 英国家庭农场的演变及其启示 [J]. 辽宁经济 (1)：50.

渠超男，2019. 共同农业政策下英国和欧盟的冲突分析 [D]. 北京：北京外国语大学.

全国农业技术推广服务中心，2001. 国外农业推广：十二国经验及启示 [M]. 北京：中国农业
出版社.

任有权，2014. 17 世纪中叶以来的英国农业政策 [D]. 南京：南京大学.

上海国际问题研究所，1982. 英国-大不列颠及北爱尔兰联合王国 [M]. 上海：上海辞书出
版社.

邵声群，2004. 英国：欧洲糖果制造业的巨头 [J]. 中外食品 (7)：27 - 28.

邵艳梅，孙玉芹，2006. 当代英国社会保障制度及其启示 [J]. 经济论坛 (13)：119 - 122.

沈费伟，2018. 赋权理论视角下乡村振兴的机理与治理逻辑：基于英国乡村振兴的实践考察
[J]. 世界农业 (11)：77 - 82.

沈汉，2007. 近代英国农业的结构和性质问题：兼论从封建主义向资本主义过渡问题 [J]. 史
学理论研究 (1)：50 - 57，159.

沈汉，2011. 资本主义还是后封建主义：论近代英国租佃农场制的性质 [J]. 史学集刊 (1)：
75 - 82，106.

沈丽微，2008. 中国巨灾保险体系研究 [D]. 南昌：江西财经大学.

盛洪，2014. 制度应该怎样变迁：中英土地制度变迁比较 [J]. 学术界 (12)：15 - 32，324.

石秀和，1989. 国外合作社简介 [M]. 北京：中国商业出版社.

苏娜，牛静，2012. 英国农业职业资格证书制度现状 [J]. 世界农业 (10)：126 - 128.

粟俊红，2010. 我国农科研究生学科区域布局的研究 [D]. 北京：北京林业大学.

孙炳耀，2000. 当代英国瑞典社会保障制度 [M]. 北京：法律出版社.

孙化钢，郭连成，2016. 俄罗斯农业政策评析 [J]. 国外社会科学 (6)：84 - 91.

孙立田，2002. 工业化以前英国乡村教育初探 [J]. 世界历史 (5)：70 - 79.

唐仁健，等，2014. 英国和波兰农业合作社发展考察报告 [J]. 河北农机（3）：31-35.

陶希东，2018. 英国大伦敦地区公共服务供给侧改革的经验与启示 [J]. 国家行政学院学报
（6）：148-152，192.

滕淑娜，等，2010. 由课税到补贴：英国惠农政策的来由与现状 [J]. 史学理论研究（2）：
36-49.

田俊丽，2006. 中国农村信贷配给及农村金融体系重构 [D]. 成都：西南财经大学.

王冰，2008. 从国外农村金融的发展来看农村金融的实质 [J]. 理论月刊（9）：169-173.

王长刚，2018. 自由贸易及其辩护：英国谷物法争论与古典政治经济学的发展 [D]. 杭州：浙
江大学.

王冲，2013. 历史演变特点比较分析：兼论中国农村社会保障制度构建 [J]. 农业考古（3）：
258-261.

王慧军，2003. 中国农业推广理论与实践发展研究 [D]. 哈尔滨：东北农业大学.

王静强，2009. 论英国谷物法废除的影响 [J]. 首都师范大学学报（社会科学版）（S1）：
149-153.

王磊，2019. 英国斥资2亿英镑建设农村全光纤宽带促进乡村教育发展 [J]. 世界教育信息，
32（13）：78-78.

王丽，2018. 发达国家农村小规模学校布局调整政策的比较分析：美国、英国、日本、韩国四
国案例分析 [J]. 课程教育研究（2）：21-22.

王林龙，余洋婷，吴水荣，2018. 国外乡村振兴发展经验与启示 [J]. 世界农业（12）：
168-171.

王树桐，戎殿新，1996. 世界合作社运动史 [M]. 济南：山东大学出版社.

王思婷，2018. 英国脱欧对中英贸易的影响研究 [D]. 广州：暨南大学.

王涛，2007-11-07. 英国建立安全高效的农产品流通体系 [N]. 经济日报.

王文靖，1991. 世界各国农业经济概论 [M]. 北京：农业出版社.

王锡胜，2003. 我国农业人力资源管理与开发的战略研究 [D]. 哈尔滨：东北农业大学.

王向阳，2013. 多功能农业与财政支农补贴政策评价 [J]. 经济研究参考（45）：29-40.

王旭伟，2005. 英国畜禽流通体制现状和政策措施 [J]. 肉品卫生（5）：63-64.

王学增，2018. 中世纪英国乡村贫困与社会济助研究 [J]. 历史教学（下半月刊）（5）：
34-42.

韦悦爽，2018. 英国乡村环境保护政策及其对中国的启示 [J]. 小城镇建设（1）：94-99.

卫桂玲，2019. 战后英国振兴乡村价值观理念及启示 [J]. 合作经济与科技（7）：14-17.

魏秀春，2007. 对近代初期英国农业资本主义发展程度的新思考：兼评《英国土地制度史》
[J]. 世界历史（5）：145-148.

翁晓宇，2018. 英美两国土地发展权制度的实践与借鉴 [J]. 农业经济（12）：81-83.

吴传云，2016. 英国现代农业发展的启示与感想：赴英国参加农业技术培训活动情况报告［J］. 农机科技推广（1）：47 - 50.

吴峰，2009. 英国农业技术创新路径分析［J］. 全球科技经济瞭望（8）：10 - 15.

吴夏梦，等，2014. 国外家庭农场经营管理模式研究与借鉴［J］. 世界农业（9）：128 - 133.

谢经伟，刘以群，2020. 英国继续教育发展模式对我国的启示［J］. 教育教学论坛（41）：365 - 366.

谢玉兰，2006. 中国农业推广组织改革初探［C］. 第五届海峡两岸科技与经济论坛.

邢骅，2016. 英国脱欧的前因后果及中国应对［J］. 国际传播（1）：72 - 81.

邢琳，2016. 法国农村发展政策（2010—2015 年）研究［J］. 世界农业（6）：104 - 108.

徐娟，等，2020. 欧美食品供应短链的发展实践及其对中国乡村振兴的启示［J］. 世界农业（8）：4 - 9.

徐青，2019. 英国在线公共就业服务的实践与经验：以 Job Centre Plus 为例［J］. 经济研究导刊（36）：170 - 171.

许红，2016. 国外农业合作社的发展经验［J］. 世界农业（10）：177 - 180.

许天娇，2016. 中英两国农产品贸易市场准入政策比较［J］. 世界农业（12）：129 - 132.

许永璋，于兆兴，2001. 也谈近代英国农业兴衰问题［J］. 郑州大学学报（哲学社会科学版）（3）：67 - 71.

许竹青，2019. 英国农村科技创新政策的阶段重点与启示［J］. 科技中国（10）：17 - 19.

薛庆根，2004. 英国农村劳动力转移及对中国的启示［J］. 生产力研究（4）：113 - 115.

闫琳，2010. 英国乡村发展历程分析及启发［J］. 北京规划建设（1）：24 - 29.

杨帆，孙莉钦，李宁，2019. 英国乡村发展的特点与挑战［J］. 农村经济与科技，30（8）：221 - 222.

杨芳，2008. 英国农产品质量安全监管的启示与建议［J］. 福建农业科技（3）：79 - 81.

杨凯，2002.15—17 世纪英国农业发展特点［D］. 北京：首都师范大学.

杨敏丽，2003. 中国农业机械化与提高农业国际竞争力研究［D］. 北京：中国农业大学.

杨雪，2006. 英国北部及西北部传统工业区改造中的就业政策及启示［J］. 人口学刊（2）：56 - 60.

杨艳平，2008. 英国农业教育的现状、特点及启示［J］. 中国成人教育（1）：112.

杨艳萍，董瑜，2015. 英国实施《农业技术战略》以提高农业竞争力［J］. 全球科技经济瞭望，30（1）：55 - 59.

姚锐，2019. "一带一路"视域下提升中国文化软实力的路径研究［D］. 武汉：武汉理工大学.

叶裕民，戚斌，于立，2018. 基于土地管制视角的中国乡村内生性发展乏力问题分析：以英国为鉴［J］. 中国农村经济（3）：123 - 137.

叶展成，1998. 英国农业生物科研发展战略与现状［J］. 全球科技经济（4）：7 - 9.

尹建龙，2011. 英国工业化初期的"乡村工业社区"及其治理［J］. 学海（3）：182－187.

于立，2016. 英国乡村发展政策的演变及对中国新型城镇化的启示［J］. 武汉大学学报（人文科学版），69（2）：30－34.

于立，那鲲鹏，2011. 英国农村发展政策及乡村规划与管理［J］. 中国土地科学，25（12）：75－80，97.

于维霈，1981. 英国农业［M］. 北京：农业出版社.

于维霈，1990. 当代英国经济医治"英国病"的调整与改革［M］. 北京：中国社会科学出版社.

虞志淳，2019. 英国乡村发展特色解析［J］. 小城镇建设，37（3）：12－17.

喻漫，易法海，1996. 欧盟农产品价格支持政策及剖析［J］. 经济纵横（9）：51－53.

袁帆，2016. 英格兰乡村保存委员会（CPRE）对英国乡村的保护性治理（1926—1945）［D］. 上海：上海社会科学院.

约翰·巴克勒，贝内特·希尔，约翰·麦凯，2005. 霍文利，等译. 西方社会史（第三卷）［M］. 桂林：广西师范大学出版社.

曾尊固，等，1990. 英国农业地理［M］. 北京：商务印书馆.

詹武，张留征，兰瑨，1987. 英国农业政策的两次战略性转变：赴英考察农业经济报告之一［J］. 中国农村经济（4）：54－59，65.

詹武，张留征，兰瑨，1987. 自由价格、法定价格和保证价格：赴英考察农业经济报告之三［J］. 中国农村经济（6）：56－61.

詹武，张留征，兰锴，1987. 英国农业政策发展的四个阶段［J］. 世界农业（5）：3－6.

张辉，等，2016. 英国现代农业发展的启示与建议［J］. 中国农业资源与区划，37（4）：62－68.

张佳生，2007. 近代早期英国的人口增长与贫困问题［J］. 西北人口（5）：39－42.

张俊杰，2004. 英国农业经济［M］. 北京：学苑音像出版社.

张梦醒，2014. 论19世纪中期英国农业的繁荣［D］. 南京：南京大学.

张敏，2018. "黄金时代"增强版：中英科技创新合作亮点纷呈［J］. 世界知识（4）：56－57.

张培增，2011. 英国现代农业印象［J］. 农业机械（6）：10－12.

张秋柳，安玉发，2010. 国外食品系统理论发展及其借鉴［J］. 商业研究（5）.

张淑静，2003. 英国农业支出政策及其经验［J］. 山东农业（农村经济）（6）：15－16.

张新光，2008. 农业资本主义演进的"英国式道路"及其新发展［J］. 中共宁波市委党校学报（6）：75－78.

张新平，2014. 试论英国土地发展权的法律溯源及启示［J］. 中国土地科学，28（11）：81－88.

张新平，2015. 英国土地发展权国有化演变及启示［J］. 中国土地（1）：36－38.

张兴，王春磊，2020. 英国土地资源管理制度及对我国的启示 [J]. 国土资源情报（2）：
    27 - 32.

张秀峰，2019. 基于融合理念的农业科技创新资源配置模式研究：以英国农业创新中心为例
    [J]. 经济体制改革（1）：95 - 102.

张雅光，田玉敏，2008. 欧洲的农民培训证书制度及启示 [J]. 世界农业（2）：61 - 63.

张艳，2004. 我国农村人力资源开发问题研究 [D]. 沈阳：沈阳农业大学.

张运红，2015. 英国农民市民化进程中的教育实践研究 [J]. 世界农业（10）：34 - 37.

张质雅，2020. 18 - 19 世纪英国乡村自治研究 [D]. 天津：天津师范大学.

章雨微，2019. 英国城镇化发展经验对广西农村城镇化路径选择的启示 [J]. 农村经济与科技，
    30（16）：191 - 192.

赵文君，李斌，2013. 英国法律与资本主义租地农场的兴起 [J]. 湘潭大学学报（哲学社会科
    学版），37（1）：147 - 153.

赵瑜君，2018. 英国脱欧对中英贸易关系的影响研究 [D]. 北京：外交学院.

郑军，段玉峰，1991. 浅议英国农产品价格政策 [J]. 经济问题（7）：27 - 29.

中国供销合作社，2005. 英国、瑞典、挪威合作社考察报告 [R] //中国供销合作社年鉴.

中国国土资源报，2018. 英国规划政策改革中的自然资源管理理念 [J]. 国土资源（4）：
    18 - 21.

中国经济合作报，2009. 英国果蔬市场情况及对我国农产品流通的启示 [J]. 农村经济与科技
    （5）：60 - 61.

钟兴龙，2004. 英国果蔬市场分析 [J]. 当代蔬菜（9）：40.

周健民，2013. 土壤学大辞典 [M]. 北京：科学出版社.

周世祥，1994. 英国农村变革与原始工业化互动过程初探 [J]. 西昌师专学报（哲学社会科学
    版）（3）：30 - 38.

周仕雅，2005. 欧美国家农村公共财政制度及其典型做法 [J]. 浙江经济（15）：39 - 41.

周信，2007. 1957—1973 年英国与欧共体农业政策比较研究 [D]. 上海：上海社会科学院.

周应华，等，2018. 英国农村区域协调发展的经验与启示 [J]. 中国农业资源与区划，39（8）：
    272 - 279.

周子君，2006. 译后评论：英国的医疗服务体系简介 [J]. 英国医学杂志中文版（6）：
    328 - 329.

周子君，2006. 英国医疗服务体系简介 [J]. 英国医学杂志中文版（12）.

朱红根，宋成校，2020. 乡村振兴的国际经验及其启示 [J]. 世界农业（3）：4 - 11，27.

朱满德，江东坡，徐雪高，2016. WTO 国内支持规则下的日本农业政策调适 [J]. 农业经济问
    题（6）：104 - 109.

朱漪，2008. 现代英国社会保障制度及其启示 [J]. 商业文化（学术版）（4）：25 - 26.

C·巴尔苏科娃，肖辉忠，2018. 俄罗斯经济与社会政策的当代选择：以农业政策为例［J］. 俄罗斯研究（5）：77-96.

Dave Rose，2020. 中英合作建设智慧农场［J］. 机器人产业（4）：58-61.

G. N. 克拉克，等，1999. 新编剑轿世界近代史（第10卷）［M］. 剑桥：剑桥大学出版社.

M. H. R. Soper，1982. 英国农业教育制度［J］. 世界农业（6）：49-51.

Blandford D，and L. Fulponi，1999. Emerging public concerns in agriculture：domestic policies and international trade commitment［J］. European Review of Agricultural Economics，26（3）：409-24.

Gill Helbyet，1998. Agriculture Education in England［M］. Oxford：Oxford University press.

Herzog T R，Maguire P，Nebel M B，2003. Assessing the restorative components of environments［J］. Journal of Environmental Psychology，23（2）：159-170.

Lankoski J，Ollikainen M，2003. Agri - environmental externalities：a framework for designing targeted policies［J］. European Reviewof Agricultural Economics，30（1）：51-75.

Laurens Klerkx，2020. Advisory services and transformation，plurality and disruption of agriculture and food systems：towards a new research agenda for agricultural education and extension studies［J］. The Journal of Agricultural Education and Extension，26（2）：131-140.

Paul Custance，Keith Walley，Gaynor Tate，Goksel Armagan，2015. Agricultural Multifunctionality and Care Farming：Insight from the UK［J］. South Asian Journal of Business & Management Cases，4（1）：74-86.

Regan，C. Horn，S，2005. To nature or not to nature：Associations between environmental preferences，mood states and demographic factors［J］. Journal of Environmental Psychology，25（1），57-66.

TR Herzog，P Maguire，MB Nebel，2003. Assessing the restorative components of environments［J］. Journal of Environmental Psychology，23（2）：159-170.

Gill Helbyet，1998. Agriculture Education in England［M］. Oxford：Oxford University press.

图书在版编目（CIP）数据

英国农业 / 丁士军，史俊宏编著．—北京：中国
农业出版社，2021.12
（当代世界农业丛书）
ISBN 978-7-109-28637-5

Ⅰ．①英…　Ⅱ．①丁…②史…　Ⅲ．①农业经济—研
究—英国　Ⅳ．①F356.1

中国版本图书馆 CIP 数据核字（2021）第 157885 号

英国农业
YINGGUO NONGYE

中国农业出版社出版
地址：北京市朝阳区麦子店街 18 号楼
邮编：100125
出版人：陈邦勋
策划统筹：胡乐鸣　苑　荣　赵　刚　徐　晖　张丽四　闫保荣
责任编辑：郑　君　　文字编辑：司雪飞
版式设计：王　晨　　责任校对：刘丽香
印刷：北京通州皇家印刷厂
版次：2021 年 12 月第 1 版
印次：2021 年 12 月北京第 1 次印刷
发行：新华书店北京发行所
开本：787mm×1092mm　1/16
印张：15.75
字数：280 千字
定价：85.00 元
